行　旅　记

娄建源◎著

文匯出版社

图书在版编目（CIP）数据

行旅记 / 娄建源著 . -- 上海：文汇出版社，2025.
8. -- ISBN 978-7-5496-4553-4

Ⅰ. I267.4

中国国家版本馆 CIP 数据核字第 2025W09C93 号

行旅记

著　　者 / 娄建源
责任编辑 / 甘　棠
封面设计 / 薛　冰

出版发行 / 文汇出版社
　　　　　上海市威海路 755 号
　　　　　（邮政编码 200041）
经　　销 / 全国新华书店
照　　排 / 上海歆乐文化传播有限公司
印刷装订 / 上海新文印刷厂有限公司
版　　次 / 2025 年 8 月第 1 版
印　　次 / 2025 年 8 月第 1 次印刷
开　　本 / 710×1000　1/16
字　　数 / 300 千
印　　张 / 17.25

书　　号 / ISBN 978-7-5496-4553-4
定　　价 / 58.00 元

目 录

一、游浙江

感动廊桥 / 3

文成的美景 / 6

莫干山下的汽车集结赛 / 9

江南三石窟的"谜" / 12

古堰画乡雨中行 / 14

丽水的水 / 17

仙潭胜迹图及联想 / 19

丰子恺故居与石门湾 / 22

运河·古镇·石拱桥 / 24

端午曹娥庙行记 / 27

重游诸葛八卦村 / 30

海边的总台山 / 33

陪母出游记 / 35

新塍的糕饼 / 37

天台山上的"石梁飞瀑" / 39

乡　情 / 41

停车场中间的水井 / 43

我在梅城眺望 / 45

浙界上的五座关隘 / 48

斯宅村里多故事 / 52

"活着"的砖窑 / 56

二、游苏、沪

淮安的地理新景 / 61

凝固的烟云——盂城驿 / 63

茅山小镇 / 66

六瞻徐霞客故里 / 68

濠河的底气 / 71

服务区的嬗变 / 73

苏州宝带桥 / 76

游甪直古镇小记 / 79

泖河上的"江南第一网" / 82

沿着"徐霞客上海古水道"岸边骑游 / 84

新浜白牛荡 / 87

小昆山寻古 / 89

行走泖河边 / 93

佘山游记 / 96

三、游皖、赣、鲁、闽

桃花潭和李白与汪伦 / 107

皖赣浙三省交界地自驾游记 / 109

敬亭山　诗中情 / 118

仰观醉翁亭 / 120

三河古镇游记 / 122

皖南"川藏线"车行记 / 125

徽派绩溪 / 128

偶遇"挑山女" / 131

许国石坊的断想 / 134

赋春的源头古村 / 136

台儿庄的韵味 / 138

沂蒙深处 / 140

纪王崮 / 143

周村有味有魂 / 145

永定客家土楼——振成楼 / 148

厚重的建盏 / 151

四、游京、津、吉、黑、蒙、青、甘、新、晋、豫、湘

京张铁路·周口店·卢沟桥 / 155

"先有天后宫,后有天津卫" / 157

长白山的雾凇 / 160

今古人鹤情 / 163

在海拉尔,我看到了日寇的野心与残暴 / 166

萧红故居 / 169

"大美"果洛 / 171

神奇的敦煌雅丹地貌 / 175

帕米尔高原上的国门 / 177

悬空寺,万仞绝壁中的一幅镂空彩雕画 / 179

红旗渠之魂 / 182

唉!凤凰 / 185

五、游渝、川、桂、粤、琼、贵、滇、台

磁器口碎片 / 189

酉阳的"六口茶" / 191

仿制的澄砚 / 193

翠云廊的古柏 / 196

阆中印象 / 198

昭化古城看"三国" / 200

剑门蜀道怀古 / 202

德天瀑布 / 205

美哉，茶溪谷 / 207

导游小王 / 210

向往镇远 / 212

腾冲之旅 / 214

红河的"千百"名片 / 218

我从台北捧回两册书 / 222

六、游域外（越、加、澳、德、法、比）

下龙湾的"海上桂林" / 227

尼亚加拉大瀑布 / 229

观企鹅回家 / 232

漫步在海德堡 / 234

细节印象 / 241

漫画里的埃菲尔铁塔 / 243

酒店的门卡 / 245

附　录

跟着徐霞客游江南 / 249

现代游记的"半壁江山" / 251

朱自清的游记 / 253

读《郁达夫游记》有感 / 257

后　记 / 265

一、游浙江

感动廊桥

五月的一天，我终于"迟到"地踏上了温州的这片旅游胜地。在游览了雁荡山合掌峰景区后，我们来到了浙闽交界处的泰顺县，去拜访心仪已久的美丽廊桥。

廊桥又称屋桥、亭桥，因廊内可避风遮雨，许多地方称它为"风雨桥"；也因为桥上的建筑华丽，内部装饰考究，有的地方也把它称为"花桥"。还有的地方称它为"风水桥"或"福桥"。称呼虽然不同，结构和造型也有差异，但所起的作用是基本一致的。廊桥不仅是交通设施，还兼有社交、标识、观赏、祭祀等多种政治、经济、文化、民俗方面的功能。

廊桥大致可分为编梁木拱廊桥、八字撑木拱廊桥、木平廊桥、石拱廊桥等几类，其中编梁木拱廊桥最具文物价值。我国的编梁木拱廊桥大多集中在浙闽交界的崇山峻岭中，如浙江省的泰顺、庆元、景宁等地，福建省的寿宁、屏南等地。泰顺有"中国廊桥之乡"之称，全县16个乡镇中分布有33座廊桥，其中15座于2006年被列入全国重点文物保护单位。

我们朝着泰顺的泗溪镇进发，在众多廊桥中，就数泗溪的廊桥最美。泗溪这个地方，因有东溪、北溪、南溪顺山而下，汇成了西溪流向下游而得"泗溪"名，是个有山有水的好地方。溪多桥也多，现存的溪东桥和北涧桥这两座廊桥分别建于明隆庆四年（1570）和清康熙十三年（1675），两座廊桥横跨在东溪和北溪上，相距不过200米，俗称"姐妹桥"，桥梁专家将其誉为"世界桥梁之典范"和"世界最美丽的廊桥"。

我们来到北涧廊桥，首先映入眼帘的是涂有红色的护栏板廊桥以及桥东边的两株大树。两株大树一株是樟树，据介绍说，已有近千年树龄，至今叶茂参天。另一株叫乌桕树，虽说乌桕到处都有，但长得这么高大的极为罕见。这两株树千百年来形影不离，犹如一把巨伞，把廊桥掩遮了大半。绿树红桥，掩映成景。北涧桥桥长50多米，宽有5米之多，高有11米之余，桥屋20间，形似架在河上的一座长条形屋子。廊桥两边有护栏，护栏上都开有风洞窗，饰以精美的雕刻，鲜丽的漆画，窗下是一排廊靠椅，可倚可靠、可坐可览。一川风景。

廊桥上热闹得很，10多位来旅游的中学生，聚在一起合影留念，不时发出阵阵欢笑声。廊靠椅上，有10余位老人闲坐聊天，几位妇女一边在做针线活，一边看着孩子玩耍。多位过桥人，坐在廊靠椅上小憩，闲谈着古今趣事轶事。

在北涧桥东桥头，听得有人在招呼我们："过来看看吧！"抬头望去，是一位老者站在一家店铺前向我们招手。店铺招牌上写着"泰顺廊桥文化展示厅"。展厅门面不大，也很简陋。一边放着一张桌子，上面有五六本介绍泰顺廊桥的书和画册、明信片等，我顺手将一本画册拿在手中翻看，可老人并不急于介绍画册，而是对我们说，"我先给你们介绍一下廊桥吧"，说完，只见他手中已拿了一根细细的木棒，走到一幅导览图前，开始了他的讲解。

老者姓周名万巩，是泰顺廊桥文化展示厅的主人。老先生的讲解深入浅出，从地理位置、历史渊源到廊桥主体构架，一路娓娓道来。他将廊桥的主体结构归纳为"四无四法"。"四无"指的是编梁木拱桥的主体构架上"无钉、无榫、无梁、无墩"。"无钉"即桥的主体构架上无一颗铁钉；"无榫"即木头与木头之间不用榫头，怕破坏了木头的牢固性；"无梁"即不用主梁，采用编（别）交叉的方法支撑；"无墩"指两岸之间不用桥墩，便于快速泄洪。"四法"是指古人在建造这种编梁木拱桥时用"顶、编（别）、撑、压"的方法。所谓"顶"是指将圆木搭成"八字形"，木的顶端接口靠互相顶住来衔接；"编（别）"是指桥的拱形部分是用许多木头用交叉的方法编织而成;"撑"是指木与木之间、上下之间靠圆木撑起;"压"是指桥面用一寸厚的木板铺两层地板加固,桥上加盖长廊或建起屋、亭、阁,用这些重量来压住主体结构。这样,一座充分利用力学原理和杠杆原理搭置而成的编梁木拱廊桥就"建成"了。

讲解中,周老先生还特别提到哪年哪月的哪次洪水涨到廊桥的哪个部位,哪年哪月洪水涨到接近桥面的位置,但北涧廊桥这座已有330多年历史的廊桥,其主体构架却毫发无损,只是被上游漂来的树木撞坏了几块挡板。

周老先生早年是一位乡村教书先生,后加入浙闽抗日游击队。新中国成立后,他当教师和医生有40多年。离休后,他主动回到老家泗溪,当了一名廊桥文化的义务讲解员,一讲就是10多年。

在当义务讲解员的同时,他从地方县志、乡村民间的宗谱以及荒山坟头墓碑文字中收集了许多关于廊桥的资料。从2002年开始,他自己动手制作展板。2003年5月,他用自己的离休金25000元,在廊桥桥头近30平方米的旧屋中布置了这个展厅。展厅里展示着有关廊桥的分布图、照片、模型和相关资料。近年来,他在儿子周方泰的帮助和资助下,投入8万元资金请来木工匠定制了20座廊桥的模型。2008年他又花了10万元编印了《国宝廊桥》摄影集,其中收集了33座全国国家级文保廊桥的71帧图片,撰写了2万余字。周老先生用他的恬淡和宁静、真诚和爱心,用他的古道热肠为古廊桥的文化传播作出了无私的奉献。10多年来,他先后接待了42个国家的游客和访问学者,人数达50万人次。

站在北涧廊桥上,我看到的是一位与古廊桥比肩而立的老人,这是一位浩然有古风的老人,一位令人尊敬和感动的"守桥人"。如果廊桥会动容的话,它一定会被周万巩先生的爱桥之心所感动,一定的。

2009年5月

文成的美景

说起文成，许多人会茫然，问"在哪里"，还有人会问，是"文成公主"吗？其实，文成是浙江温州地区的一个县，她北靠青田、南临泰顺、东接瑞安、西邻景宁，地处浙南的崇山峻岭深处，是个典型的山城。文成建县时间较短，迄今不满70年。当年浙闽新四军在此一带活动很活跃，国民党政府为了控制这四个县的结合部，便将这四县中各划出一块，共1292平方千米，于1946年建立文成县。鉴于明代开国元勋、帝师刘基（伯温）故里在此，便以刘基的谥号"文成"为县名。

浙江处于丘陵地区，是以山水为美。除了杭嘉湖地区和宁绍地区有些平原外，其他地区多为山区，可谓"八山一水一分田"。而高山的走势除了东部的天台山脉和西部的天目山脉外，主要大山都分布在浙南，如括苍山脉、雁荡山脉、仙霞岭等，海拔千米之上，而文成就藏匿于这大山深处。

去年九月，在长三角自驾游目的地推介会上，听了文成百丈漈景区领导的一番介绍，才知文成有多个旅游景区。之后，便有了与旅行社老总们前去踩线的机会。

在AAAA级铜铃山景区，我们沿着形式各异的山体栈道拾阶而下到了峡谷底，再沿着一个个"壶穴"而上，看到了那被誉为"华夏一绝"的十二壶穴，一个接着一个。它是峡谷中经万年激流漩冲而形成的"壶穴"奇观，瀑连瀑、潭叠潭，很为壮观！

AAAA级龙麒源是一个具有畲族风情的景区，因当地畲民为纪念畲族始祖龙麒而得名。入口处，一座长达300多米的钢索桥凌空穿越了小山和湖泊，把我们引入峡谷对面的一个名为"桃源洞"的隧道。走出隧道眼前豁然开朗，清风幽静、绿树小道、鸟语花香、小溪潺潺，仿佛来到了桃花源。溪流中有一段500米长的名为"金碧滩"的溪涧，河床是清澈见底的整块的金黄色岩石，没有泥沙，任凭流水千万年的冲刷，呈现的是一片金碧辉煌，让人惊讶感叹！

文成山水风光，还要数AAAA级的百丈漈景区最有名。当地人将瀑布称为"漈"，就像诸暨人将瀑布称为"泄"那样。百丈漈位于文成县城西北约5千米处，游此景，有两条线可走，一条是乘车到天顶湖，沿山道台阶逐级而下，此为上入口。那天，我们从下入口处进入，沿着山谷小道缓缓而上。再走游步道，在溪水中蜿蜒而上。从百丈漈下来的水有的直冲而下，有的被岩石挡回后折返而下，还有的是从岩石下冒出，争先恐后地向下奔去。此道可体验"三漈"，有百丈宽，空灵幽谷，犹如长纱白练，横穿在3千米长的秀谷之中，伴随着我们踏汀步、钻山岩。我们边走边听水声、观瀑涌，有一股空灵之流推送着我们向前。过了"三漈"后，山体挡住了视线，在此处拐了一个弯，眼前出现的是一个偌大的木制观光平台，边上还有一座临潭而建的茶楼。走上平台，才看见了一漈和二漈。这里是赏漈的绝佳位置，如人间仙境。

百丈漈大瀑布全程落差为353米，在一漈下面仰望，207米的落差，51米宽的瀑布，只感到它的高和雄伟。它被上海大世界基尼斯总部认证为"中国单体落差最高的瀑布"（常年流水），同时入选"中国十大名瀑"，实为名不虚传。李白观庐山瀑布时曾留下"飞流直下三千尺，疑是银河落九天"的千古佳句，而百丈漈也有"天赐神流三千尺，半空烟霞唾棉球"的美句。

入夜，我漫步在文成县城的泗溪河边，沿河灯火阑珊，河水静谧。我想，这水，它从百丈漈下来，带着甜美的甘露，滋润着这座山城，使山城更加朦胧柔美；这水，不像白天那样奔腾不息，倒像个玩累了的小孩安静了下来，缓慢地流动。似乎对小城有些依依不舍，有些留恋，但终究还是汇入下游的飞云河，向东而去。

2014 年 1 月

莫干山下的汽车集结赛

严寒的冬日里难得有这么一天,蓝天白云,阳光明媚。我们一行共18辆小车在上午七时半集结,经过预热后,8时正,便像模像样地每隔3分钟开出一辆,沿着S32(浙江段称S12)申嘉湖高速向莫干山方向驶去。

这是一次汽车集结赛活动,事先做了一些准备,组织者进行了踩线,是保密的,对我们还进行了比赛规则和注意事项的讲解培训。出发前,每辆车两侧车窗玻璃上都贴上了编号,两边的后视镜下也扎了红绸带,示为标记。我们抽签为20号,为最后一辆。等我们出发时,算算时间第一辆车已开出了近一个小时了,大概已过嘉兴了。好在这段路不计时,各走各的。走完申嘉湖高速后转G25长深高速杭州方向,在青山岙口下高速后,沿G104国道行驶,10时半按时到达吴兴区的埭溪加油站。

稍作休息后,第一路段的比赛便开始了,也是每车间隔3分钟出发。因为从未体验过,也不知怎么个比赛法,心里有点忐忑不安和紧张。我对领航员说,重在参与,就算出来自驾游。比赛的"路书"是在发车前2分钟给我们的,还来不及细看,便出发了。按照路书的提示,多少千米左转,哪个路口右转,开多少千米应开几分几秒,很详细。说是集结赛,其实就是分段计时赛。而这个计时,要求是在规定的线路和时间里到达,早到或晚到都要扣分。

我们驾车行走在莫干山东面山脚下的乡间道路上,开到一牌坊处,路书提示要在此处调头,并以牌坊为背景,将小车用手机拍摄下来,并在此停2分钟再开。然后朝着德清县的莫干山镇方向驶去,领航员说,此段慢了2分钟,于是便加快了速度,平均时速约在50千米。路上,我在祈祷，路边那些装卸毛竹的拖拉机货车千万别把路堵死了，否则，我们就完了。到了莫干山镇后，路书提示是左转，我心里就定了许多，不用上山了，这是朝筏头方向去的路。去年暑期，我在德清休假，曾从筏头翻过山去安吉的，故认为第二赛段肯定是走这条道。在我的记忆中，从德清到安吉，只有这条山道可走。

从莫干山镇到筏头，途中正好经过闻名全国的"裸心谷"。这里分布着许多"洋家乐"，当地政府将道路和路边的环境都建设得很美。这一路上，路书的提示也少了，我们边欣赏着两边的风景边说着话，车速也慢下来了，已完全忘记了这是在比赛。到了筏头镇时才发现时间又慢了，赶紧加速追上去，到达终点牛头坞农庄时，估计慢了10多秒，裁判还验证了我们的手机照片。

在农庄吃了碗面，稍作休息后，进入第二赛段比赛。拿到路书后一看，我纳闷了，明明是该左转的，怎么会变成右转的呢？这不是上莫干山主景区的道吗？不走筏头难道还有其他的路可去安吉？一路疑问，也只能按路书提示沿着S304省道向山上驶去。过了计庙坞后进入了一条山间乡村小道。再过了大造坞后，前方出现了一岔道，路书上只说是直行，看看这条岔道是新建的，我判断应该走这条岔道。正在这时，先前出发的15号车调头从山上下来了，估计他们已发现走错道了。于是，我们便一踩油门向岔道驶去。接下来，前方出现了"赤渔"的地名，和路书上提示的相同，这才放下心来。这里已进入安吉境内，而且已是莫干山的西侧山脚下了。我惊讶！这条道是又近又无须翻山越岭，组织者是怎么发现这条捷径的，真是服了。行驶到赤芝时，又拐上了一条岔道，一直开到一个叫钦家上的村口停车场。停车，将小车连同路边的亭子一起摄入手机，并在此休息2分钟再调头返回赤芝。后来听说这里暗藏着裁判，看你有没有停满2分钟，否则也要扣分。在赤芝右转后一路无提示，还看到有的比赛车在返回赤芝，估计是忘了拐入岔道和拍照了。至S11省道，要求右转百米后在一保健品厂门口调头，此处正在修路，道路一半封闭，由于道窄车多，好不容易才完成调头，不知此处有没有暗藏裁判。

进入安吉城区后，一路上尽是红灯，原先控制好的时间又耽搁了，计时的终点也不知藏在那里。就这样，比规定时间晚了一分钟到达住宿的饭店。最终获得了第 8 名，还算行。第一次参加这样的活动，感觉还是蛮新鲜有趣的。

2015 年 1 月

江南三石窟的"谜"

大约二三十年前，在江南的浙江宁海、龙游和安徽屯溪先后发现了古代石窟群，分别取名为伍山海滨石窟、龙游石窟和花山谜窟，均作为旅游景区对外开放。我曾去过这三个石窟，被古代工匠精湛的开凿工艺而折服。

伍山石窟位于宁海三门湾畔的五座小山中，故名"伍山"。由14个石窟群组成，有800多个形态各异的洞窟。龙游石窟位于龙游县一个叫石岩背的小山村，在面积仅0.38平方千米的小山上分布了24个洞窟。洞窟面积从1000至3000平方米不等，每个洞窟从矩形洞口开始垂直向下延伸，高度约30米，呈"倒置漏斗型"，窟内还有几根巨大的"鱼尾形"石柱用于支撑山石的重量。花山谜窟已探明有石窟36个，现对外开放的是2号和35号石窟。

三个石窟除伍山石窟明确为采石，另两个石窟都说是"千年谜窟"，这么大的工程，当地的史料中均无记载。不知凿于何时？究竟是何用途？采石呢？还是军事基地？藏兵？屯粮？屯盐？是帝陵？是巢居？还是藏宝？据说有20多种猜想，我倾向的是采石，因三处洞窟内的开凿风格是一致的。三个石窟均有一个共同特点，就是靠水，在古代，这便于石料运输。伍山石窟东、南、西三面均靠海，龙游石窟南面临着衢江，而花山谜窟就在新安江边。伍山石窟有古代采石矿业的遗迹，已有800年的历史，存有台阶、排水槽、软桥、硬桥、石横梁、凿铮针、裁料和记工文字符号等，清晰地反映了当时开采场景和古老的采石工艺。央视曾播出了浙东沿海石窟探索的节目，也说它是用于采石。

龙游石窟的洞壁、洞顶和石柱上都留下了古人带有装饰意图的凿痕，还有一些佛像，衣袂飘飘，神情安详。它的历史可追溯到公元前212年的秦朝，迄今已有2200多年。而在花山谜窟35号洞内，还整齐安放着一堵开采下来未搬走的石块。至于洞壁为何凿得那么平整整齐？其实也很好理解，一是为了安全，便于行走或搬运石块时不被碰伤。二是为了采石的规整。三是为了场地的美观，犹如今日厂房车间的整洁规范一样。专家根据花山谜窟洞内倒挂的钟乳石长短，推算它已有1800年的历史，那就是东汉时期。而东汉时，"逐鹿中原"，此地并非郡国之地，也非兵家之争地，没必要在此屯粮、藏兵，国都洛阳远在中原，更不会是帝陵所选。

有人说，既然是采石，干吗要凿洞取石呢？露天采石不是更方便吗？据说石头被阳光照射或雨淋后石质会变硬，不利于开采，所以古人采用山顶挖洞，垂直向下延伸或斜面延伸的方法，这也便于石料开采。

还有人说，花山谜窟位于北纬29度45分处，靠近北纬30度的神秘线。然而，我发现这三个洞窟虽相距较远，但都在北纬29度之上。伍山约20分，龙游约5分，均靠近北纬30度。而埃及金字塔、狮身人面像、死海、百慕大三角、撒哈拉大沙漠、诺亚方舟等都恰好处在北纬30度这条神秘纬线，我国的钱塘潮、神农架野人、布达拉宫和喜马拉雅山"雪人"，也在这条线上下。在其他地方还未发现类似石窟前，或许可成为一个新的"谜"。

2015年8月

古堰画乡雨中行

古堰画乡位于丽水市莲都区碧湖镇和大港头镇，在丽水城西南23千米瓯江的上中游分段处，也是龙泉溪和松阴溪的交汇点。

那天，我们从丽水城出发，天已开始下起了小雨，我们开玩笑地说，雨中游古堰画乡，就要这种味道。到了碧湖镇堰头村景区，雨势仍不减，我们便添衣、换鞋、打伞，有点手忙脚乱。进入景区后，一座文昌阁先入眼帘，参观后，无不敬佩乡人耕读、重教、尊贤的美德。紧靠文昌阁的是两条呈"十"字形的小河道的交汇处。东西向的河上有一石桥，河的两边是硕大茂盛的古樟树群。我们站在桥上拍摄风景，谁都没注意这河这桥有什么异样。讲解员小刘将我们招呼过去，让我们仔细观察这桥这河。河水水位很高，快涨到桥洞顶了，这没什么特别呀。小刘看我们还是一头雾水，便叫我们看交叉河的水位。我们这时才发现，东西向河道水位高，南北向河道的水位则很低，这就纳闷了。于是，小刘告诉我们，这是石函。两条河水是立体交叉，各不相干，这就是"水上立交桥"。东西向的是分水渠道，南北向的是冲刷泥沙的排泻道。噢，原来还有这玄机。

我们沿着河道边的古道向村西走去，沿途有古村落的社公庙、贞节牌坊、通济山庄、叶氏宗祠、古樟树群等。在古道尽头就是古代著名的水利工程枢纽——通济堰。

通济堰边有一座廊屋，是观堰的绝佳处。廊屋边竖着两尊石雕像，分别是詹司马和南司马，他们在南朝萧梁天监四年（505），负责修建通济堰，后人在此为他俩竖像纪念。整个水利工程由拦水大坝、通济堰、石函渠道、叶穴、概闸、湖塘等组成。首创拱坝形式和石函，前者为世界最早，后者为国内最早。通济堰引水干渠自堰坝北端通济闸起，经堰头、保定等村，环绕整个碧湖平原，最后过白桥后再注入大溪，全长23千米，渠道呈竹枝状，有支、毛渠道321条，分为48派，支渠上建有水闸72座，积储余水，可灌溉农田3万亩，至今仍在发挥作用。据记载，南宋开禧元年（1205）时，将通济堰原木筱构筑改为结石结构。现存拱形石坝长275米，宽25米，高2.5米，很为壮观。

我们刚进入廊屋，雨下得更大了。只见眼前的松阴溪水面开阔，水漫过石堰而下，水流湍急。我们在雨中沿着溪水向东边码头走去，在观景台附近有范成大的石雕像，南宋时是他在处州主持修通济堰的。介绍说，原先筑堰时是将石块装入木箱沉入水中，但木箱易腐烂，石块就会松动。南宋时郡人参政何澹将其改为用铁水灌入石坝缝隙中，使大坝牢不可摧。这一技术后被卫泾编录书中，卫泾是松江的第一位状元，官至参知政事，他与朱熹、范成大均为好友。看到在通济堰的历史记载中有我们松江先人参与，我们很为骄傲。

我们在大雨的陪伴下坐上游船，出松阴溪后向着龙泉溪对岸的大港头镇泛行。雨中的山水景色有着朦胧之美，有几只捕鱼的小船静静地泊在水中，不见渔翁和鱼鹰，大概是雨天的缘故吧。

上岸后来到大港头镇临水而建的江滨古街。古街原为宋元明清时期的水陆码头、商贸繁华之地，随着陆路交通的发展，这里便萧条了。古街不长，仅500多米。两边都是两层的砖木结构的老式店铺，现大多改为画室画廊和客栈了。这里没有吆喝声，显得安静，店堂门开着，四壁都是画，任你欣赏参观。门口写有店主"有事请打电话"的留言和手机号。一些民宿夹在街面店铺之中，店名也蛮有趣的，什么"只有一间""开花等茶泡"等，只是大门紧闭或无人接待，门口挂了块牌：仅限预定。古街口有座"双荫亭"，看来有些年份了，它和亭边的古樟树一起，仿佛在对亭中小憩的人们叙述着往日的故事。

　　这里，因其景色优美，故而吸引了无数画家、摄影家来此写生创作。当地政府遂将其定位为"浪漫画乡"。而今已形成写生、创作及行画基地和休闲度假之地。

2016 年 6 月

丽水的水

到丽水,能真正体会到什么是"九山半水半分田"。

丽水,多好听的地名,仅从字面上看是"美丽的水",但"丽"字读阳平,并非去声,也就不能这样理解了,但定与"水"有缘。丽水早在唐代就置县,但我不知其名的出处。丽水,别称为莲城。在丽水城向四周遥望,"环莲皆山也"。丽水地区有着数不清的山,其中海拔千米以上的高山就有几百座。我想,为何山多的丽水不叫"丽山",而要取仅占半成的水以"丽水"为地名呢?去了丽水的缙云仙都和好溪、莲都区的通济堰和龙泉溪、松阳象溪村和松阴溪、景宁和小溪后,我才悟出,丽水"产"水,产出了浙江第二大水系——八百里瓯江的发源地和上、中游段。占九成面积的山里淌出了半成水,虽细如丝,不起眼,但分量重,犹如人体中的血管。大山里流出了涓涓细流汇成了小溪,树状型的小溪又慢慢流成了瓯江。

在丽水,有五条溪水组成了瓯江的干流和主要支流。干流发源于丽水市庆元、龙泉两县(市)交界的百山祖锅帽尖。溪水一路向北形成了龙泉溪,它流经龙泉市和云和县后,与发源于遂昌南尖岩,流经遂昌城和松阳城的松阴溪在莲都区大港头交汇,后称为大溪,也为瓯江的中游段,并继续向北奔流。在四都与发源于武义牛头山的宣平溪交汇,在丽水城南与发源于磐安县南部大盘山西南,流经壶镇、缙云一路向西南奔流的好溪交汇,向南并折向东而去。瓯江在青田县湖边与发源于庆元县百山祖东麓的小溪,在流经景宁、青田后在此交汇,并一路向东流经温州,最后注入东海,全程384千米。流域面积达18100平方千米,流域内居住人口480万。

溪水产自大山深处，滋润着大地万物，哺育了人类。人们依山筑屋、傍水而居，沿着溪河，有了村落集镇，有了商品流动，有了文明教化，有了人才辈出，也有了山水美景。

在丽水，一溪连多城，一城多故事。一溪有多景，一景一世界，似乎都因水而生。瓯江干流龙泉溪上有瓯江源、天根与地窟、龙泉湖、龙泉大峡谷、七星潭、龙泉瀑、云和湖、开心岛、聚仙岛、七星岛、客家风情村、石浦古民居群、夏洞天飞瀑、小顺兵工厂纪念地、南明山、岩碧头、石门洞、陈诚旧居和青田白岸滩林等景区点；支流松阴溪上有遂昌汤显祖纪念馆、神龙飞瀑、情人湖、万寿山、松阳百仞云蜂、斜塔夕照、塔溪绿涨、双童积雪、竹源飞瀑和莲都古堰画乡等景区点；宣平溪上有小黄山景区、台山和东西岩等；好溪上有缙云仙都芙蓉峡、朱潭山、鼎湖峰、倪翁洞和小赤壁等；小溪上有庆云百瀑沟、景宁大均畲乡之窗、炉西坑风景河段、青田千峡湖等景区点。沿着这五条溪有景区点不下50处。

青山、奇石、村落、古城因水而美，这水，就是丽水的水。

2016年6月

仙潭胜迹图及联想

冬日里的午后，新市古镇，有些闲散和清静。

我漫步在西河口水街的石板路上，寻觅着古镇遗风。沿河而居的人家，随意地坐在"美人靠"上，聚在一起闲聊，悠闲自得，连狗狗也懒散地晒着太阳，趴着睡大觉，全然不顾过往的行人。有的住户看到了旅游带来的商机，便破墙开店。更多的是在自家门口、沿河的廊棚下放一张小方桌和三四把小竹椅，招呼着过路的游客歇歇脚，坐一会，泡壶茶。我坐了下来，边品茗边看着风景，河对岸有人在摄影，估计那风景里也便有了我。

沿街的好多家小商铺里在售刚出笼的茶糕，这是当地的特色，据说已有四百年历史了。这茶糕形如我们松江的叶榭软糕，但它是糯米做的，有甜有咸。甜的是豆沙馅，咸的是猪肉馅，还夹和着冬笋和韭芽，吃起来味道很鲜美，我也馋馋地买了两盒。

西河口水街有千米长，沿河还保存着一大片清末民初的老房子，有古朴厚重的石库墙门，精美的砖雕民居，骑楼飞梁翘角，河埠石驳堤岸，尽显水乡古镇风韵。

河的南端是三条河的会合之处，河面顿时开阔了许多，这里称之为"南潭"。潭的四周还存有宋明清时期的石桥，潭北有望仙桥，潭西有建于明前的会仙桥，潭南有宋代的石拱桥，名为驾仙桥，还有潭东的大观桥和吟仙亭，叙说的是"八仙"的传说。在此眺望，望仙楼、缸甏湾、财源茶楼、陆仙楼为粉墙黛瓦，一汪绿水尽收眼帘。新市古镇沿水设街，跨水架桥，因水成市，这南潭应是古镇遗存下来的精华之处，游客也多了些。真是一河一天地，一潭一世界。

绕到河东岸，走过直街，我进了河边一家名为"仙潭吟"的图片馆，馆主是一位姓徐名传忠的老先生，我被一幅彩色的《新市（古仙潭）历代古迹图》所吸引，这是老先生和他的前辈们多年的心血苦苦寻觅绘制而成的。从中得知，新市原名称仙潭，成市于西晋时期，迄今已有1700多年的历史。古仙潭面积不足2平方千米，却是一个集寺庙文化和桥梁文化于一体的浙北重镇。在徐老的地图中，重现了仙潭古镇历代文物古迹的所在位置有415处，真是令人咋舌。七十二寺庙、七十二孔桥、三十六弄里、三潭九井十八块、仙潭十景二十胜……他将建筑名称、所在位置、建造年代、是毁是存，都一一标注。地图还展现了古镇纵横交错的河湖港汊和古京杭运河，还配上花草树林，俨然是一幅美丽的古仙潭水乡风韵胜迹图。望着此图，我大开眼界，只有惊讶和敬佩。

在图中细细查看，我是从觉海寺、迎圣桥到寺前弄、刘王庙，从进士坊、第一井到太平桥、太平楼，沿西河口经广富桥到南潭，竟还不到古仙潭的十分之一，仅为"冰山一角"。虽然地图纸大且厚，不宜折叠，我却如获至宝地购了一张，也成了我所收藏的千余张各地旅游地图中纸张最大的一幅。

千年的历史变迁，沧海桑田，留给我们的文化遗产已不多了。新市古镇曾有的辉煌，现已风光不再。遗存的毕竟是凤毛麟角。是碎片，是记忆。正如徐老所言："抢救和复原新市古迹图是我的历史责任，宣传和传承给子孙后代是我最终的夙愿。"好在当今的人们，懂得了对自然遗产和文化遗产的保护和挖掘，也希望多一些像徐老先生这样的有志者。

在回来的路上，我想，如果松江也有一幅古华亭历代胜迹图就好了。松江在南宋时期编撰的《云间志》中所列的多处宋以前的建筑，在当时就已废了。我曾查阅过宋代许尚和清代唐天泰各自的组诗《华亭百咏》，其中所咏的点各有近五分之一的景物，地处何方，无从可查。年代的久远，史料的缺失，难以查实复原，甚为憾事。

本埠文史专家何惠明先生曾于1991年著有《松江文物胜迹志》一书，书中所列松江历代文物胜迹有好几百处。峰、泖、山、水、幢、塔、桥、楼、壁、厅、堂、廊、台、阁、寺、庙、庵、观、园、碑、墓等颇为珍贵。如将此书内容改画成胜迹图，那就是一幅松江的历史胜迹图！也是我心中的古华亭胜迹图，那该多好啊！我以为，这胜迹图是让人们直观了解松江，热爱松江，直观而速成的"教科书"。

2017年1月

丰子恺故居与石门湾

看丰子恺的漫画，特点很明显，毛笔单线、勾勒简洁、色彩明快、雍容恬静，选题取自生活，画风画面独特。在众多的漫画作品中一眼就能看出这是丰先生的作品。当今除了他的漫画专集外，在网络微信的一些文章中有人也喜欢用他的漫画作配图，而在他的家乡桐乡一带的一些旅游景区或公共休闲之地，也能经常看到后人仿他的漫画，作为宣传。

丰子恺先生的漫画富有乡土风情，寥寥数笔，便勾勒出儿时的童真、亲情的至爱、风俗的淳朴、农村的艰辛和对穷人的同情。我至今还清晰地记得40多年前第一次看到他的"阿宝两只脚，凳子四只脚"和"取苹果"的漫画，充满天真和爱心、智慧和童趣，生活气息浓厚，读来轻松幽默。

几次去桐乡或乌镇，都没机会去丰子恺先生位于石门镇的故居看看，实为憾事。这次去德清新市古镇，在返回途中绕道终于去了石门镇。

丰子恺先生的故居位于石门镇的一条叫下西弄的小巷里，进门后的草坪中有先生的雕像，西侧是故居缘缘堂，南面是漫画纪念馆。缘缘堂是先生生活和漫画、文学创作的地方，曾毁于日寇的轰炸，至今仍保留着被烧成焦炭的大门残迹可佐证。纪念馆里展示着先生的生平和他的部分作品，也有他为一些名作家的著作设计的封面，还有他的散文和译作。

丰子恺先生是我国现代漫画的创始者，也是一位散文家、美术家、音乐家和翻译家。他的一生，正如俞平伯先生所言："一片片的落英，都含蓄着人间的情味"。那天离馆前，我看见出口处摆放着十多本先生的漫画集和书籍，这是很好的纪念品，我还特地请工作人员在书的扉页盖上

"缘缘堂"的印章。

走出小巷向右拐的不远处，便是京杭运河。开凿于秦始皇时期的古京杭运河，在出了嘉兴后似一条斜线伸向西南方向的，但到了石门镇后却不知为何来了个120度的大转弯，向正南崇福镇方向而去。可能是利用自然河道吧。也就是这么个转弯，石门也叫石门湾，这湾给石门这片天地划出了一道美丽的弧线，为运河添了曲线的美，故被称为"运河浙江第一弯"。丰子恺先生曾感叹道："走了五省，经过大小百数十个码头，才知道我的故乡石门湾，真是一个好地方。"石门是江南水乡、蚕丝之乡，这富庶的土地孕育了先生这种浓浓的乡情，才有了他笔下的一个个鲜活生动的艺术形象。

我在京杭运河边看到一根水泥浇注的菱形桩，上写"中国大运河遗产区界桩"。靠河边还有一块醒目的石碑，上写"古吴越疆界"。石碑附近的房屋墙上有一块"磊石弄"的弄名牌，它的原名叫"垒石弄"。早在2500年前的春秋时期，这里是吴国和越国的分界线，弄北为吴，弄南为越。当时，越国曾在此垒石为门以防吴，吴亦结寨于此以拒越。《大清一统志》称："尝叠石为门，为吴越二国之限，或谓之石夷门。"石门这地名也由此而来。后来，吴越两国以此为界，各建民居，遂形成了这条小弄。今日的垒石弄已拆得没了踪影，只有这块石碑在告诉我们它的过去。

岁月沧海，吴越界已融为一体，垒石弄已不复存在，但京杭运河和石门湾还在，仍在发挥它的航运优势。丰子恺先生虽已西去40多年了，但他的艺术思想和作品却永远地留给了我们。

2017年1月

运河·古镇·石拱桥

那天，我站在嘉兴王江泾镇京杭运河上的长虹桥向北眺望，宽阔的运河由北向南逶迤而来，像一条白练镶嵌在江南大地。2000多年了，它还是那么的宽阔和流畅。全程1700多千米的航道，南来北往的船只和货物根本无法计算。它是世界运河之最，是我国古代经济的大动脉，今日仍在发挥着作用，并成为世界非物质文化遗产。

我曾在山东微山湖边看着船队航行在古运河上，也曾漫步在台儿庄的古运河边；还曾去淮安欣赏过京杭运河与苏北灌溉总渠的"水上立交桥"，也在高邮盂城驿边凝视着运河中的镇国寺塔。我还住在扬州运河边的酒店俯视着运河，也曾在扬州城东坐在游船中欣赏古运河两岸的美景。然而，我走的较多的还是江南的运河城市和古镇，特别是杭嘉湖段，因它离我的住地仅百千米上下。

我自己也挺纳闷，怎么会对京杭运河如此钟情，会有如此情结？

江南的京杭运河在苏州平望分成了两条线，东线向东南流去，西线向西南淌去。就像兄弟俩长大了，需外出去闯荡谋生而各奔东西。运河东线途经王江泾古镇、嘉兴古城区，然后向西南流去，经石门古镇、崇福古镇再流入余杭的塘栖古镇。运河西线途经嘉兴桐乡的乌镇、湖州南浔的练市古镇、德清的新市古镇，至塘栖与东线再次合并。这运河又像久未碰面的兄弟，拥抱在一起诉说着离别后的思念，并携手向南"走"入杭州城。

这两段运河的长都在百千米上下，沿河哺育着7座千年古镇和2个千年古街区，它们犹如一颗颗璀璨的明珠散落在杭嘉湖运河边，吸引着不少游人。我因喜欢，便将这些运河古镇走了个遍，有的古镇还去了多次。

运河是杭嘉湖平原的母亲河，河水滋润并流进了这些生活着的千年古镇和街区，让古镇尽显"小桥、流水、人家"的江南水乡风韵。

古镇故事多，东线上王江泾的抗倭大捷和桥庙文化、嘉兴古城的商贸繁荣和月河历史文化街区、石门古镇的"运河第一弯"和古吴越疆界及丰子恺故居、崇福镇的沧桑变迁和蓝印花布及皮草市场。西线上乌镇春日里的民俗盛事——香市和茅盾故居、练市的蚕丝和湖羊、新市的古仙潭遗迹和茶糕梅花饺与羊肉、塘栖的沿河廊棚和白枇杷、拱宸桥边的历史文化商贸街区，都各有特色。充满着历史的记忆和传承、文化的厚重和名人辈出、昔日的繁华和富庶、乡土气息的浓厚和人的勤劳淳朴，还有儿时的童趣和回味。

时代的变迁与发展，水运已风光不再。"逢山开路，见河架桥"，横跨运河的现代公路与铁路桥在不断增多，而运河上保存下来的古石拱桥已寥寥无几。原先嘉兴地区在运河上有古桥 23 座，随着运河的拓宽、改道和船只的撞击损毁，现仅剩下 2 座了。据我所知，整个杭嘉湖地区也只有 4 座了，显得尤为珍贵，它宛如跨虹彩练，为古时的运河束腰装扮。

王江泾古镇是运河东线进入浙江嘉兴的第一站，现存有建于明万历年间的三孔大型石拱桥，名长虹桥，桥长 72.8 米，拱高为 10.7 米，是浙北平原在软基上修建的最大石拱桥之一，被誉为"运河浙北第一桥"。遥遥相望，犹如长虹卧波。那天，我望着一艘百吨货船驶至桥前便放慢了速度，小心翼翼地穿过桥洞，仿佛怕惊动了它。

崇福古镇的司马高桥建于明洪武年间，为单孔石拱桥。桥长 29.4 米，拱高 5 米。望着此桥，给人以高大威武之感。那天，我见桥四周的民居门窗都已封闭，看来这里是要进行改建了，有可能是建一个旅游区。

塘栖古镇的广济桥，建于明弘治年间，桥长 83 米，拱高 13.8 米，俗称长桥。是京杭运河上唯一的一座七孔大型石拱桥。桥的拱形孔中间大、两边逐步缩小，造型秀丽，是我国古代桥梁中曲线美的典范。它与司马高桥一样，在运河主航道改道后才得以保存下来。

在京杭运河终点处的杭州拱宸桥，建于明崇祯四年（1631），为三孔大型石拱桥。桥长 98 米，拱高 16 米，该桥大气并显其结构美，被誉为"江南运河第一桥"。在众多平行的公路桥群中，其因别具一格而独领风骚。

亲近这运河古镇和运河上的石拱桥，心里会产生由衷的满足和敬佩之情。我想，这情结就是来自京杭运河的魅力和伟大。

2017 年 2 月

端午曹娥庙行记

端午节，我去了浙江上虞曹娥江畔的曹娥庙祭拜曹娥。

曹娥江是绍兴地区的一条南北流向的大江，发源于浙中山城磐安，它的上游流经新昌、嵊州，后流入上虞区并经柯桥区三江口注入杭州湾，全长193千米。中游上虞段原称上虞江、舜江，后因东汉少女曹娥入江救父而改名为曹娥江。

我沿着西岸江堤小路驱车向南，左侧的江面足有百米宽，水面平静如镜。望着这江水我很难想象，当年的江水竟会如此凶猛，曹娥的父亲曹盱在汉安二年（143）五月初五那天，祭祀伍子胥，站立船头逆涛而上，竟会被波涛汹涌的江水颠入江中溺水身亡。也许，是江水自感有愧而有所收敛，今日才如此悄无声息。也许是今人治理江水有功，在上下游建了水坝电站或水闸，才改变了恶水泛滥。

车行至一小型停车场，才看到右侧路边竖立的"全国重点文物保护单位——曹娥庙"石碑和位于江堤下的曹娥庙。走下江堤，进入庙前广场，山门正对东面的御碑亭和罩墙，山门两侧有石牌坊和小山门，我已感觉到这庙的规模不小，故被称为"江南第一庙"。

曹娥庙初建于东汉元嘉元年（151），迄今已有1800多年的历史。庙址原在江东，北宋元祐年间庙西迁现址。庙坐西朝东，背依凤凰山，面向曹娥江。历代几经扩建和修葺，才形成今日占地6000平方米，建筑面积3840平方米的规模。一个小民女，因行孝献身，引得众乡亲的爱戴和历朝历代的褒奖修庙，这不就是中华民族孝德的传承和发扬吗？

进入庙门，只见屏风后香火袅绕，人头攒动。我绕过戏台，边走边看着两边墙上的44幅孝迹图壁画，诉说的是孝女曹娥悲壮感人的故事：父亲不幸溺水，年方14岁的曹娥沿江哭喊了十七昼夜，冥冥之中她似乎看到江中有一团黑影，以为父亲还在与江水搏击，便纵身跳入江中救父。五天后，曹娥背负父亲尸体浮出水面，悲壮之景让人唏嘘不已。此刻，我耳边听到信众的念经声似乎成了曹娥的哭喊声，声声不断。

进入正殿，只见暖阁中孝女曹娥凤冠霞帔端坐其中，神采奕奕。殿内上方有"真是女子""人伦之光""孝感动天"等匾额。在十多对历代名家所题的楹联中，我还看到了明华亭人董其昌题写的"渺渺予怀尝思所求乎子何事，洋洋如在试问无忝尔生几人"的楹联，颇感欣慰。转入后殿，有曹府君祠，是供奉孝女曹娥父母雕像的地方。

在中轴线的两侧，还有北、南两条轴线。北轴线依次有石牌坊、饮酒亭、碑廊、双桧亭和曹娥墓。曹娥碑初立于汉元嘉元年，由邯郸淳书写，此碑早年散失。碑廊中现存的曹娥碑由王安石女婿蔡卞重书，笔法灵动，神采飞扬，已历千年，弥足珍贵。南轴线上依次有小山门、戏台、土谷祠、沈公祠、戏台、东岳殿和阎王殿。东岳殿两侧各安放着有十二个面的长型条屏，朱红黄亮，图文并茂，画有男、女各二十四孝图，是中华传统孝道的范例。

整座庙宇显得建筑结构紧凑，错落有致。文化积淀厚重，艺术品位儒雅，在纪念性的庙宇中是不多见的。

翌日入夜，我在杭州钱塘江边的宾馆高层向外眺望，钱江两岸已是灯火阑珊，钱江水也似乎入眠。我还在想着端午的事。其实端午不仅仅是吃粽子、赛龙舟那样简单，它还具有避邪驱毒、纪念先人和弘扬孝道的作用。端午节不能不提到屈原、伍子胥和曹娥这三个人。屈原是一位爱国先烈，发"举世皆浊而我独清，众人皆醉而我独醒"之慨，他于端午节那天抱石投汨罗江，是精忠报国却被人诬陷而英勇赴死的。他已成为中华民族的一种精神，一种象征。伍子胥因父亲被楚王抓捕，楚王诈召他兄弟二人要除根,他哥伍尚"愚孝",明知去了即死,还是"随父而去"。而伍子胥是"智慧的孝",三年后,伍子胥掘楚王墓鞭尸三百,报了杀父兄之仇。后来,伍子胥是在吴王夫差的逼迫下,于端午节那天蒙冤刎颈而死,尸体被抛入钱塘江。而曹娥入江救父,正是孝道的具体表现。

爱国、孝行,不就是今日社会主义核心价值观的一部分吗?

2017 年 5 月

重游诸葛八卦村

15年前,曾去过一次位于浙江兰溪的诸葛八卦村,留下的印象是深刻的。这次"十一"黄金周,就想避开人多车多的地方,故选择了重游八卦村。

与15年前相比,现在的八卦村多了些辅助设施。停车场外移了扩大了,游客需换乘景区电瓶车进入。进村的主路上多了些仿古建筑,开了一排商店,经营着当地特色小吃和旅游商品。古村评为了AAAA景区,游客服务中心、公厕、导向牌等也配套了。当然,游客也多了。最养眼的是古村落还是保持着原有的风貌,一些破败的古建筑也得到了修葺。生活在村里的诸葛后裔们,还是那么地安然悠闲。

那天,我们先是参观了丞相祠堂,这是为纪念诸葛亮而修建的,坐东面西,平面按"回"字形布局,由门厅、中庭、庑廊、钟鼓楼和享堂组成,古朴浑厚,气势非凡。祠堂雕梁画栋,门窗栏杆等部件均雕刻精细,美不胜收。沿着小巷漫步,沿途一些居民在自家门口支个木板,放着些霉干菜、烧饼,或字画、孔明扇、罗盘什么的,也不吆喝,就那么静静地守着。

走出巷子,便来到了村中心的钟池。重见此景,颇感亲切。一汪水,一块地,一边是半圆形,一边的水地相接呈"S"形。这是八卦村的地标,是中心。高低起伏的民居围住了这汪水这块地,白墙黛瓦、小窗洞马头墙倒映在水中,尽显古村落的宁静与厚重。

自700多年前的元代中期,诸葛亮第27世孙诸葛大狮迁居于此后,亲自设计了按阴阳太极九宫八卦图的样式布列的村子。村子以"钟池"

为中心，其实是一幅一半为水一半为地的阴阳太极图形。道家文化将阴阳搭配视作"柔和"，也就是我们现在所说的"和谐"。以此图形为原点，向四周延伸出八条巷道，房屋民舍都建在巷道两侧。巷道里还有许多小巷，外来人往往会迷失方向而转不出来。这八条巷道均与外围的环形道路相连，环形道边还分布着大小不一的八个水塘，而村庄四周正好有八座小山包围着，其村落布局奇妙独特，令人赞叹！

我想拍张水陆八卦图形的全景照，可距离不够，退至一民宅门口的台阶上想再试试，门内一老妇人说："到我家楼上去拍吧，要用广角。"这句话蓦然把我带回到了15年前，也在此处，我登上了三楼，在一很小的窗洞向外取景。15年后的这个窗洞依然很小，要将相机伸出去，不太好拍。老妇人说，村里不让改造窗户，要保持原样。是呀，以前的徽式建筑为了防火防盗，一般在外墙上很少开窗，有窗也是些小窗洞。现在不能为方便拍照而改变原样，这村里是做得对的！

参观了诸葛亮纪念堂——大公堂后，沿着右侧巷道向上坡行走，进入了天一堂的百草花园。望着这片园子，我想起了15年前陪同我们游览的讲解员说的那句我以为很经典的话。当年，她指着角落里的一棵树说："这就是苦丁树。"当时苦丁茶已流行，可大家都没见过苦丁树。我的同行便要上去摘几片叶子，讲解员并没阻止，而是轻轻地说"苦丁树已经够苦的了。"话音把大家的手给"震"回来了。之后的几年，我在给导游讲"语言艺术"时曾多次举此为例。百草花园为村庄的高处，站在一亭边向下望，村西北的徽派民居高低层叠，300多幢明、清、民国时期的建筑就坐落其中。近处的上塘、下塘也隐约可见。

下坡，经天一堂后便是花园公寓，也许是这几年新改造的，环境有点民宿的感觉。出了公寓门后便来到了上塘。这池塘呈长方形，水面较大，沿塘的明清老建筑一字排开，此处便是上塘古商业街了。最醒目的要算是塘西岸的诸葛昱栈，门面开阔，建筑高大。在明清建筑寿春堂和大经堂间,展出的都是中草药材。中药业是诸葛后裔的传承,明清时期"诸葛药帮"曾名扬业界,迄今仍为古村的一大文化特色。雍睦堂是一个老字号中药铺,除经营中草药外,还有乡间老中医当场切脉开方,围观和购药的游客也不少。这中医药传承与旅游结合不就是当下的"旅游+"么?

诸葛村,不愧为全国特色景观旅游名村、中国十大古村之一……

2017 年 10 月

海边的总台山

友人老朱从北仑来电,邀我去看看。金秋十月的一个周末,我们去了北仑。这么多年,总是将北仑当作去定海沈家门或普陀山的渡口,并不知北仑还有哪些旅游景点。

中午时分,到达北仑老板娘大酒店时,老朱已等候在大堂了。午餐是自助式的,惊讶的是各种小海鲜占了七八成,这倒是少见的。说起北仑,老朱如数家珍娓娓道来:"北仑的小海鲜、年糕、金柑、黄花梨等很有特色。旅游资源也丰富,九峰山、总台山、万人沙滩、洋沙山、凤凰山海港乐园、中国港口博物馆、玫瑰庄园、张人亚故居等,还有众多的农家乐,晚上还能观看一场大型演艺《甬秀·港通天下》"。我这才知北仑可看可玩的地方还真不少。

下午,前往总台山。路上,陪同考察的小唐告诉我们,在总台山上可看到"海上千岛湖"、风力发电机群、世界第三大港北仑港和抗倭烽火台。小车进入上山小道,坡陡路窄,几个弯后便到达了山顶上的简易停车场。小唐说,山道是为了安装风机才修筑的。由于车道窄,一般建议游客徒步登山。

北仑的穿山半岛是大陆濒临东海最突出的地方,总台山就在这半岛的最东端,最高峰为309米。应该说它是苏浙闽大陆沿海能最早见到日出曙光的地方,可在17年前迎接"新世纪第一缕曙光"的纪念地却放在了温岭石塘。何因?此时,我才明白,是海上众多岛屿和山峰挡住了视线,看不到太阳跃出海平面那一瞬间的美。

站在山顶远眺。一座座海岛如同一道道天然屏障将北仑港团团围住,而深水的国际航道上,几十万吨级的巨轮就是从这些岛屿边穿梭而过,难怪北仑港被称为天然良港。俯瞰山脚下的北仑港三期码头,红色的龙门吊和港机沿着码头一字排开,数千只集装箱如火柴盒似的排得整整齐齐,层层叠叠,集装箱卡车来回奔波,一派繁荣。

回眸远望,总台山四周的山峦连绵不断,30多座风力发电机组分散耸立在山脊中,白色的塔身与旋转的大风叶给群山增添了一道亮丽的风景线,非常壮观。以前看风机,都是远远地眺望,风机塔似乎并不粗壮。现近距离接触,我们七个人手拉手环绕也抱不过来。抬头,塔上风叶旋转时发出的"呼呼"响声,让人有点头晕目眩,似乎还有点恐惧。在此安装风机,就是因靠海风力大吧。据说风叶转一圈就能发3度电。

转过山头,我们来到古烽火台石屋。总台山古时曾叫三塔山,在600年前,为抵御倭寇的侵犯,曾在此设千户所,筑郭巨城,山上设有烽火台石屋。石屋到清时仍沿用并升为总台,下辖高山、观山、梅山等五个烽火台,故改名为总台山。明清时期,浙东人民抗倭、抗英、抗法等反侵略战争的狼烟大多从这里燃起。石屋是由厚重的条石搭建而成,灰褐斑驳的石条充满着沧桑感,向人们诉说着昨天的故事。

总台山,屹立东海边,与大海和千岛互望相伴,风景如画。如果说,这是座看海观岛和迎接日出的养眼之山。那么,烽火台石屋和郭巨古城遗址便是那追忆历史的见证之山;又说,这山脊上的风能发电转送四方,是座造福人类的生态环保之山。那么,依偎在你膝下的北仑大港,让它"港通天下",汇入"海上丝路",又是座呵护之山和迎送之山。

壮哉,总台山!

2018年1月

陪母出游记

80多岁的老母亲身体还好，生活也能自理。风和日丽之时，我们就陪她出去走走，散散心。

母亲一生勤俭节约，外出旅游时也是这样。她总是关照我说，要买门票的地方不去，不要在外过夜，别在旅游地买东西，太贵了。这"三项规定"是她心疼我们花钱呀！

我们外出旅游比较随意，时常说走就走。考虑到不要让母亲太累，有多次都是下午出行，吃过晚饭回来，算是半日游吧。在回程路上，母亲总会嘀咕："开了那么远的路，只看了一个地方，浪费汽油和过路费。应该一早就出来，多走几个地方。"看来，我的老母亲既有旅游的兴致，而且大半天时间还不觉得累，腿脚还算利索，还挺会算效率账的。

一次，我们去常熟，上午游沙家浜景区，下午游虞山和尚湖景区，晚餐在昆山用了后再返回。我担心母亲身体，问她累吗？她却说："不累，这样玩蛮好的。"游了乌镇西栅景区后，母亲说："走过那么多的古镇，乌镇是最好的。"你别说，老母亲也还真能看出些门道来。

这些年，每逢国定节假日，只要表妹有空，总会陪着我小姨从杭州自驾来松江，看望我的母亲。每次老姐妹俩总有说不完的知心话，道不尽的骨肉情。相聚总是短暂的，离别时，免不了惺惺惜惺惺。看着她们难舍难分的样子，我向母亲提议，我们送姨她俩一程吧。顺便也陪母亲、小姨和表妹沿途去走走看看，算是旅游，然后再道别。我把它称为"相送旅游、陪母出游"。

嘉兴正好位于松江与杭州的中间，故游嘉兴地区的景区也成了我们的首选。几年里,"相送旅游、陪母出游",母亲游玩了嘉兴月河历史文化街区、南湖景区、梅花洲景区、海盐潮音阁、海宁盐官古城,后又延伸到湖州南太湖旅游度假区和衣裳街等。每次在当地用了晚餐后,我们便就此和小姨表妹别过,然后各奔东西打道回府。有的小长假或双休日里,我们索性就与小姨和表妹相约在乌镇,或新市,或塘栖"两军会合",如此,"相送旅游陪母出游"就成了"相约旅游、陪母出游"。

这个"五一"节,我们又来到了嘉兴月河景区,想想大概来了有四五次了吧。母亲嘴上说不要买东西,可她的双眼仍在注视着那些糕饼铺和百年老店。这里有她的所爱,新塍新旺记的咸烧饼、古居斋的椒盐饼、陆稿荐的熟食。每次来都要买上好几盒,回去后她要分成几份留给我的弟妹,送给她的老姐妹。

这样的相送相约,喜欢旅游的小姨和表妹也挺赞赏的。小姨喜欢星巴克,还专门办了张会员优惠卡。凡景区附近有星巴克的,便会进去坐坐,一来可歇歇脚,二来在此相互聊聊,也别有一番情趣。晚餐后,我们在此道别,虽有些依依不舍,但总感觉过不了多长时间,我们还会再次相聚的。这就不像一年前,远在加拿大的舅舅、舅妈来上海和杭州,道别时会有一种莫名的伤感,"相见亦难别亦难"。毕竟都是80多岁的人了,远隔数十万里。

几年来,自驾出行,陪着母亲去了本市及苏、杭、嘉、湖、绍、甬等地区有40多处景区和古镇。从内心来说,就是想让母亲的晚年生活过得愉快些。

2018 年 5 月

新塍的糕饼

新塍,江南小镇,位于嘉兴秀洲区西北。或是因其被附近乌镇的光环所遮住,知道的人并不多。可我却在近两年中去了5次。我在新塍既无亲戚、也无朋友,干吗这么热衷于一次又一次地往那儿跑?

三年前,我们在回上海途中,经嘉兴服务区小憩时,在店铺里买了两袋咸烧饼,这咸烧饼形如半个乒乓球大小,开袋品尝,黑芝麻馅,椒盐味,咸甜适中,味道不错。袋上印着"徐珍斋"老字号,才知它产于新塍镇,是地方传统原味的特色糕点,浙江省非物质文化遗产项目。于是,便记住了"新塍"这地名。又一次,闲游嘉兴月河历史文化街区,在一店铺里又看到了咸烧饼,只是包装不同,袋上印着"新旺记"老字号,产地也是新塍。有了上次的尝味,这次就多买了一些,口感上觉得更加松软。这也让我对新塍产生了好奇,这镇上难道有多家品牌糕饼店?

上网一查,新塍古镇还是个省级旅游区,有小蓬莱、千年古刹能仁寺和1500多年的古银杏树、有500米长的沿河老街、古宅古桥,还有影视基地和革命斗争遗址纪念馆等。地方美食是新塍的一大特色,享有"嘉兴美食之镇"的美誉。如杨阿六蒸缸羊肉、味德丰古方酱鸭、黑鸭等,名点除各种糕饼之外,还有"瞎叉三"馄饨、烧麦、黎明生煎和老王猪油烧饼等,蛮馋人的。似乎那儿有着儿时的记忆和味道,我便有了想去看看的冲动。

初次去新塍,午后自驾前往,70多千米路程,一个小时便到了。游景区后,便在镇上寻找那咸烧饼店和烧饼铺。在镇西一路口找到了老王特色烧饼铺,门面不大,生意却不错,下午3时了,还有八九个顾客围着，等待着烧饼出炉。烧饼有甜、咸、椒盐、辣味，我买了两只猪油霉干菜烧饼后回到车上，顿时，满车厢都散发着诱人的香味，这味可比一些饭店里的招牌"桶饼"要美味得多。

再次去新塍，在镇东的美食一条街上找到了"徐珍斋"和"新旺记"糕饼店，自产自销，刚出炉，新鲜，价格也便宜了不少。街上还有老沈贡饼店、阿毛特色月饼、同心汤团店等等。在镇北，进了一家门面较大的荣荣糕饼店，品种很多，秘制大麻饼、袜底酥、椒盐月饼、状元糕、定胜糕等。顾客还真不少，听口音似乎都是本地人。我不知新塍人爱做糕饼、爱吃糕饼的习俗缘于何时？有何典故？可这的确是新塍的一大特色。

制作糕饼是要放糖的，而我却忌糖。可当时店堂里的情景，成了挡不住的诱惑，难以离去，我还是买了只秘制大麻饼。回家后，每天切一小块，像中秋尝月饼似的，一只大麻饼足足"偷腥"了半个月，似乎很解馋的。

第三次去时，在原街口处已不见了老王特色烧饼铺，那地方已被围起，在进行房屋改造。再去时，才发现烧饼铺也搬迁到了镇东的美食街上，也许这是镇上有意将传统糕饼店集中在一起，以形成特色。漫步在美食街，只见品牌糕饼店里顾客络绎不绝，而一些小的糕饼摊位虽吆喝声不绝，但仍少有人问津，看来这品牌很关键。

去年国庆假日。母亲说要去个人少清静的地方，我便想到了新塍古镇。来到美食街已是下午近3时了，买了新旺记咸烧饼和阿毛月饼后，只见老王特色烧饼铺前还排着长长的队伍，足有20多人。走近一瞧，遮阳伞下，人们围坐着，享用着烧饼、油条、糍饭团和豆浆，这不就是江南人早餐的"四大金刚"标配吗？这"早餐"怎么出现在下午？惊讶之时，表妹已疾步至队伍之尾，随着队伍慢慢地、慢慢地向前挪动……

2019 年 1 月

天台山上的"石梁飞瀑"

"石梁飞瀑"这图景,在我的记忆中已留存46年了。1973年,我在《芥子园画传·山水谱》中看到此图景:一石梁横跨两山腰间,飞瀑穿梁而出,从悬崖峭壁上直泻而下,水雾追着云雾,极尽雄伟奇丽。5年后,有幸购得《芥子园画传(第一集山水·巢勋临本)》。仅为喜欢画谱中的山水画范图,闲时翻翻,独自欣赏,怡然自得。遗憾的是,我从未亲眼目睹过大自然中的"石梁飞瀑"。

知道"石梁飞瀑"景观在浙江天台山中,已是上世纪90年代的事了。那时去天台山旅游,行程中仅安排了国清寺和济公故里,并无游"石梁飞瀑"的安排。集体活动,只能作罢。10年后再去天台,还是去了国清寺。问导游,如去看"石梁飞瀑",时间上行吗?回答说是来不及的。无奈,又只能作罢。再10年,受友人之邀去天台山,只奔华顶山观赏满山盛开的杜鹃花,与"石梁飞瀑"又是擦肩而过。

读《徐霞客游记》开篇作《游天台山日记》,文中详细记载了霞客先生游"石梁飞瀑"时的情景,"停足仙筏桥,观石梁卧虹,飞瀑喷雪,几不欲卧","雷轰河颓,百丈不止"。很羡慕霞客先生的随心所欲、自由自在。他曾先后三次游天台山,花时相加达19天,游遍天台山诸胜景,是真正的"深度游"。不像我们,仅是半天一天、一景两景的"到此一游"式,很肤浅的。

今年初春,友人在天台山石梁镇边的浪水溪旁建起了民宿,邀我们前往体验。民宿离石梁景区不远,便迫不及待地想去看看这向往已久的"石梁飞瀑"。

我们从景区的上入口进入，沿金溪而下，不一会儿便来到了中方广寺。此处，金溪从东侧倾泻而下，流过石拱古桥，与西侧的大兴坑溪的"神龙掉尾"瀑布合流，一并向北泻去。紧贴寺庙高墙左侧边有一小段下伸的台阶，将我们引到石梁边上。这石梁顶部约 0.3 米宽、7 米多长，2 米多厚，两端下削，中央隆起如龟背。石梁左侧面上还刻有文字和图案，只是看不太清楚写着什么？泻下的溪水经过三折下坠，注入石梁下便不见了踪影。望着这石梁，我感觉在此俯身下望都让人害怕，可当年霞客先生竟会走上石梁，一直走到石梁的另一头，因对面大石挡住才折返。"从梁上行，下瞰深潭，毛骨俱悚。"可见霞客先生胆量也真够大的。

因被石梁所挡，看不清溪水坠落深潭的壮观。我们便折返上去，过寺前石拱古桥后拾级而下，经古方广寺至谷底深潭处。仰望这 40 米高处的石梁，就是一座天生桥。这石梁，我不知道是"水滴石穿"的结果，还是岩石风化的作用，或许还要早，可追溯到"第四纪大冰期"的冰川运动所至。这坠落悬崖峭壁的瀑布，如天上来水，白帘下挂，水声轰鸣，水雾腾起，朦胧而妩媚。不由得感叹大自然的鬼斧神工。这是天台山的造化，不愧为"第一奇观"、"天台八景"之首。由于光线处于逆光下，这景观似乎没有画中那么清晰。想想也是，绘画本身就是源于自然而精于自然的。

下到仙筏桥处，已是一片开阔，水流也平缓了许多。回望"石梁飞瀑"，成了绿色山林中的一条白练。至观瀑亭外，一尊"徐霞客"石雕像立于此处，他目光炯炯，在眺望着"石梁飞瀑"。我不觉疾步上前与他合影，并自语道；霞客先生，您对"石梁飞瀑"，可真是百看不厌呀！我也寻着您的足迹，总算来了。

2019 年 3 月

乡 情

陪老母亲聊天，母亲不时地说起她小时候的往事。母亲是不是思念故乡了？母亲的老家绍兴筠溪村山清水秀，明清时期的古建筑也不少。十多年前，《新民晚报》有文章《筠溪村的出路在哪里？》刊出，建议开发休闲旅游，可至今未见动静。老家也没什么亲人了，该去哪里回味故乡呢？好在快"奔九"的母亲腿脚还行，那就去同属绍兴家乡的安昌古镇吧。古镇虽离母亲家乡还有六七十里地，但它是"中国历史名镇"、民俗文化风情小镇，保存完好，"越文化"味特浓。可满足母亲重拾乡情的愿望。

那天，刚入镇，家乡的风味和气息便扑面而来。绍兴方言称"黑"为"乌"，此刻，"三乌"——乌干菜、乌篷船、乌毡帽都出现了。黄酒是坛装的，层层叠叠堆放着。腊肠、阉肉、熏鱼等悬挂得满街都是。母亲边走边看，也许还在边回忆。

安昌古镇在百多年前是浙东航运线上的主要商埠码头，这20年来华丽转身发展休闲旅游，有了另一种悠然与闲适。石板铺路、店铺林立、手工作坊、凝重台门、翻轩骑楼、两廊相连、石桥各异，古镇享有"碧水贯街千万居，彩虹跨河十七桥"的美誉。千百年的古镇人家，依然保持着传统生活习俗，处处可见鲁迅笔下的乡土人情。

过安昌桥再跨阳明桥，下来便是城隍殿。城隍殿是纪念明代侍郎李颙修筑钱塘有功，被奉为安昌城隍而建的。这天，正逢城隍老爷生日，殿里信众甚多，我们也挤了进去。看着两边走道上坐满了折锡箔的信众，母亲说她小时候也跟着外婆折过这锡箔。

出了殿大门,有个船码头,考虑到古镇沿河街市有三里多长,还有十余座石桥,怕母亲太累,我便提出坐乌篷船进去,然后慢慢走出来。如在其他景区说要坐游船,母亲的一句"我会走",就把我们给甩后面去了。但这次是坐家乡的乌篷船呀,看她在犹豫,我便追加了一句,"有四五十年没坐过了",母亲听后便答应了。

跨上乌篷船,刚坐稳,小船便调了个头,船工手划桨、脚蹬橹,小船便轻轻地向前驶去。母亲看着南岸的百年老店仁昌酱园,有些发愣。我知道,外公以前是在酱园里工作的,触景生情,母亲在想外公了。

上岸后,沿河逛街市,母亲兴致蛮高的,东看西瞧,走着走着就在某个商铺前停下了。绍兴的艾糕颜色深绿,是面粉加艾草做的,我们特喜欢它那种清凉香草味。母亲饶有兴致地买了儿时吃的点心,还购了做糕饼用的印花模板,又品尝了酒酿馒头。观看箍桶师傅箍木桶和扯白糖师傅的当街表演,与当地人搭话,用家乡话聊上几句。看得出,母亲是蛮喜欢这样逛的。

回程路上,母亲喃喃地说:"想不到,柯桥这里还有这么大一个古镇。"还沉浸在乡情里。

2019 年 7 月

停车场中间的水井

去建德寿昌镇逛中山路步行街。

在解放路与中山路口处，见有停车场的指示牌，便驶了进去。停车场不大，能停 30 多辆小车。四周都是房屋，看得出，这停车场是配套中山路步行街硬挤出来的一块地。

泊车毕，发现有一口水井很突兀地嵌在停车场的中间。刚开进来时有车挡着，没注意。我有些好奇，便走近去瞧瞧。

这井没有井台，水泥一直铺到石井栏下。井栏高也就 50 厘米的样子，看得出是刚整修的。井栏外圈雕刻着荷叶莲蓬等图案，仿明清风格的。井口约一米见方，还配了个石刻井盖，搁在井栏边，图案与井栏外圈相同。水井旁还立着一块小石碑，记载着水井的由来。碑记为镇政府所立，时间为今年四月，才立了两个月呀！

原来，此井称"朱同裕古井"，始掘于清同治年间。井深 4 米余，井口直径 1 米，井壁呈圆形并砌以青砖，下大而上小。水尤清洌，甘之如饴，百年而不竭。始为朱同裕私人用井，民国时供周边百姓共用。

朱同裕为寿昌百年商号。我想，150 年前的这里，也许是朱同裕商号的所在地，今日遗址不在，仅存此古井。网上一查才知，朱同裕商号的布店老板朱耀和朱辉兄弟，秉承父亲朱嵩山遗愿，捐资兴学，在 1944 年办起了私立嵩山初级中学，即今寿昌中学的前身，该校现已是一所在当地知名度很高的省重点中学了。

今日寿昌镇上，有名的是历史遗存寿昌西湖和西湖水街、周宣灵王庙和会通桥、寿溪（寿昌江）和状元廊，还有那新建的航空小镇和高考录取率引以为傲的寿昌中学。并无朱同裕百年商号。在网上，我也找不到朱同裕商号前身今世的记载。也许，老店已搬迁了？或许，商号已不在了。

遗憾之时，我以为，当今人沉浸在这收获喜悦时、荣誉满载时，要记得"前人栽树后人乘凉"和"吃水不忘掘井人"的古训，不能忘了前人的努力和奉献。寿昌中学能有今天，千万不能忘了朱同裕。

水井，以前的生活离不开它。如今，城里人都已不再使用它了。但它是人们生活中的一段相伴，一个缩影。这朱同裕古井，虽不起眼，也并非啥稀罕物。可这古井，汲出的是对过往的记忆，也映照得出后人的感恩之心。这古井，是昨天的曾经，也是永远的怀念。

镇政府在老城改造中，对如何处置这口井，也许有过异议，填埋？封盖？还是让它"永见天日"？最终选择的是修葺古井并立碑存照。虽嵌在停车场中间，有点异样，可这是不可移动文物呀。也许，还有勿忘、感恩的意思。但愿后人能"见物思情"，记住它的功劳，它的延伸和它的故事。

2019 年 7 月

我在梅城眺望

初夏的一天,我从杭新景高速公路杨村桥匝口下来,沿着新安江一路向东,直奔梅城。

我站在梅城的城墙上,向南眺望,心情就像眼前这宽阔的江面,很是舒畅。这条从西面皖南休宁六股尖源头流来的新安江,经过屯溪、千岛湖、建德城后,到达梅城时,江面已很开阔了,足有二三百米宽的样子。江水清流平静,宛如浅蓝色的大地毯。江面上有几只小船在慢慢游弋,悠哉悠哉的。江对面是连绵起伏的群山,翠绿毓秀。南峰塔矗立在山上,它与城东北乌龙山上的北峰塔隔江相望,有点"双峰锁江"的意境,也点缀了梅城的风景。远处的江面腾起了一片片、一层层薄雾,使山峦和南峰塔有点朦胧,时隐时现的。

我向东眺望,南峰塔的山脚下是新安江的一汊口,那是南流而来的兰江,源头在开化莲花尖,也是钱塘江的主要源流。新安江、兰江在此汇合,形如"丁"字形的三江口。再向东北流去,便是富春江了。这段水道至下游的桐庐、富阳,因都在两山夹峙中蜿蜒,沿江的景色都很美。从梅城到乾潭还有水上旅游线,名"七里扬帆",很有诗情画意。富春江的精华之处,"七里扬帆"、富春江小三峡等也在此段。这里,俨然是一幅自然山水画,似乎在中国的山水画中常有见到,却又很少能亲临这实景中。当年黄公望就是在梅城三江口开笔,描绘出《富春山居图》,并流芳百世。

我朝城墙的两边望去,城墙高大宽阔。虽是重建的,城垛仍砌成梅花形状,与梅城的称呼相吻合。过去,梅花城只有帝王之都才能建造,这小小的州府之地怎么会建梅花城呢？民间有多种传说。一说是皇帝的一宠妃是睦州人氏，她请求皇帝给她的家乡建造一座梅花城，以报答家乡父老的养育之恩。城墙才造了一半，王妃病故了，城也就停建了。故梅花形的城垛便只有沿江的一面。所谓"天下梅花二朵半"的传说，指的就是北京、南京的"二朵"和梅城的"半朵"。二说是为了纪念汉代高士梅福而由严子陵修建的。三说城垛是明帝师刘伯温设计，守将李文忠建造的，不知何说为真？

在城墙的北侧四五米处，与之平行的是一段长有300米的古城墙，为元末明初严州府的遗存。这"墙外墙"的尝试，既为了保护遗址，又复原了当年城墙的雄姿。

我转身向北眺望，梅城尽入眼帘。梅城不算大，地理位置却极佳。背靠乌龙山，倚偎三江口，遥望南峰山，地肥气候宜。

由于公路、铁路的兴起，航运的萎缩，偏僻的梅城也由严州州府改为建德县治。60年前，建德县政府西迁到了30多千米外的新安江城，梅城又由县城降为了镇。"千年古府"也淡出了人们的视线，似乎被湮没了。以前，我对浙江历史上的11个州府治所，在今天的哪个位置，基本上能对得上号，唯独不知古睦州府、古严州府在何处？

我在梅城城墙上"远眺"历史。梅城是唐代睦州、宋代严州的州府与县治所在地，并延续到1950年代末。有着1700多年的建县史，1200多年的建州府史。历史底蕴深厚，人文荟萃。千百年来，吟咏严州的诗人，少说也有1700多人，写下的诗，至少也有4800多首。来过梅城的名人留下的文字，足以反映当年严州山水的清幽美丽、文化的繁荣辉煌和商贸航运的发达。

孙权、严子陵、范仲淹、陆游等都在此待过，也留下了不少遗址和轶事。如孙权、孙策和六合古井的故事。范仲淹敬仰东汉隐士严光，特地为他建严子陵祠，并写下了《严先生祠堂记》，他将情感写进了文中：

"云水苍苍,江水泱泱,先生之风,山高水长。"为了范仲淹在睦州所待的一百天,当地人建"思范堂"和"思范牌坊",思念了他一千年。陆游在严州的三年,写遍了当地的农耕文化和商贸文化,成为严州的重要文献。

我在澄清门楼上,望着近处城内府前街口,还是一个正在大兴土木的建筑工地。刚进梅城时,狭窄的主街上,到处都是围栏和脚手架。后来才知,有一千多名建筑工人正在加紧施工。看得出,梅城要凤凰涅槃、浴火重生了。梅城人提出的口号也很自豪和自信,"给我千日,还你千年!"今年国庆,城墙和老街已对外开放了。那里有纪念商辂的三元牌坊和建德侯坊、明桂青柯等景观,还有百年老字号等。

2019 年 11 月

浙界上的五座关隘

近些年来，野外集体徒步运动已作为一项新的健身方法在悄然兴起。在徒步健身中，还可了解当地的历史人文和风土人情，欣赏山水风光，是"健身+旅游"的和谐组合。徒步活动应有个主题。我琢磨着这样一项主题分站活动："去浙西南：过五关，登六峰，观百景，聊千史"。

浙江是个"七山一水二分田"的省份，除浙东浙北地区有少量平原外，其他的地区都是丘陵高山。地势西南高、东北低。西南部与皖、赣、闽三省交界处均为高山峻岭，省界略呈"C"型。在古时，浙江与皖、赣、闽三省交界处有五大名关。地理位置为浙西北的千秋关和浙西的昱岭关与皖交界，浙西南的白沙关与赣交界，浙西南的枫岭关与闽赣交界，浙东南的分水关与闽交界。而今却少有人知。

千秋关。2012年，我们去皖南宁国参观云梯畲族乡，这也是安徽境内唯一的畲乡。在畲乡南侧就是宁国入浙的古道隘口千秋关。

千秋关古名千秋岭，位于天目山西麓，海拔398米，崇山高耸，溪谷幽深，层峦叠岗，地势险要。一夫当关，万夫莫开，系皖浙通道，历来为兵家必争之地。始建于五代，后梁与吴越曾大战于此。南宋时置戍，戍以重兵，以拱卫宋都城临安（今杭州）。清同治二年（1863），太平军曾驻守此关。

云梯位于安徽宁国与浙江杭州境和湖州境交界处，东南浙境内有海拔1505米的西天目山主峰，东侧浙境内有海拔1587米的龙王山主峰，也是黄浦江之源。在此，可了解畲族民风习俗，穿越千秋关及千秋岭徽杭古道，是徒步、体验、赏景的好去处。

现宁国至浙江桐庐的高速公路已通至千秋关,宁国境内也有104省道至千秋关,与浙境内的16省道接通,并在於潜与杭瑞高速衔接。

昱岭关。1995年,我从皖南歙县回沪,当时还没有杭瑞高速,走的是1933年建成的杭徽公路,现为02省道。在翻越过昱岭时,公路前方出现了一座依山势用石块垒成的敌台关墙门洞,公路穿洞而过。关墙向两翼山脊延伸,关墙东侧两边留有戍所遗址,原来这里就是杭徽交界处的隘口昱岭关。关隘位于歙县境,两边的山岭高耸入云。

昱岭关,建于三国孙策前期。历来为兵家必争之地,史籍多次记载昱岭关战事。北宋末,方腊起义军曾在此关隘与宋军大战。《水浒全传》第118回"卢俊义大战昱岭关",称此关隘为"歙州第一处要紧墙壁"。南宋在此置关。元末,农民起义军亦在此同元军反复争夺。

随着杭瑞高速的开通,每次去皖南古徽州途经昱岭关时,我会下意识地放慢车速,看上一眼高速公路右下方杭徽公路上的昱岭关墙门洞。如去徒步穿越昱岭关,可在浙江境内的白果匝口下高速,沿02省道向西5千米至昱岭关。还可从关隘处古蹬道直接沿右边小路,走通往光明顶搁船尖的密道。此处为浙皖要塞,历来为兵家必争的古战场。曾是陈硕真、方腊、朱元璋三次明教农民起义的总舵之地,是《倚天屠龙记》历史故事原型地——浙西明教的光明顶,海拔1481米。也可经皖境内的竹铺镇北登绩溪与临安交界处的清凉峰,海拔1787米,为皖南第二高峰。或可游走浙境内的龙塘山自然保护区、石长城、十八龙潭和连接皖南绩溪境内的徽杭古道。

白沙关。2014年,我自驾从婺源经德婺高速至浙赣交界处的上饶白沙关。当时,杭新景高速公路的此段正在修建。

在古时,白沙关是由赣入浙的重要关隘、咽喉通道和军事要塞。明代之前即有关隘,现还存有遗址。明清时期,这里曾经历了大小战事几十次。明正德二年至十年(1507—1515),起义军多次在此与官兵作战。

清咸丰十一年至十二年（1861—1862），太平军与曾国藩部和左宗棠部在此形成拉锯之势。上世纪二三十年代，也是红军的重要交通线。前几年有一部名为《暗战白沙关》的电影曾在此摄制完成，该剧通过历史上"江西—白沙关—华埠—衢州—上海"这一"红色交通线"的历史事实，讲述了红军特工和国民党特工在白沙关附近斗智斗勇并取得胜利的故事。

现杭新景高速公路已在此穿越，成为赣入浙的第二条高速公路。白沙关东侧为浙江衢州开化县，在县西北有白际山脉莲花尖，一说是钱塘江之源。也是浙、赣、皖三省交界之地，有一棱形界碑竖在山顶上，三个面上分别书有浙、皖、赣三字，可谓是"鸡鸣三省"之处，也是徒步登山的好去处。

枫岭关。2014年，我到了浙、闽、赣三省交界处的廿八都古镇和仙霞关。史上记载，由浙江通向福建和江西的仙霞古道早在黄巢起义之前就已有，而黄巢将其修得更牢固、道路也筑得更长。整个关隘分为东南西北四个关，仙霞关为北关，东有安民关，西有六石关，南有枫岭关，为仙霞关群的第四关。枫岭关至仙霞关约30千米，仙霞古道的徒步时间约12小时。

枫岭关，始建于五代，因山上多枫树而得名。古人称"路径遍爪"，说的是地形复杂、道路艰险。枫岭关在地理位置和军事上有其独特的作用，南宋末，蒙古军铁骑由此入闽，明末清初时，郑成功与父亲郑芝龙曾共守此关隘，后父亲投靠清军，郑成功含泪撤军、愤然离去。满洲八旗也从这里南下。之后，就有了郑成功收复台湾的壮举。清末石达开、左宗棠曾黯然南下，民国时孙传芳部曾经此关长驱北上……

枫岭关在浙闽古道上还起到了重要的商贸运输功能，可以说是因"战事而起，商贸而兴"。枫岭关原属福建省，2000年两省勘界时划归浙江。现205国道从关隘边通过。南北关隘中间为廿八都古镇，古时为古道驿站和守关兵营。而今G3京台高速在过了廿八都古镇后折向东南方向,避开了枫岭关。而枫岭关东侧现开发有海拔千米以上的浮盖山景区,与廿八都组成了一条游线。

分水关。2009年,我去温州泰顺泗溪观廊桥。车沿着沈海高速向南便来到了浙闽交界处的福鼎分水关,未过关入闽,便右转入331省道去泰顺。可我已感受到了关隘的存在。

分水关,建于五代"开闽王"王审知时,为确保闽地安全,以御吴越而建。此关海拔450米,形势险要,号称"闽东北门户",为兵家必争之地。南宋末时,宋宰相陈宜中之弟、大都督行军司马陈自中据守分水关,护送秀王赵与择入闽,阻击南侵元军十多日,"食尽援绝,军帅欲降之,不从,朝服南向,再拜而死"。明嘉靖福宁州黄良林造隘房驻守。清乾隆福宁郡守李拔题称"分水雄关"。清咸丰十一年(1861)十月间,浙江平阳金钱会起义军在谢公达率领下,奔袭分水关,与清兵展开激战,杀死烽火营外围张振彪等清兵近百名,大获全胜,并长驱入闽,攻占桐山城。

分水关是浙闽大通道的节点,1956年,浙闽公路(现为104国道)从关口贯穿南北,之后的沈海高速也在此入闽。现分水关遗址尚存,关墙被切成两段,尚存残墙500多米。此处有清同治七年所立清阵亡兵士墓。

说来也耐人寻味,浙西南省界边的这五座古时著名关隘的位置都不在浙江境内,似乎都是当年为了防御吴越国的。历史上的战火硝烟早已散尽,留下的遗址却向我们诉说着往事。巧合的是,这五座关隘处,如今都有跨省的高速公路穿越。关隘边的西天目山、龙王山、清凉峰、搁船尖光明顶、莲花尖和浮盖山这六座千米以上高山,组成了"五关六峰",它不仅仅是省界,它或将成为有意义的"健身+旅游"的体验之地。

2020年3月

斯宅村里多故事

旅途中,走过一些古村落,大多是因时间仓促而走马观花似的"浅层游"。然而,初秋的一天,我去了诸暨斯宅村,并在村里待了两个半天并住了一晚,看到的和听到的事就多了,这在我的旅途中也是不多的。

斯宅村位于诸暨市东南20千米东白镇的山坳里,这村庄是沿着从大山里流下来的溪河而建的,方圆有2平方千米。吸引我的是这村里的古建筑,有全国、省、市级文物保护单位共14处,其中"国保"就有3处,省级2处,这在全国也是很少见的。

那天,我们按导游图走了村中、村北和村西。先参观了爱吾山庄大门对面的"新谭家"民居。陪同人说,这是斯烈、斯励兄弟的故居,在上海"四·一二"大屠杀期间,因他俩的帮助,使周恩来免遭杀害。

过溪河,是棋盘街的东入口,这是一条古商业街,现设有"诸暨市商号博物馆"。今虽有不少门店,可人并不多,和以前相比,也许要冷清了不少。至街西尽头,为斯民小学,这是一座由村里留日学生发起建造、仿日本早稻田大学建筑、创办于1919年的学校,至今还有7个班的学生在读,也是诸暨市唯一的一所民办小学校。我所知道的教育家、南京特级教师斯霞就曾读于此校,校内祠堂门上还留存着当年康有为题写的"汉斯孝子祠"之名。

再回过溪河,来到了建于清道光年间的华国公别墅。进大门有一大天井,奇异的是左右两棵柏树,一棵表皮光滑,一棵表皮扭曲,说是"一雌一雄"。中厅两侧张贴着十多张当年斯氏族人中进士的捷报,这"金榜题名"为族祠增光了不少,也很少见。过中厅,更奇异的是左边的水井，水位高得要溢出井口了，右边的那口井水位却很低，要低头俯瞰才能见水，可谓"一阴一阳"。左侧厢房有多间学塾。说是别墅，其实就是集斯氏祠堂和学塾于一体的建筑。

离开华国公别墅，来到了"下门前畈台门"民居。三座门台上分别刻有四字，为"家敦仁让""世守耕读"和"有秩斯祜"，合起来就是斯氏家训。意思是为人要敦厚谦让，世代传承耕读家风，若遵循这原则，斯姓家族会有洪福。

小洋房，这里曾是张爱玲在1946年初追夫时，到此住过两个月的地方。在这里，知道了张爱玲与胡兰成乱世情殇的故事。也知道了张爱玲在此写下了游记体散文《异乡记》。在这之前，我仅知道张爱玲是位名作家，可她的作品我却一部都没读过。晚上，我在客房书桌上看到了摆放的《异乡记》，很是高兴。便简单洗漱后，靠在床上，电视也不开，粗略地将它读了一遍。书中记载了她在闵家庄（即斯宅村）里过年、看见做年糕、杀猪及乡民生活等细节。精练的文字佐于真挚的情感流露，使得通篇读来生动有趣，农村百景跃然纸上。我不由得想起晚餐时饭厅墙上布置了多块招牌，上面都是摘自张爱玲《异乡记》里的当地食材和菜肴的介绍。其实书中并没有多少笔墨是写这些的，感觉这饭店经营者是花心思从书中"抠"出这些来的，是深谙"名人效应"的经营之道。

这不由得又让我想起张爱玲的另外一件想做又不知是否做成的事。张爱玲于1955年11月中旬，到达美国纽约后不久，专程去拜访了胡适。她向胡适再一次表示，有机会一定要把《海上花列传》《醒世姻缘》译成英文，让它们成为世界名著。她和胡适有同样的看法，认为这两部小说实在是应该列入世界名著的。这次谈话使胡适对张爱玲深厚的古典文学功底和敏锐的文学领悟才华极为赞叹，他鼓励张爱玲尽快去做这项有意义的工作。1967年10月，张爱玲的第二任丈夫赖雅去世后，她开始将《海上花列传》翻译成英文。可不知是否完成和出版？作者为清代韩邦庆，松江籍人，后居苏州，在《松江县志》中有记载，故引起我的关注。

在小洋房北面的"上门前畈台门"民居群的体量很大，占地有20多亩。走在深弄堂里，仿佛置身于200多年前的清代。此行知道了这斯宅村的"斯"姓是东吴孙权赐的，原本他们姓"史"，因史姓兄弟甘愿为父受罚，尽显孝心，故被赐"斯"姓。知道了斯华国办学塾，就是要培养有文化的子子孙孙。知道了"小洋房"建于1920年，是斯豪士和斯魁士俩兄弟所建。知道了斯魁士赴日学医，学成归来后曾当过溥仪御医，是他用计支走了将入村的日本兵，保住了村庄不被鬼子侵扰。也知道了一代茶商斯元儒的传奇故事和千柱屋的由来。

千柱屋建于嘉庆初年（1796）。占地十余亩。外墙有点像福建的围屋，不同的是它的外墙不是圆形的，而是长方形的。它由1224根柱子、121间房、10个大天井、36个小天井组成。砖雕白马图和东阳木浅浮雕花板、门套等彰显出浙江民居的装饰手法和人文意境。该屋因房柱超千而得名"千柱屋"。斯姓后人对自己的祖太公斯元儒都很敬佩，但也很纳闷，祖太公造千柱屋的钱是哪来的？这个谜一直隐藏了225年。晚餐后，在山庄的茶室里与人边喝茶边聊天，话题也揭开了这谜底，也不知是谁泄露出来的？

说的是在乾隆年间，斯元儒经商时，一次，运送货物的船经过太湖时，被强盗打劫了。万般心疼，无奈之时，他和伙计在湖边一家饭店吃饭。看见隔壁吃饭的人很特别，像是个主事之人，故有心巴结他，便替隔壁的那桌付了饭钱。隔壁吃饭为首的是个蓄胡子的胡人大汉（为北方少数民族人）感到很奇怪。于是，胡人就把斯元儒叫了过去，问为何要替他付饭钱？斯便将自己遭遇的事说了。胡人住在苏州阊门内，也是个做买卖的，太湖里的强盗对他都很服帖。胡人对斯元儒说，以后碰到这种事，就说你是我"胡人"的朋友，就不会有事了。

第二年，斯元儒又一次将装满桐油的货船开出，驶经太湖时，又遇上打劫的强盗。货船被抢后，强盗还要杀了斯元儒，斯被捆绑住后大叫："胡人大哥救我！"连喊了三遍。强盗便问："胡人是你什么人？"斯回答说："是我大哥。"于是，强盗便放了斯元儒。可抢走的船早已扬帆驶离了，强盗便指着另一条刚抢来的货船对斯说，"这条船上装的是红糖，你开走吧，算是抵你那条船的。"就这样，斯元儒便将这船驶了回来。卸下红糖，想不到船舱下面有多只木板箱子，里面全是白花花的银元宝，这是强盗万万没想到的。斯元儒也因祸得福。于是，就有了这嘉庆元年建造的"千柱屋"。故事活灵活现，也不知是真是假？

斯宅村，似乎每幢建筑都有故事，都会"说话"，都可阅读。

2021年9月

"活着"的砖窑

20年前,我们为了将清代黄霆赞美方塔的词句镌刻在大方砖,嵌贴于方塔东侧墙上,特请松江书法家刘兆鳞先生书写。为此事,我曾去过苏州相城区的一家砖窑厂。选好方砖、落实刻字事项后,再去砖窑里看看,可窑门关着正在烧火,没看成。

之后,我才得知,苏州、嘉兴地区一带的砖窑所制的大青砖,也称方砖,质地密实细腻,"敲之有声,断之无孔"。这一带有砖窑被永乐帝赐封为"御窑",方砖是专供皇城建筑之用,民间称之为"京砖"。相传购一块京砖价格不菲,约一两黄金,故被称为"金砖"。其实并非如此,皇室档案记载的方砖价格也就近一两银子,叫"银砖"更贴切些。况且这"金"字与钱无关,而是与五行中的"金木水火土"的"金"字有关,是坚固恒久的意思。金砖60公分见方,重约150斤左右。而一般的方砖较薄,密度也低,也就五六十斤重的样子。

10年前的寒冬日,我来到了嘉善干窑镇。这镇名与砖窑有关,我就是想去看看那"活着"的砖窑。嘉善干窑被称为"千窑之镇",起源于唐宋,兴旺于明清,最多时有一千多座。民间传说嘉善的砖窑也深得乾隆帝的喜欢,于是,乾隆写下了"千窑之镇"四字。不知是何因影响了他的专注度,他将"千"字错写成了"干"字。因是皇帝御笔,这"干窑"之名也就这样沿用至今。砖窑到上世纪30年代还有700多座,随着时代的变化,水泥和石质地砖的广泛应用,加之土窑墩的坍塌和破损,大多数都消失了。保存下来的土窑墩仅剩两座,其中一座是建于清咸丰年间的,现为省级"文保"单位,方砖制作技艺是省级"非遗"项目。但不知其名称叫啥,仅知道砖窑就在镇区附近。

我在干窑镇区的四周马路上转悠,眼前有一条路名为"窑砖路",感觉离砖窑应该不远了。在镇区西侧的乌桥港北侧路口,我发现了一块立着的石碑,上面刻有"浙江省文物保护单位——窑墩"。

窑场也无所谓"门",就是个跨街楼下的通道,连个门牌号都没见。窑场口的停车场很小,场区也很简陋。走到里面看,是双窑并立,当地人称"馒头窑",也称"和合窑"。窑的外体砖墙已很陈旧,窑体腰部以上和窑顶长满了野草。窑上竖着两支砖砌烟囱,与边上的电杆差不多高。我先在砖窑外转了一圈,南面临河堆放着已出炉的毛坯方砖,还有数百袋砻糠和树桩木条之类的柴火。现今各地用电烧窑的较多,用古法烧制的已不多见了。北面和西面有五六间车间,光线很暗,也很简陋、逼仄。这窑墩四周已被居民区和河道、公路所包围,因有省级"文保"单位的竖碑,不担心它会被移走,却担心它不再烧窑了,那就是"不活着"的了。

回到西窑口前,只见三四个窑工正在忙着添柴,西窑里面的火正旺着,可惜看不到窑里的烧制过程。东窑里烧好的方砖还未搬出。我赶紧往里瞧,一股热气迎面扑来。窑门呈拱形,窑腔内从地面到穹顶也呈拱形,有八九米高,直径约六七米宽,整个窑腔内面积在五六十平方米的样子。只见还未搬走的方砖横竖交叉,层层叠叠,砖与砖之间都留有空隙,便于过火。我在窑口仅站了一小会,就感到热浪烘烘,热气逼人,想想这窑工怎会不汗流浃背呢?我问坐在西窑屋门口的一位老奶奶:"这窑一次能烧多少块方砖?"她说有二三百块吧。我又问:"这窑有多少年了?"她说:"我爷爷的爷爷的爷爷手里的"。估计已有150多年了吧。

近十年来,每当我一次次经过干窑镇时,就会想到那座百多年的土窑墩,不知这窑墩还在烧火吗?今年初夏的一日,我忍不住又去了一次土窑墩。比之10年前,镇区又向四周扩展了不少。窑墩已在镇区的中间位置了。窑场门外的小停车场，成了堆放方砖的地方。门口新添了挂着"沈家窑"三个大字的栅壁门头，这时我才知道这窑墩的名字。几间车间墙上都贴上了标牌，有千窑瓦都、制坯工坊、晾晒工坊、打磨工坊、烧制窑等，感觉醒目了许多，原来是纳入到了当地镇史教育中了。我眼前仿佛出现了选土练泥、加水踏熟泥团、压制成砖坯、晾干后装窑点火、木材烧制、文火熏烤、熄火窨水、冷却后再打磨抛光，最后成砖的全过程。

场地上，还是和 10 年前那样，还未打磨抛光的方砖和柴火堆叠的到处都是，还多了些烧好的筒瓦、宝顶、花脊等中式建筑材料。东窑门关着，不知是不是刚熄火？从西窑门孔里望进去，窑膛里的火正烧得旺旺的。当今新建的中式建筑和园林建筑还是有这需求的，这窑还得"活"下去。

2024 年 6 月

二、游苏、沪

淮安的地理新景

到淮安，周恩来故居是一定要去的，之外还有吴承恩故居、关天培寺、镇淮楼、漕运博物馆、淮安府衙等。除此，我还去了位于淮安城北与城南的两处地理新景。过后跟朋友说，淮安的地理新景，值得去看看。

淮安城区有四条水道穿越过境，水道均出自城西南的二河与京杭大运河。自西南向东北走向的叫盐河，为城区最北端的河；然后是一条同样走向的古淮河，它的下游是废弃的古黄河；城中心的为里运河，走向东北后折向南再汇入大运河；城南的一条便是京杭大运河。

在城北，淮海北路的中段，古淮河在此流过，东侧有一座跨越古淮河的钢架桥为人行步桥，因桥体为红色，故称"红桥"。红桥的中央是一个球形体，球体的北侧呈蓝色，南侧呈红色，远远望去感觉很奇异。我们步入球形体中，只见桥面当中有一突起的圆形面，面上是一幅中国地图。面的北侧地板是蓝色的，且渐变冷色调；面的南侧地板是红色的，为渐变暖色调。这里就是中国南北地理分界线标志。游人从球体中穿过，可感受一脚在北方（蓝色）一脚在南方（红色），跨越南北气候带的心情也油然而生。秦岭淮河一线是我国南北地理分界的标志线，在淮安就可来个"一步跨越"的地理体验。淮安也成了一座南北气候、文化、生活习俗等方面相互交融的城市，也给旅游者增加了体验的乐趣。以前曾到过徐州，总感到这座城市北方味浓，原来它已处在南北地理标志线以北了。

在周恩来故居向南 4 千米处的城南，也是京杭大运河与淮河入海水道、苏北灌溉总渠"交会"之处。我想，陆地上的立交枢纽见得多了，而"水上立交桥"却鲜见，我曾见过我国最早建于宋代的浙江丽水通济堰的分水石函，虽规模小但作用巨大。这次亲眼目睹的淮安水利枢纽工程为亚洲最大。此处虽还不对外开放，但站在淮安水利枢纽工程管理处外的河堤上看，也可将美景收入眼帘的。

南北向的京杭大运河与里运河在此合并，河面开阔，足有百多米宽，南来北往的船队浩荡，往来如梭。到了枢纽处需经过80米宽的航漕，过了航漕是个水上"十字路口"，向南延伸的是京杭大运河，东西向的是苏北灌溉总渠。航漕下有15个过水涵洞，自西向东沟通了淮河入海水道，是淮河、洪泽湖的泄洪通道，它的水位明显低于京杭大运河，与大运河互不相干，各走各的。桥头堡建筑钢索缆桥，犹如彩练当空，将现代工程与淮安古运河文化融为一体。景观雄伟大气，很有震撼力。

望此景，不由会想到当年，淮河遇洪堤塌，洪水泛滥成灾，经常祸及两岸百姓和农田，为了生计，百姓逃难无数。新中国成立后，毛主席就作出了"一定要把淮河治理好"的指示，为民除水患。几十年来投入巨资，科学规划、疏浚导水、筑堤建闸。更震撼的就是这"水上立交桥"，水位的抬高，保证了"南水北调"和京杭大运河的畅通。淮河在此成为两条平行线，一条用于灌溉，一条泄洪排涝，由西向东延伸几百千米，直至入东海。真是旧貌变新颜。

此时我也感叹道：架立交南水北调功在当代，治淮河灌泄分离利在千秋。或许几年后，当我们能乘坐在直升机上俯瞰，那一定是心情激动、景色更美。

2016年7月

凝固的烟云——盂城驿

说起高邮，都会提到高邮双黄蛋。听高邮人说高邮，就不仅是双黄蛋了。他们会自豪地说起公元前223年，秦皇嬴政在此"筑高台，置邮亭"，于是就有了"高邮"这名字，而且是全国2700多个县市中唯一以"邮"字命名的。也会说起高邮湖在清代"黄河夺淮"时，水位抬高，将此处的12个美丽小湖合并成了大湖，现为江苏第三大淡水湖，因水位高于东侧的京杭大运河而称"悬湖"；还会说起京杭大运河与建于唐代的镇国寺；说起文游台；更会介绍起建于明洪武八年（1375），至今在国内规模最大、保存最完整的"国保级"古代水马驿站——盂城驿。

在盛夏之季，我自驾去了高邮。

盂城是高邮的别称，出自北宋高邮词人秦观的诗句"吾乡如覆盂"，说的是高邮的地势中间高而突出，四周低洼，像一只倒扣的水盂，于是就有了盂城和盂城驿。因我曾集邮，30年前自编过一部"中国邮政发展史话"的专题邮集，故对邮亭驿站也感兴趣，也知道"盂城驿"曾上过纪念邮票。

我从馆驿巷东书有"盂城驿"的石牌坊进入，看到的是"驿印流年"的景观。只见路边花草丛中并排竖着十多块石碑，每块碑上均刻着一印章。移步可见"高邮亭""迎华驿""高邮驿""秦邮驿""秦淮驿""盂城驿""秦邮公馆"等驿印封泥，代表了不同时期的驿站名称。上一驿站的官方邮件到达本驿站，就要检验，加盖驿印封泥，这是权力和凭证的象征。这些带有"驿"字的印章，仿佛在向人们叙述着已封存了百多年的驿站故事。

我站在盂城驿大门前，望着鼓楼上下"古驿重光""秦亭明驿"和驿门上的"古盂城驿"匾额，古朴厚重之感让我肃然起敬。古代的驿站具有传邮、接待、漕运和押解犯人的功能，相当于今天的邮局、政府招待所、航运所和看守所。盂城驿占地16000平方米，现存有牌楼、照壁、正厅、后厅、驿卒舍、库房、厨房、廊房、马房、马神庙、驿丞宅和鼓楼等古建筑约3000平方米。仅秦邮公馆就有60多张床位，可见在当时规模还是蛮大的。

进入驿站后，我徜徉在皇华堂、驻节堂和礼宾轩内，仿佛穿越到600年前。看到驿站的官员在拜见过往使节，安排食宿。唐代宰相李吉甫和名人范仲淹、王安石、岳飞、韩世忠、文天祥来了，还有马可·波罗、萨都剌、蒲松龄等人也住下了。看到驿吏们在忙于对公文的送达签字画押，在统计马船表或填写派单表。古时的邮传速度也是非常快的，最快的每昼夜可达600—800里，可与现代的汽车相媲美。"八百里飞书，六百里捷报"并非小说戏剧里的夸张。墙上贴的"驿站时限里程表"，标出"全程一千八百五十里，三百里限，六日二时到达……六百里限，三日一时到达"。这样精确的时间规定，似乎让现在的快递也自叹不如。如超时不达，这可要受到《邮驿律》的处罚。

我跨入了设在驿站内的中国古代邮驿史展览馆，展览中：从狼烟到烽火，从鸿雁到黄耳，从驰道到邮驿，从官文到家信……在那动荡的年代，邮驿起了"烽火连三月，家书抵万金"的作用，联系着千家万户啊。这展览，也将我已封存了多年的关于"中国邮政史"的专题集邮记忆顷刻唤醒。

我在"秦始皇时代主要交通线"图示前顿足，心中一阵惊喜！以前仅知道相传松江有秦时的驰道，但不知此道是何走向？此时见图示才知，秦时的八条驰道中有唯一的一条驰道不是从咸阳出发的，它叫滨海道，也叫"辽西会稽道"，又称"并海道"（"并海"有"傍"在海边的意思）。它的走向是由北向南，从辽西到胶东、琅琊至东海的叫滨海道，东海到高邮并向南至今扬州的驰道叫"邗沟道"（邗沟是古运河淮扬段的旧名），基本上是沿古运河线走的。而江南苏州、嘉兴、杭州、宁波的驰道叫"会稽道"。也许是滨海道下段的另一种称呼吧。这倒是个意外收获，也印证了旅游就是边游边学。

登上驿站内的鼓楼眺望，西侧的京杭大运河就在眼前，在雨后的烟雾中镇国寺塔也隐约可见。在古代，京杭大运河就是南北交通的大动脉，而驿站还承担了漕运的任务。处于淮扬段中的高邮因河兴市，因驿旺市。可以说，没有大运河也就没有盂城驿。

回首俯视，这驿站的房屋层层叠叠笼罩在烟雾之中，它承载着历史的印记。百多年前，随着铁路公路的修筑，电话电报的兴起，清政府也开办了大清邮政，这驿站也就完成了它漫漫两千多年的历史使命。虽已是过往烟云，但它是凝固的。

2016 年 8 月

茅山小镇

初次听到"东方盐湖城"这名字，挺纳闷的。怎么江南又冒出一个山地滑雪场？多年前，美国在盐湖城举办"冬奥会"，让我们记住了"盐湖城"。常州金坛的"盐湖城"冠以"东方"似乎是区别美国那个"西方"的。这是当今国内旅游业用得比较多的类比法吧。诸如将江南水乡比作"东方威尼斯"、三亚亚龙湾比作"东方夏威夷"什么的。但我总觉得还是少用为好，毕竟是不一样的。人家的是第一，你就只能永远是第二或第三，成不了独特的或唯一的。

前些日子，我去"东方盐湖城"开会，才知茅山的主峰在金坛境内，而"东方盐湖城"就在茅山南麓。总占地27.8平方千米，已对外开放的是个占地一千多亩的"道天下"景区，是以中国道教文化小镇为立意的山地休闲度假之地，与美国的盐湖城毫不相干。因此地在魏晋时期曾建有盐矿，矿废后成了一片湖区，湖边有村落，故取名为"盐湖城"。会议期间，我就住在"道天下"景区内的客栈，抽空去逛了一圈。

这景区源自道家名山茅山，也是景区的文化定位所致，"道家文化，休闲养生"。景区中有"一观八院"，还有四个街坊。然而用"道天下"为名似乎又太大了，如此这般，四大道教名山和句容境内的道家圣地又算什么？景区还有一个名字叫"茅山小镇"，我倒觉得还是这名字朴实无华，直截了当。建设美丽小镇是当今发展休闲度假的重要抓手之一，也符合人们的需求。

这个总投资十多亿元建起来的小镇，确实很美。晚餐后我从景区的南侧开始闲逛，景区似乎以南侧的那个不叫"盐湖"而名曰"白云湖"

的为原点，向西南、西北扩展。湖呈月牙形，湖南岸建有据说是魏晋风骨的廊桥和名为"震雷场"的祭祀广场。隔湖北望，砖木结构的传统房屋错落有致，在一串串红灯笼的映照下，尽显水乡风韵。南岸山坡上有一条"茅山风情"的石块路，将南边和西边好几家客栈和饭庄串联了起来。祥云客栈、春竹小院、知青之家、居山玄道、茅山鸟巢、茅盐公栈等，其中还夹杂着百业神谷与神殿、喜泉阁、烙仙楼、知道坊、纸花阵馆等参观点和特色商铺，组成了"道风南街"。湖的西北边有客栈和商铺，还有白云书院、三真祠和中国道文化博物院。走出商业街，眼前便是一片石板平整的广场。广场紧贴湖边的是下沉式的八卦图平台，广场北一条称之为"白云天阶"的小道直通白云观。穿过广场便是"道风北街"。这里有美食、客栈、饭店和剧院等。剧院正在演出一场名为《嘻哈道》的节目。

给我的感觉，小镇是将一个传统村落进行改造而成的，是"小镇+景区"，很适合休闲度假。沿湖往北走便进入了景区的外圈，除了道文化温泉酒店外，还有好几个道文化景观场所。乾天穹、坤地谷、坎水法、白云观、巽风湾和离火殿等。或许，这些名字会把你搞得稀里糊涂。是呀，道教文化说起来是国粹，但了解的人确实不多。我想，闲暇之日，体验一下独特的道家文化，不失为有特色的文化休闲之旅。

2017 年 1 月

六瞻徐霞客故里

徐霞客故里位于江阴市南郊一个以前叫马镇的地方，因名人徐霞客之故，现三镇合并后改名为徐霞客镇。镇南南旸岐村村东便是徐霞客故里。故里由故居、晴山堂和徐霞客移葬墓、仰圣园和博览园组成。

故居是个江南常见的七架椽、三开三进的老院子，仅有的遗存物是二进间后庭院里徐霞客手植的已有400多年的罗汉松。屋内陈列的是徐霞客的旅游线路图和他的生平事迹。故居南有迁建的晴山堂，里面存有元明时期90位名人撰写的反映徐霞客及先祖业绩的诗文、墓志铭计95篇76块石刻。堂后院为徐霞客移葬墓。也许是江阴人的自豪和重视，为了弘扬徐霞客精神，也许为了方便游人瞻仰，十多年前在晴山堂与故居之间建了这个仰圣园，将故里连为一体。仰圣园为典型的江南园林，里面有徐霞客游记碑廊，由132位全国各地的书法家撰写的132条目和135块碑刻，形成了气势恢宏的200米长碑廊。可以说，碑廊石刻是晴山堂石刻的延续，如果说晴山堂是徐霞客家族之事，那么碑廊则是举全社会之力。因为徐霞客是中国的，也是世界的。故居东侧有一个新建的、规模更大的徐霞客旅游博览园，内有徐霞客旅游博物馆、徐霞客碑刻文化园、旅游文化交流中心等，并将南侧阳岐湖边、枕塘河上，徐霞客每次出游的码头和经过的胜水桥也圈了进去。

此刻，我站在徐霞客故里前的广场上，望着眼前这熟悉的院屋及景观，感慨不已！

这是我在这八年中第六次来到这里。为何如此频繁地来此瞻仰徐霞客？缘由徐霞客是旅游人的鼻祖，游历祖国30年并留下60万字的巨著

《徐霞客游记》，影响甚大，他的亲历亲为、考察探索、勇于纠错、科学献身的精神，作为旅游人理当敬仰和传承。另一原委是徐霞客与我松江佘山有缘，这也许是我兴趣使然的一个主要原因吧。

八年前，我自驾去泰州，途经江阴璜塘，便下了高速去了徐霞客故里。这第一次虽是走马观花，但也颇有收获。知道了徐霞客唯一的传世画像是华亭人董其昌所画，后由清咸丰年间吴俊临摹董其昌原作而存世。也知道了"霞客"的别号是华亭人陈继儒所起。我也颇有兴致地购了几册徐霞客研究文集和一套广陵书社出版的《徐霞客游记》。最大的收获是，发现"徐霞客三次到佘山拜见陈继儒"的说法，与事实有出入，应该有五次。除了他在《游记》中提到的三次外，之前还有两次。分别是天启四年和五年（1624和1625），徐霞客先请陈继儒为他母亲写寿文，后又再请陈为其父母亲写合传文。于是，我写了《徐霞客与陈继儒的忘年之交及传文书信浅评》一文。

七年前，我第二次来到徐霞客故里。在晴山堂石刻中发现了多位古华亭人士的墨迹，他们与徐霞客及他的世祖都有来往。我如获至宝地购了《晴山堂法帖》。回来后，写了《明江阴晴山堂石刻与华亭八名士墨迹》一文。这两篇文章后均被收入方志出版社的《松江轶事》中，并转载于无锡市徐霞客研究会主办的《徐霞客与当代旅游》试刊号。

六年前，我作为特邀嘉宾参加了江阴徐霞客研究会举办的"徐学"研讨会，第三次来到徐霞客故里，参观了徐霞客旅游博览园。回来后，便萌生了设计一条"沿着徐霞客上海古水道"岸边骑游的想法，并进行了实地勘查。那一年，国家正式确立了中国旅游日为"5.19"，起缘于《徐霞客游记》的开篇之日。我们以百车骑游的方式，沿着徐霞客上海古水道骑游，作为纪念。这项活动和所写的《"重走"霞客上海古水道》一文，在五年前上海有多家媒体进行过报道和刊登。

四年前，当时全国有27个城市均在联合申报"徐霞客游线标志地"，为"申遗"作准备。我觉得松江也应代表上海申报，毕竟松江佘山是徐霞客最后一次历时四年的西南万里行的起点。"至是为西行之始也。"于是，便积极投入到筹备之中。

近三年中，不管是自驾去淮安还是扬州，我总要留出些时间，路过江阴时去徐霞客故里瞻仰。这里也成了我与古人心灵对话的驿站，成了"读万卷书，行万里路"的"加油站"，似乎每次去都有新的收获。

这八年来，冥冥之中我似乎穿越了近400年的时空，怀揣着眉公先生、思白先生和子野先生的"嘱托"，去"回访看望"霞客先生。

在第七个"5.19"到来之时，我受邀来江阴参加徐霞客诞辰430周年纪念大会，第六次来到徐霞客故里。看着纪念大会上播放的《徐霞客》纪录片片段集锦和意大利文版的《徐霞客游记》的首发式，想着前一晚观看的大型锡剧《徐霞客》首演和多项纪念活动，我顿时想起了毛泽东主席在1959年中共八届七中全会上说过想学徐霞客的话，心灵又一次得到洗涤。

2017 年 5 月

濠河的底气

刚入秋的一个周日，我陪友人去南通游濠河。到了文化休闲广场边的游船码头，我俩包了条电动小船，悠闲地去领略那"古时河绕城，今时城抱河"的濠河风光。

这是我第四次来南通了，前三次也夜游过濠河，游过沿河的多处景区，对濠河并不陌生，还情有独钟。我很羡慕南通人有此福分，拥有这濠河，羡慕得有点妒忌。濠河是古通州城的护城河，与其他地方的护城河不同，它是由多个小湖泊连接而成的，显得特别宽阔。两岸的建筑与园林绿地组成了一道道风景线，船在水中行，风景也就随之动起来了。

驾驶小船的是位年过半百的老哥，小船离开码头后向南濠河驶去，老哥便开始了他的讲解。他从濠河的"十里八桥"说起，讲到当地近现代名人张謇；从张謇的濠阳小筑说到他最早创办民族工业实体，重视教育。先后创办了南通博物苑、图书馆、师范学校和中医院等；从"濠上五公园"和沿河市民休闲绿地再引出昔日南通城的城门和三座吊桥……

我与友人边观景拍照、边听着他的介绍，也不时地应和着他那侃侃而谈的讲解。小船行驶在南濠河时，我问他：濠河不是说"十里六桥"吗？怎么会是"八桥"？他回答："南濠河外还有启秀桥和三元桥，也有故事，很有名。"言语中流露出的是满满自信。说到当地俗称的两怪"长桥不长，南通不通"时，我说还应加一句"北门无门。"他笑了："哦，你也知道啊。"说到蓝印花布时，我说在社馆里曾买过两本书，是那位"非遗"传承人的店主所著，还在书上签名了。老哥听后面露喜色，似乎是碰到了知音，介绍得就更多、更详细了。他从蓝印花布使用天然染料

"永不褪色"，说到"申遗"成功，再说到成为国礼赠送外国元首。然后又介绍了濠河的自然净水方法、每年的濠河国际龙舟赛、盆景园内的获奖盆景、濠河桥下的浮雕水柱、岸边的百米江海民俗风情石刻、河边的水晶舞台每年要举办音乐节，市民可免费欣赏等等……这濠河上的一草一木、一桥一亭、一静一动都是他的话题。

小船由东濠河转入北濠河后，河面更加开阔。这时，老哥的讲解已从"濠河"转到了"南通"。他说南通是博物馆之乡、图书馆之乡、长寿之乡、体育之乡、造桥之乡……一口气说了七八个"之乡"，而且每个都有实例和数据。脱口流利，如数家珍。我惊讶他竟能将南通现有的百岁老人数、众多的南通籍体育名将的项目和姓名记得清清楚楚。说到造桥，他又激动了起来，说："沿海高铁在建长江大桥，钢索是我们南通造的，运输的船是我们南通造的，钢索安装是我们南通人完成的。还有，港珠澳大桥的海底隧道部分也是我们南通人建的。"如是说了一连串的"我们南通"，老哥脸上显露着自豪、自信和骄傲，溢出的是爱家乡的情感。我问老哥：你这些信息资料是从哪来的？他说是每天看报得来的。哦，还真是个爱家乡、爱濠河的有心人啊！

我不由得想起前不久在网上流传的一段视频，说的是曲阜孔庙外的三轮车夫，拉着客人参观时的讲解，对当地的历史文化也是如数家珍。这既是招徕客人的招数本领，也显露出爱家乡的情怀。假如你碰到个"一问三不知"的或无言以对的，那有多扫兴呀！故我以为，景区内外，人人都是宣传员，这才是优秀的旅游目的地。

小船转入西濠河后，老哥指着前方的电视塔和塔前的大楼说："许多游客就爱看此景，这像一艘巨轮，是个吉祥之景。"船靠岸前，老哥问我："你以前来游濠河，有没有听到像我这样的讲解？"我明白，这询问是在显示濠河景区人如数家珍的底气，那是一股由爱凝聚而成的底气。

2018年9月

服务区的嬗变

在高速公路行驶，经停服务区是必需的。服务区是高速公路的标配，可加油、歇脚、续水、如厕、用餐、逛店、购物等，服务区是旅行者的解忧之地。

服务区吸引过路客的，还有当地的特产。嘉兴粽子南湖菱、绍兴黄酒诸暨香榧、苏州麻饼卤豆干、无锡小笼酱排骨等等，既可解决途中饥饿，又可馈赠亲友。记得16年前，接待一批台湾客人，由上海去无锡，途经阳澄湖服务区小憩时，见有大闸蟹卖。惊喜之下，这批客人买了好多，并对陪同人员说：无锡不去了，回上海吃大闸蟹。嘿，这特产，厉害！

我国高速公路发展也就30年的时间，但发展速度很快，公里数已是世界第一。与之相配套的服务区也越来越多。走得多了，感觉这服务区虽是标配，但还是存有较大的差距。齐全的服务区除了加油站、卫生间和小超市这"三件套"外，还辟有汽车修理、充电桩、女性停车位、畜车专停区、小吃铺、餐厅和专供长途驾驶员需要的淋浴间等。规模小的服务区则只有"三件套"。也有的服务区，卫生间异味难闻，有水龙头却流不出水来。

纵观服务区，单一的功能总感觉还是少了些什么？过路客滞留时间短，还是处在一个"即停即走"的尴尬窘地。

欧美国家的高速公路上，服务区的规模有大有小。小的为小憩区，就是在路边有一呈港湾式或月牙形的停车场，也就可停五六辆小车。区内一个卫生间，一张桌子摆在大树下，两条木板作凳，桌上放只烟灰缸，仅此而已。规模大的像个商业区或景区，店铺相连，花园草坪。我曾在这服务区的旅游服务中心逛过，如同书店，旅游手册种类很多，上架的旅游地图就有20多种，可随便取。咨询处还有人热情地帮你策划旅游线路。

看来，服务区不仅是解忧之地，还应是休闲场所。它的设施综合性、项目体验性、有园林式的环境、多元化的市场和个性化的服务要求是发展趋势。当时，我曾坚信，过不了多少年，我国的服务区也会是这样的，或许还会超越。

这十多年来，服务区是在不断地改造提升。常会看到一些服务区的某个区域被围了起来，重新改造。随着全域旅游的推广、旅游风景道的加快建设和自驾游时代的到来，邻省苏皖曾评选过"最美风景道"，浙江还进行了"星级服务区"评定。服务区的质量确实提升了不少，观念新了，功能多了，环境美了，服务和管理也到位了。如五星级的建德、桐庐、长安、杭州湾跨海大桥南岸和北岸服务区等，都很美。

今年5月，京沪高速苏州段的阳澄湖服务区，经过近一年的改造，已全新亮相，并成为"网红"打卡点。我慕名而去。驶入服务区一看，停车场足足扩大了好几倍，有两三百辆车停着，已完全不是16年前买大闸蟹时的情景了。主体建筑有200米长，5万平方米，粉墙黛瓦的外立面层层叠叠，尽显江南建筑风貌。人字坡的屋檐勾勒出了简洁明快的天际线。这分明就是一幅吴冠中笔下的《江南水乡》水墨画。

走进大厅，眼前又是一亮。东西向140米长的商业区，当中被一条小河隔成南北两块，中间小桥流水，两边亭台楼阁。50多家苏州餐饮品牌店驻此迎客。大厅的天花板呈现的是蓝天白云，流光溢彩，宛如威尼斯人酒店。苏州"非遗"展示馆、科技馆、机器人主题餐厅、裸眼3D视觉微电影、昆曲舞台等齐聚一处。穿过大厅，北面是餐厅，两边是浓缩的苏州园林实景。好一幅"诗画江南"的意境，真可谓：你"不入苏州城",我让你"尽揽姑苏景"。

  一圈兜下来,感觉这园林式主题服务区,就是商业区+美食街+文化科技展示+旅游景区=多功能休闲区,足可待上半天。不由得感叹,十多年前的坚信今天终于见到了!

2019年8月

苏州宝带桥

50 年前我读中学时，收集到一套 1962 年发行的特种邮票《中国古代建筑——桥》，其中有一枚是"苏州宝带桥"。画面上是长长的桥身，石拱桥洞相连，有数十个，且有几个桥洞比两边的高出了些许，呈弧线型。看上去整座桥既壮观又秀美，给我留下了很深的印象。苏州离我居住地并不远，也就 80 千米的路程，感觉自己会有机会去目睹其芳容的。没想到，这"机会"的出现竟是在 50 年后。

50 年来，苏州不知去过了多少回，可就是没去看过宝带桥。也许它不在旅游线上，对外宣传也不多。近十多年来，我因兴趣使然，关注起京杭大运河江南段及太湖的泄洪通道，曾特地去看了位于苏州吴江区松陵镇的太湖溢水口与吴淞江入口处的垂虹桥遗址，故想去目睹这宝带桥风姿的念想就更强烈了。网上查了查，感觉宝带桥四周还不通车，没路可查。今年七月，得知那里已建起了宝带桥·澹台湖大运河国家文化公园，已成了景区。

八月的一天，我按导航的提示，行驶在苏州吴中区石湖东路的旋转引桥上，这时，导航却播报"目的地已到，本次导航结束"。在大桥上我下意识地向右一瞥，只见河面远处西侧隐约有一长条的桥，估计这就是宝带桥了，我便朝着这个方向驶去。停车场在宝田路的尽头，离宝带桥还有点距离，沿着澹台湖公园南侧往东走，穿过仲舒广场，才到达了京杭运河边宝带桥的南端。

在运河边，只见对岸竖着一块航道指示牌，上面标注着：向西左转：无锡 33 千米，向东右转：上海 30 千米，向北：苏州城区 2 千米。这样，可理解向南：至平望，为通浙江段。此时我才明白，这里是京杭运河苏州城南段，是运河上的十字口。宝带桥位于运河西侧玳玳河口，与运河平行而筑。

宝带桥南堍的一堵墙上，有宝带桥的历史沿革、概况、碑亭、桥栏等介绍，还展示了清代末期宝带桥的照片和图画。第一次看到宝带桥在1909年之前是有桥护栏杆的图画；第一次看到民国时期在宝带桥里侧还建有九联拱公路桥的照片。影壁墙上有唐代御史王仲舒的介绍，因他捐出自己的玉带筹资建桥而使这桥得"宝带"之名。一块黄石上刻有清乾隆帝的题诗。还有"国保"单位和世界遗产石刻纪念碑等。看到这些难得见到的史料，让我有点目不暇接，兴奋不已。

宝带桥始建于唐元和十二年至十四年（817—819），千百年来曾多次修葺及重修，才得以保存下来。桥全长317米，桥宽4.1米，有拱形桥洞53个，是我国古代十大名桥之一，也是我国当今桥最长、桥洞最多、保存最完整的石拱桥。

走完引桥，有一对青石狮雕刻像立于左右，过了这里算是踏上了宝带桥了。全桥用青石夹花岗石筑成，桥面石块铺得很平坦，以利于纤夫行走。脑海里便浮出了漕运纤夫身体前倾、弓背蹬足的情景，将江南的米棉布及其他货物源源不断地运往京城。桥的两边水中还矗立着几座石塔，说此处是桥的"刚性墩"和"柔性墩"相结合之处，即使左桥洞坍塌了，也不会影响到右桥洞，很有古代建桥的特色工艺。到了桥的后段，桥面上高出了十多级台阶，当中的一块正方形石板上雕刻着水波花纹，这是桥的最高处。此处的三孔桥洞矢高有7.5米，便于行船，两边的桥洞则是为了泄洪。而运河对面的斜塘正是泄洪的通道，洪水由此进入独墅湖南后再入吴淞江，泻入东海。

在桥的北堍，还留有宋代石狮、石塔、碑亭遗物等。在观景台伫立观望，能感受到这座桥千百年来的沧桑岁月。古石拱桥的桥墩一般都很厚实，较多的在一二米之间，而宝带桥为联拱薄墩，桥墩直径仅60厘米，以减轻水流的冲击。整座桥秀美轻巧，充分体现了唐代工匠的杰出才智。我不由得感慨，我们的祖先能用聪明才智和高超技术建造出这存世千百年的石拱桥，真是让人叹为观止。此时，明代许天锡的一首《过姑苏》映在了我眼前："远山如黛接平芜，白鸟分飞里外湖。宝带桥头开醉眼，江南诗景在姑苏。"我还想到了宝带桥的景名"宝带串月"，每年中秋赏月之夜，这53个桥洞下就会映出53个月影，连接成串，壮观称奇，为吴中名胜之冠。这又成了我的又一个企盼。

站在此处向东望去，运河对面斜塘口上是一座双层公路大桥，其高大的拱形钢梁托起了整座大桥，十分亮眼。相比之下，这宝带桥的体量也就成了"小弟弟"了。这里，京杭运河众船穿梭，驶向四面八方；古代桥梁与现代桥梁并驾两岸，古今交相辉映；运河文化与吴文化在此交织，奏出了时代的和谐旋律；小岛与河湖连成一片，衬托了澹台湖公园的"十景"，风光旖旎。

在回停车场的途中，有一对老年夫妻迎面走来，问我："请问宝带桥怎么走？"我回身指着远处高大的斜塘大桥说："就在大桥的前面，这小道过去有个三岔口，走中间的小道。"短暂闲聊中，我说自己想看宝带桥已等了50年了，那位老哥听后也激动地说："我也是呀！"

2023年8月

游甪直古镇小记

甲辰龙年初夏的一天，我们来到了甪直古镇的西入口处。走过书有"甪直古镇"四字的石牌坊，便是座石拱廊桥，廊桥横跨在南北向的西市河上。过了桥后就是古镇的范围了。

下得桥来，首先看见的是小广场中间用石栏围着的一只独角兽石雕像，名为"甪瑞"，它半身蹲着，双目凸出，面露狰狞。底座后有说明，是古人想象出来的守护神兽。看来甪直人是蛮崇敬它的。

甪直的"甪"字比较少见，据说，这"甪"字像镇区的地形，左上角的一撇为吴淞江在镇西北由东北向西南穿过。这下面的"用"字像古镇里的河道，三竖三横，河道比较直，故称甪直。其实，"甪"字是用了"甪瑞"之名。守护神兽在江南一带的古镇中并不多见，也许此处是仅有的吧。甪直古镇因广纵均在一里左右，在古时也称甫里，又因河道有大直、小直、直上三泾和一港介于其间，形成南北通六处，而称"六直"。

甪直历史悠久，具有2500年的建镇史，繁荣于宋代。甪直古镇具有江南水乡古镇一样的特点，房屋临河而建，围水而居。河道多，石桥也多。据说以前有90多座，现存41座。呈现的是"小桥、流水、人家"和"枕河人家"的江南水乡特色。古街也是沿河而置，"门前车马响，屋后摇橹声"，与其他古镇没啥两样。现为国家AAAA级旅游景区和中国历史文化名镇，也被列入在世界"非遗"项目预备名单之中。

沿着东西向的西汇河向东漫步，北南两岸分别为上塘街、下塘街，均为碎石与石板铺成的小路。街面上都是些小店商铺，经营的是奥灶面、馄饨、糕点、酱菜、米酒、衣服、玩具、手工制品等。街面道路不宽，也就二三米的样子，干净整洁。游人一多，就显得很拥挤。街面房屋中间夹着深深的弄堂，显露出有深宅大院。小路的尽头，是南北向的中市河，此处也是古镇热闹的地段。一幢二层的老屋飞檐翘角，占据了两面环水的最佳位置，经营着面点。向北望，长廊临河而建，临河的"美人靠"也很长，可供游人歇息。另一侧是商铺，一家家紧挨着，吸引着来来往往的游客。

我们跨过进利桥，沿中市河向南，沿河的老建筑很有特色，高墙小窗石库门、粉墙黛瓦马头墙、屋顶两头飞檐翘、正面大门两边窗。还有廊桥护栏、跨弄骑楼、半壁楼等。河边杨柳拂水，嬉耍着水中的鱼儿。不时有游船划过，水面上便泛起浅浅的旋涡。这一带沿河两岸也就成了美院学生的写生基地，画架、画板一字排开，也给古镇增加了一道人文艺术的风景线。有一种"我在画风景，风景里的你在看我"的趣景。

过下市街南新桥后，我们继续沿河向南，至万盛米行。这里原是附近十里八乡最大的米行，现已改为农具展览馆。运粮的水埠码头也改成了游船码头，可坐游船游览水乡古镇。

在镇东部新建有文化园，我们粗略地看了一下，便出了文化园继续向北街走去，经过王韬纪念馆，沿东市下塘街向东可抵东市河的水码头。我们向西过宋代遗存的环玉桥，经萧芳芳演艺馆后，来到了陆龟蒙墓园、叶圣陶纪念馆和墓地及保圣寺。

晚唐湖州苏州二州从事、农学家、文学家、姑苏人陆龟蒙（？—约881年）病故后就葬于保圣寺内的墓园。陆龟蒙与皮日休为文友，世称"皮陆"。他曾在华亭（今松江）游历，写下了《吴中即事》，诗中有"三泖凉波鱼蘸动，五茸春草雉媒娇"之句。称赞华亭的景和物。在松江的《云间风物诗歌集》中，他是唐代华亭建县后留下诗歌最早的名人。

甪直是现代文学家、教育家、一代宗师叶圣陶先生的故乡，这位新文化运动的先驱者，他的故居纪念馆里文学气氛特浓，是值得后人瞻仰的地方。保圣寺建于南齐天监二年（503），内藏有唐代著名雕塑家杨惠之所塑的泥塑罗汉墙。这罗汉墙能完好地保存1500年以上，也是非常少见的。

我以为，甪直古镇的吸引力除了江南水乡之外，就是它厚重的历史文化和历史人物。

2024 年 7 月

泖河上的"江南第一网"

阳春三月，踏青时节，闻说石湖荡镇北、泖河边上的千亩紫云英姹紫嫣红，我们便于周末前去踏青赏花，借机也去看看那张号称"江南第一网"的大渔网是如何捕鱼的。

那一天，天空晴朗，阳光明媚，我们沿着泖岛公路北行，两边红花遍地，竞相争艳。大家按动着快门，漫步在田间地头，心情很是舒畅。泖岛公路并不长，不一会儿，便来到了路的尽头，前面横着的是泖河。

泖河是由古代松江"三泖"中的圆泖变迁而形成的。它上接淀山湖、太浦河来水，过泖河后折向南经斜塘汇入黄浦江。泖河上有一小独圩岛，当地人也称"小泖岛"，小泖岛将泖河分为北南两条河道。北泖河为通航道，船只都由此经过。南泖河为景观河道，静悄悄的。眺望着河中的小泖岛，它既无桥可过，也无船可渡，只见西面不远处有一张跨河的大渔网与小泖岛相连接。河岸两边各竖着两座铁塔，四座铁塔伸出的钢丝绳架着一张巨大的渔网，足足有七八十米长，四五十米宽。这张大网在这里已有多年了。

我们快步向渔网处走去，此时渔网已开始慢慢下坠，静静地沉入河底之中。来到渔网边观看，只见河边一前一后傍着两条改装后的驳船，船上设有休闲茶座。上了船，我们便坐下来，泡了茶，就是想亲眼目睹渔网的起网。

等了约半个小时，只见两个捕鱼工驾着一艘小船已进入网中，电动的网绳在慢慢拉起，渔网的四个角率先出水，已见鱼儿在跳跃，在网上翻滚跌入网的中间。网的中心部分还未出水，网绳已停止了拉动。两个捕鱼工驾着小船向渔网的中心划去，用手中的网兜将汇集在渔网中心的鱼儿一一兜入。

与我们同行的老王在船上买了一条白鱼说，我们中午就吃这条鱼。在金泖渔村用餐时我们边吃边聊，当白鱼上桌时，话题自然又回到了那个"江南第一网"。

老王是土生土长的当地人。他告诉我们，渔网每半小时启拉一次，承包者将捕到的鱼卖给饭店或食堂。也有人为了尝到正宗的野生鱼，会特地赶过来购买。他还说，一年中大多数时间起网后捕到的鱼并不多。每年七八月份是鱼汛期，鱼特别多，一网上来，有七八百斤，将两只小船装得满满的。他们还会将一些小鱼随手放生了，说是等养大了再抓。每天的最佳拉网时间是在潮落后开始至回潮涨潮时，此时鱼儿会很多。拉网捕来的鱼，野生的，很吸引人。大多是白鱼、鲈鱼、桂鱼、鲫鱼、草鱼，还有河鳗等，当然，鱼的价格要比鱼塘里喂养的鱼贵些。

听了他的一番介绍，让我这个不谙捕鱼门道的人很是感慨，真是"隔行如隔山""行行有门道"啊。我既佩服老王对捕鱼门道的熟知，也加深了对"江南第一网"的印象，更让我产生了许多遐想。太湖"三白"是出了名的，这白鱼是顺着太浦河游来的呢？还是"土生土长"在这泖河中的呢？如果这泖河、泖岛、大网、金泖渔村与千亩农田整体开发，打造成一个乡村旅游休闲度假区，那该多好。

休息日，离开喧闹的城市，坐在泖河边，呼吸新鲜空气，看看风景，发发呆。边品茗，边看着拉网，既清静又有遐想，不失为一种惬意的休闲方式。

2011 年 4 月

沿着"徐霞客上海古水道"岸边骑游

徐霞客是伟大的地理学家、旅行家和探险家。他一生花了30年时间游历祖国山河,进行国土考察。在1624年至1636年的12年中,他5次到佘山,这在徐霞客的游历中多次到一地也是少见的。他4次拜访陈继儒,与陈结为忘年交。他曾赞松江佘山"佘坞松风,时时引人入胜也"。

崇祯九年(1636)秋,徐霞客西南之游前,第五次来松江佘山。他在游记中写道:

"上午始行。盖前犹东迁之道,而至是为西行之始也。三里过仁山(即辰山)。又西北三里,过天马山。又西三里,过横山。又西二里,过小昆山,又西三里,入泖湖。绝流而西,掠泖寺而过。寺在中流,重台杰阁,方浮屠五层,辉映层波,亦泽国之一胜也。西入庆安桥,十里,为章练塘。(其地为长州南境,亦万家之市也。)又西十里,为蒋家湾,已属嘉善。"

霞客自江阴出发,经无锡、苏州、昆山、青浦至佘山,并非由江南运河直达杭州,而是迂道东行到佘山,是特地向陈继儒拜别,可见他将陈继儒看得很重,也说明陈对他的"西南万里行"给予了很大帮助和支持,故佘山成为他最后一次远游的"西行之始"地。

当年徐霞客是坐船出发的。我便萌生了一个想法,在徐霞客经过的地方,能不能设计一条沿着"徐霞客上海古水道"岸边骑游或自驾游的线路。于是,我们先进行了实地勘查。

按徐霞客当年记载，松江段为"14里"，现按原线路计算，从东佘山脚下坐船西行，经辰山市河过辰山，为2千米；穿过辰山塘再入马山塘，过天马山为5.5千米；经横山塘到横山为8千米；至小昆山为10.8千米；至汤村庙为15千米；到泖河为18千米。由此推算，当年徐霞客对路程的计算"14里"也是一个大概的估计。

辰山市河、马山塘、横山塘这三条水道今还在，今沿着这三条水道正好有一条"佘天昆公路"相陪伴，此段公路建于1966年—1968年，为双向二车道。50多年的维护整修，现已是一条平整的沥青路面，路边行道树遮天蔽日、沿途旅游景区众多的旅游风景道。其走向是起自佘山陈坊桥，经东西佘山之间，再经辰山北麓向西至天马山南麓（注：后因建辰山植物园，此段已纳入内部道路）。现为经沈砖公路左转为千新公路，再又转向西至天马山南麓，经天马山集镇转向南，经横云山东麓过横山塘桥向西至小昆山为终点，全程约12千米。

佘天昆公路在小昆山终止后，可向北再走永丰路延伸到汤村庙。再向西跨过华田泾就是青浦境了。当年霞客船出横山塘后横渡泖河，经东塘港过练塘镇，经西塘港进入嘉善。这段水路现属上海市松江区和青浦区，全程约28千米，其中松江段为18千米，青浦练塘段约为10千米左右。

此段水路经过300多年的沧桑巨变，今非昔比。沿途现有4个AAAA级景区，佘山国家森林公园（东佘山园、西佘山园、天马山园、小昆山园）、上海辰山植物园（包括辰山）、太阳岛旅游度假区（即泖岛）和陈云纪念馆（在练塘镇）等。另外，沿水道途中还有松江的天马乡村高尔夫俱乐部、在建的天马深坑酒店、二夏墓、西部渔村和汤村庙遗址。青浦境内还有寻梦园、香草园、泖河世纪生态林和练塘古镇等。沿途风光旖旎，景色优美，看点接踵比邻，令人心旷神怡。

今日要沿着"霞客上海古水道"骑游或自驾游，我感觉是可行的。

线路为：东佘山出发至上海辰山植物园，观树赏花；再至天马山，观上峰寺遗址、护珠塔、三高士墓；过横山至小昆山，观二陆纪念馆、读书台、九峰寺；再走荡湾路瞻仰"二夏"墓，转永丰路至汤村庙，寻汤村庙遗址；过华田泾，游太阳岛。由于按原水路过泖河在此无桥，需向北走沈太公路绕行，顺便游寻梦园、香草园；绕过沈巷集镇转入朱枫公路至练塘；也可在过了拦路港大桥后拐入沿泖河边的世纪生态林骑游或自驾；后再上朱枫公路至练塘古镇，参观陈云纪念馆等。

这段水路可称为"霞客上海古水道"或"霞客西南万里行"的起始段。这岸边的佘天昆公路也是松江的"最美风景道"，一条风光旖旎的旅游公路。2011年"5·19"是中国正式确立的第一个旅游日，起缘于《徐霞客游记》的开篇之日。我们以百车骑游的方式，沿着"徐霞客上海古水道"岸边骑游，以作纪念。

2011年7月

新浜白牛荡

古时，三泖是与九峰齐名的松江胜景。如今，九峰犹在，三泖不再。星移斗转，泖湖变桑田。据史载，三泖按其湖面大小和形状分为长泖、大泖和圆泖。长泖在今金山、平湖一带。古长泖萦绕百余里，后逐渐淤涨成田，连平湖的当湖也不见了踪影，仅存这地名和几条河塘。大泖在今金山、松江之间。现大部分成了泖田、荡田，也仅只有几条河塘承载着浙西来水。圆泖在今松江、青浦之间。经历代疏浚，还保留着一段，称之为泖河，为黄浦江的干流。

在长泖和大泖的变迁中，有一条河道叫白牛塘，史料载白牛塘水自平湖的当湖来，经嘉善向东流入枫泾后再折向北流入大蒸港，是黄浦江上游的一条支流。为何取名"白牛"，据说是因有一白牛在水中显身，怒惩贪心渔夫的传说而起。起先称"白牛荡"，后又叫"白牛塘"，在吴语中荡、塘同音且同义，故有"荡"与"塘"之异称。在宋元明时期，它是枫泾通往松江的主要水道。清后期，由于枫泾北栅外的白牛塘南北两端各有一条东西流向的向荡塘和范塘，河宽水急，冲下来的泥沙慢慢将白牛塘两端的塘口淤塞了。据《枫泾小志》载："白牛塘长12里，广3里，狭长久淤塞成田。"清代文人沈蓉城在《枫泾竹枝词》中曾这样描述："濮阳庙接大蒸塘，石径茅桥去可望。试问行程多少路，巫山峰数恰相当。"濮阳庙现位于青浦区练塘镇大蒸港边，现名壮严寺。石径即今松江区新浜镇南杨村的石泾弄村。茅桥即瑞龙桥，为青浦与金山的界桥。枫泾到大蒸塘边的濮阳庙，在石泾弄和瑞龙桥就可眺望，有多少路？12里路，与巫山峰数相当。宋代前的枫泾因坐落在白牛塘边，曾一度叫白牛村。清时，枫泾和新浜均属松江府娄县，为松江府西南重镇。清代诗人唐天泰在《续华亭百咏（组诗）》中曾写道："芙蓉三里水，香绕白牛村。犹有幽居者，花时独闭门。"黄霆在《松江竹枝词》中赞道："红桥一路酒旗班，百亩荷花绕曲湾。夜半衣香人影乱，白牛塘上赛神还。"该地因地势低、河塘多，适合种植荷花，故有"荷叶地"和"芙蓉镇"的雅称。今日新浜，仍传承着这一习俗，广种荷花。

1966年，枫泾镇和枫围乡划归金山县后，镇北的白牛塘成了三个县的界河。塘东为松江新浜乡，塘西属金山枫围乡，塘西北为青浦蒸淀乡。20世纪80年代，新浜曾在此建白牛荡大队和白牛荡村，90年代后并入林建村。

初冬季节，我来到了白牛塘边。这界河（塘）在200年前是3里宽，解放初时还有50多米宽，现仅剩10米左右了。好在紧贴塘东侧新浜境内还存有一大片芦苇荡，面积有75亩之多。此时芦苇已枯黄，在朔风中摇曳，这自然景色分明是让我回到了"泖"的时代，看到了大泖的"守望之地"。冥冥之中，我仿佛看到华亭鹤回来了，在水中悠闲地寻觅着"节枯头"和"弯转"（新浜方言；小鱼和虾）。我想，能否将这荡"拽住"，不再让它消逝？

据新浜镇规划，此处为土地整治、撤村复耕之地，是丰产方示范区。也是利用芦苇荡建一个湿地栖息地保护区，将是一个净化水质、培育喜水物种、修复生态和适合旅游观光休闲的工程，还将展示农耕文化、农副产品和村落民居。这里正在施工，一条水泥道已铺到芦苇荡边。道旁竖着一块施工铭牌，上面是"白牛乡贤"的介绍。可我不太明白，传说中的"白牛"怎成了"乡贤"了呢？

芦苇荡中，一条新建的木栈道将我们引向芦荡深处，野趣十足，这已是很少见得到了，我的心情也放松了许多。

2016年12月

小昆山寻古

小昆山位于松江新城西侧小昆山集镇北，海拔仅55.5米，山地面积仅有12.76公顷，山虽小，名声大，在于它的人文历史，晋代著名文学家陆机曾作诗："仿佛谷水阳，婉娈昆山阴"，可见昆山之名由来已久。后人因山名与江苏昆山之名重复，故在山名之前谦加了"小"字。其山形呈东南向西北走向，有南北两峰，南高北低，整座山略呈"8"字状，又因北峰酷似卧牛之首，故当地有俗名称"牛头山"。

癸卯年夏日，我踏进了小昆山园门，上山路的岔口，左道指示可直达北峰的九峰寺。右道指示可达南峰的"二陆草堂"和北峰山腰间的"二陆读书台"遗址。我选择了右道上山。

黄石碎块铺成的山道台阶，在茂盛的树木遮盖下将我引到了"二陆草堂"，这是在原蓄水池旧址上改建而成的，粉墙黛瓦的三间平房南北相对，中间为天井，组成了合院。里面展出的是陆机、陆云兄弟俩的生平事迹，看后是心情沉重，百感交集，思绪万千。南峰山顶有块不大的平地，有两座亭子，一亭悬有"放鹤亭"匾，一亭悬有"华亭"匾。这"华亭"不知是亭名，还是指松江的古县名，还是指建安末年的地名，或是指春秋时期吴王在此狩猎"筑华亭"的馆亭名？看来只能让游客自己去琢磨了。

小昆山是西晋著名文学家陆机、陆云的故乡。旧《图经》云："华亭谷水东，有昆山，相传即其宅。""山北坡曾有二陆故居，山腰间有二陆读书台"。继续往前行，不时刻，我便来到了北山腰间的"二陆读书台"，只见在崖壁下有一小块后人用小青砖铺成的平地，中间有几块小石头支撑着一块平面大石块为"台"，四周放着三块平面小石块为"凳"，非常简陋。说是陆机、陆云兄弟俩在吴国亡后，隐退故里，在此苦读十年书的地方。崖壁上刻有"凌云"两个大字，是当代松江书法家寿健人先生书写。

古人将二陆比作"美玉"，《千字文》用"玉出昆冈"赞誉陆机、陆云。唐宋时期，有多少名人贤士寻觅到此，伫立沉思，作诗唱和，感慨万千。在北山腰二陆读书台旁崖壁上缘刻有"夕阳在山"四字，每字20厘米见方，楷书，笔力雄健，字迹工整，下署"子瞻"两字。据考证，疑为宋代大文豪苏轼书迹。石刻左方石壁上，镌有明代名人、华亭人钱师周诗一首："千年陆氏有遗灵，又见尚书志刻成。每借双松亭下榻，恍闻清夜读书声。"1991年9月，全国人大常委会副委员长费孝通先生也在此题写了"玉出昆冈"四字。

在北山坡，驻足眺望山麓北，远处荡湾村有明末抗清义士、著名文学家夏允彝、夏完淳父子墓；西侧三千米处有新石器时代的汤村庙遗址，均为市级文物保护单位。旧志称秦始皇南巡时，曾在小昆山一带作逗留，"山北有秦皇走马塘"，即横山塘。此外，南宋《云间志》记载："秦始皇驰道在县西北，昆山南四里，相传有大冈路，西通吴城，即驰道也。"虽是"相传"，但也是最早的记载。

俯视山北麓的近处，可见一片田园，这里，极有可能是陆机作"婉娈昆山阴"的住宅之地。眼前便浮现出心中的"景象"，我以为"婉娈"应是有一条从谷水（后名为：泖湖）流向山北的河，静静的、柔缓的河水经过了陆机的住宅和花草鲜艳、佳木胜景之地的"昆山阴"后注入了东侧的小湖。这"阴"处因山不高，其实也在阳光明媚处。可惜到了北宋时已荒芜一片。元代至正五年（1345），乡人赵庆孙曾在故址建二陆祠，后又荒废。到了明代，这里建起了乞花场。为陈继儒等人联手花30两黄金在此买房买地约6亩，辟建了这花场来祭祀"二陆"。场内有湘玉堂、蕉室、花麓亭，颇擅幽胜。并要求前来赏花亲友，买花捐钱资助修建"二陆草堂"，故取此名。万历二十五年（1597）十月，适逢陈继儒在山麓北新建的"婉娈草堂"告竣，好友董其昌特前去祝贺，还创作了《婉娈草堂图》赠与陈继儒。后人在此又祀"二陆"和陈继儒。清初，诸嗣郢在此筑堂，并增加了祀"三高士"（杨维祯、钱惟善和陆居仁）与陆应阳，名曰"七贤堂"。感觉这块"陆宅"故地，多少年来，总是人文味满满的。

登上北峰，九峰寺庄严肃穆，香烟袅袅。小昆山也是一座在中国儒学、释界颇具名望的历史名山。据史料记载，唐龙朔元年（661）西域僧伽（泗洲和尚）来中国，在江南传道时于华亭小昆山北巅建慈雨塔，又名泗洲塔，这是佛塔建于华亭最早的记载，也为佛教传入松江最早的建筑标志。乾道元年（1165），佛师释心古在北峰傍慈雨塔建泗洲塔院，因敬仰泗洲和尚，故用此名。泗洲塔院又名九峰寺，因山的南峰高于北峰，故殿正门面向北开。在"松郡九峰"众多寺院中，唯有泗洲塔院在清顺治十七年（1660），顺治帝赐小昆山泗洲塔院主持本月"乐天知命"四字，并赐对联两幅："一池荷叶衣无尽，数亩松花食有余"和"天上无双月，人间本一僧"。后又有清康熙帝赐御书匾额"奎光烛影"四字。泗洲塔院也特建御碑亭供奉钦赐匾额，使寺院声名远扬，慕名而来者甚多。鸦片战争后，泗洲塔院渐毁，1941年，被侵华日军占据，两年后，寺院被夷为平地。1998年，佛教界在泗洲塔院旧址复建了九峰寺，庙宇俱全，晨钟暮鼓。

这天下山途中，我想起了小昆山在明代的十景：白驹泉、涌胎、神虎穴、红菱渡、杨柳桥、紫藤径、乞花场、玉光亭、楫山楼、七贤堂等十景。沧海桑田，星移斗转，可惜都已淹没在了历史的烟雨之中。

小昆山山体郁郁葱葱，山色圆秀朗润，幽静清新，景色秀美。行驶在G1503高速公路上看小昆山，景色美。如在横山塘北岸眺望"昆山阴"，满山绿树中露出了寺院的飞檐翘角，景色秀美。我想，如有一座复建的泗洲塔，在北山顶上露出少许塔身和塔尖，那就更美了。

2023 年 10 月

行走泖河边

癸卯初冬的一天，我来到了松江西部渔村，不是去钓鱼，而是去西侧的泖河边走走。泖河位于松江与青浦两区的交界处，为界河。我是想从泖河东岸眺望泖岛，不知能不能看到建于唐乾符年间的、刚修缮一新的泖塔，也想去看看当年徐霞客坐船由横山塘入泖河的位置。

泖河的前身是"三泖"中的圆泖和大泖处，它的历史可追溯到2000多年前的东江，也称谷水、谷泖、泖湖、泖水等，为古时太湖泻洪排涝之水注入杭州湾的主要通道。如在当时，我所处的位置应该就是在东江、圆泖之中。今"三泖"已成平田，也就只剩下这段泖河了。

我沿着河堤往北走。西北至东南向的泖河，在此处河宽有四五百米的样子。泖河北接淀山湖水，西迎太浦河的太湖来水。中间环流泖岛和小独圩岛（当地人称"小泖岛"），东南下游接横、竖潦泾和黄浦江，起着承上启下的作用。泖河从淀山湖入口至泖岛南松江区界称之为拦路港。从泖岛南至小独圩岛段称为泖河。从小独圩岛南至"浦江之首"又称为斜塘，这都是正式名称。其实，人们还是习惯将此河统称为"泖河"，毕竟古时有"三泖"，这"泖"字也寄托着人们的念想和情结。我不明白这条不足40千米的河道为何要分起三个名称？当然，名称不重要，河道的功能才是主要的，它既是黄浦江的主要支流，也是泻洪排涝的主要通道，更是上海至江苏、浙江的内河航运大通道。

一艘货轮向着西北逆行而上，甲板上整齐地排放着20个集装箱，也不知货舱里还有多少只标箱？其载重应在上千吨位吧，这河道的通航能力还是蛮大的。货轮在发动机的轰鸣声中渐渐消失在西泖河主航道上，我估计它大概率会转向不远处的太浦河，去江苏或浙江。

我对㲼河、太浦河感兴趣已有好几年了。我曾上至位于淀山湖南湖口的报国寺，下至三江汇聚的"浦江之首"。在松江境内㲼河南岸观看与小独圩岛跨河连接的"江南第一网"的起网捕鱼，也在"西部渔村"品尝过野生河鲜。我上过青浦㲼岛去仰望㲼塔，狭长的㲼岛位于㲼河的中间，占地有160公顷。岛上建有高尔夫球场、度假酒店和养生温泉馆等。岛的左侧为西㲼河，为主航道。右侧为东㲼河。我也曾驾车行驶在青浦境内西㲼河岸边的"水务世博林"，与十多位骑自行车健身的外国青年人擦肩而过。我还沿着太浦河北岸一路向西行驶在堤岸林荫道上，并跨桥进入嘉善丁栅境。再向西至陶庄北的汾湖边伫望，汾湖连着太浦河，为江苏与浙江的省界。2000多年前，这里就是吴越的疆界。我还在练塘北的练高路上，沿着太浦河南岸由西向东南行驶在被誉为"最美八公里"的堤岸林荫道。这一段，由于河堤高，无防洪墙，视野开阔，环境景色很美。我在太浦河、㲼河的岔口处观望着来来往往的货轮，想到这是苏、浙、沪三地经过前后48年分段开凿才通航的人工运河，功不可没。在㲼河西岸我也眺望到了㲼岛上㲼塔的"上半身"秀姿。我在东塘港河口的水闸前驻足，想象着当年徐霞客坐船入㲼湖后，是"绝流而西，"横渡㲼湖。"过庆安桥，十里，过章练塘（指练塘镇）"，这里的前身是否就是古章练塘？今称为东塘港。过了章练塘集镇再转俞汇塘入嘉善。

那天，我看见㲼岛最南端红白相间的航标灯，走到了㲼河东岸离㲼岛最近处。脑海里出现了一个有趣的区域划分现象，在地图上看，这㲼岛上的南面顶端，有一块三角地竟然是属于松江地界，也不知平日里养护管理人员是坐船过去的，还是绕道青浦张马村的中新桥过去的，或是委托管理的？

此时，我已远远地望见了东㲼河上连接㲼岛唯一的大桥——中新桥。可脚下的路，却被一道上了锁的铁丝网门挡住了去路。这里已是两区交界处，不知何因封路了。于是，便往回走，再驱车绕经华田泾桥进入青浦张马村，来到了邱张塘入泖河的河口。而对面泖岛上的泖塔尖顶却还在西北处，再向北过中新桥桥洞后，才看清了泖塔的"上半身"秀姿。

徐霞客在《游记·浙游日记》中记载："入泖湖。绝流而西，掠泖寺而过。寺在中流，重台杰阁，方浮屠五层，辉映层波，亦泽国之一胜也。"四百年前的泖湖还很大，很有可能那时的泖湖东岸还在汤村庙古文化遗址与横山塘口一带。而当时的泖湖的水位要比现在高出许多，而泖岛的面积可能要比现在的小得多。泖岛上的泖寺大门正对着大泖。泖寺正名为澄照禅院，是一建筑群，由大雄殿、关帝殿、观音殿、潮音阁和泖塔等组成，气势宏伟。船入泖湖后的位置应该在泖塔之东，"绝流而西，掠泖寺而过"，这样才能领略到澄照禅院（即泖寺）和泖塔的胜景，霞客的这段描写怎不令人向往。沧海桑田，星移斗转。澄照禅院早已不在。而泖塔仍矗立千年。

行走泖河边，感慨泖河不仅连起了周边的江河，也连接了当年徐霞客"西南万里行"起始段的线路。

2023年12月

佘山游记

佘山，我并不陌生。50多年前，我还是个10岁出头的小孩时，就随父母从松江城区远足到西佘山顶。之后的几十年中也不下十次地登佘山。并也读过几本有关佘山的史志和介绍书，了解了一些佘山的人文历史。岁月如梭，佘山的昔日与今日相比已大不一样了，有许多历史遗迹早已湮没，留存的景点也不多了。而佘山新景却在不断地出现。佘山在明代时就有东佘、西佘之分，甲辰龙年之夏的一天，我再次走上了西佘、东佘的"重温"之旅。

（一）

我从西佘山北麓进入北大门，沿着石台阶往上走。台阶很宽，有8米左右的样子，共有180级，连续走上去，真有点气喘吁吁的。尽头处为山腰中的一片平地，像个小广场。在此可歇息一下，透口气，游人在此停留的也较多。

广场中部右侧有"秀道者塔"。相传当初建塔时，有位修道者名"秀"，也参与筑塔，塔建成后以为功德圆满而自焚，故取名为"秀道者塔"。这塔又名月影塔，很有意境。也有学者研究认为应该称"聪道人塔"才贴切。该塔始建于北宋太平兴国年间（976—984），为松江境内五座宋代遗存古塔中最早建造的。塔为七层八角砖木结构，高20米，塔身修长俏拔，亭亭如美人。每层皆有南北小门相通。该塔经历了千年风雨、雷电、地震和兵火侵袭，依然巍然屹立。清末时，因年久失修，塔檐、塔座以及围廊等均被毁，塔刹也已歪斜。1997年时，曾耗资百万，按宋塔原貌对该塔作了大规模修缮，使该塔能重现当时的雄姿靓形，现为上海市文物保护单位。

广场西侧还有世纪钟楼，是为纪念"千禧"之年而建造的，钟楼六角飞檐，造型优美，分上下两层。上层悬挂世纪洪钟，下层为微型消防站。西侧有两条上山路可至山顶停车场，一条是沿山南坡围墙边拾级而上，但路较窄游人也多。另一条是走山北坡的林间小径，原为碎石小路，现已改为木栈道，平坦略趋向上，我选择了后者。路虽长些，但别有风味，走起来也柔软舒适，我以为叫"修篁栈道"更贴切些。此处以竹为景，以竹为胜，环境清幽雅静。栈道两边的竹林像是在列队练站功似的，纹丝不动，无声无息。两边的竹梢则相互倾斜依偎，形成了拱状。让我感受到了那修篁遮阴的景色和万竹怀抱的宁静，又一次体验了"佘山修篁"的美。

再转山西侧1500米长的汽车道中段，在盘山车道上，俯望西坡，一垄垄的绿茶树就在眼下，这里就是产"佘山兰茶"的地方。清初叶梦珠《阅世编》中提到佘山自古产茶，名苯山茶，色香味形俱佳，堪称茶中佳品。质如松萝茶（注：安徽名茶，产地在休宁），但产量每年仅数十斤，非至亲好友，轻易不可得，即便赠人，也仅以两计，一两难求。后颓荒了。1969年引进西湖龙井良种，在西佘山西坡建茶园1.7公顷，年产优质茶300—350公斤，原名为佘山绿茶，又名"上海龙井"，后改名为"佘山兰茶"，为上海土特产中的特色品牌。

行至山顶处的停车场，东侧上台阶便是佘山天文博物馆。这是两幢西式建筑，一幢是博物馆的图片资料展示馆，以丰富的文物和史料展示近代天文科学在中国发展的历史，并穿插介绍相关的天文知识。我粗略地看了一下，又转到另一幢屋顶呈穹庐形的建筑，那银白色的半球形建筑与一墙之隔的红墙绿瓦圣母大殿交相辉映，蔚为大观。这座天文台始建于清光绪二十六年（1900），内设一架口径为40厘米、焦距为7米的双筒折射望远镜，这座我国最为古老的大型天文望远镜，可谓是"镇馆之宝"。此外，园区里还设有星座广场、环幕影视厅、日晷、国际经度联测纪念碑等景点。天文博物馆现为全国重点文物保护单位。

走出天文博物馆，我从西侧山道上去参观佘山圣母大殿，它又称"远东第一圣殿"。它始建于清同治十三年（1874），重建于1925年，于1935年11月竣工开堂。该教堂雄伟壮观，气势非凡。是一幢融多种建筑风格于一体的奇特建筑。

这幢红墙绿瓦的尖顶建筑，东西长56米，南北宽25米，从殿基到十字架尖顶高为38米，建筑面积为1400平方米，设有3000个席位，可同时容纳4000名教友。有"四无"之称，即无钢、无梁、无钉、无木。建筑造型南长北短，东宽西窄，外方内圆，外砖内石。堪称不对称典范。五彩玻璃大小不一，神像各异。建筑平面为十字拉丁式，拱顶甬道为罗马式，廊柱为希腊式，尖顶为哥特式，清水外墙和斗角地砖为中国民族式，琉璃瓦则是中国皇家宫殿式。大殿没有正门、边门之分，四周殿门都为正门。从殿顶到琉璃瓦层相隔5米空间，使大殿冬暖夏凉。殿内采光均匀，任何一个空间都没有光差。依靠拱顶的回音壁，无需任何电声设备，每一个角落都能清晰地听到神甫的诵经布道声、教友歌唱赞美诗的声音。廊柱与斗拱之间的壁槽又具有良好的吸潮和清洁功能，开殿以来从未清扫过，却一尘不染，令人无不称奇。1947年5月18日，上海地区主教为佘山圣母大殿举行加冕典礼，显示了佘山圣地的特殊荣耀。中外教友纷纷捐献黄金珠宝钻石，精制成两顶镶嵌珠宝的纯金王冠。"中华圣母占礼日"那天，来佘山朝圣并参加加冕典礼的教友多达五六万人。

大殿集光学、力学、声学、美学与建筑学于一体，高度体现了设计者的匠心和理念，称得上是一幢不可多得和奇特的建筑。现为上海市文物保护单位。

走出圣母大殿,我沿着南山坡"锯齿"形的"苦路"(即"经折路")往下走。"苦路"建于1870年,这迂回小道的每个转弯处都有一米见方的小亭砖壁,供有耶稣蒙难像,共有14处,分别展现了耶稣受难时种种非人的经历。教友从西佘山中堂到山顶的圣母大殿,必经耶稣蒙难像叩拜,以表达对耶稣的虔诚崇敬之心。

下了"苦路",只见在山腰处有一坡形建筑,这就是建于1894年天主教中堂。堂内可容纳500多名教友。正门两侧刻有一副对联,上联是"小堂筑山腰,且憩片刻,修孝子礼";下联为"大殿临峰顶,再登几级,求慈母恩"。堂前有一个椭圆形广场,可容纳千余人,凭栏可观四周景色。每逢"圣母月"等礼日这里人群熙攘,热闹非凡。

在中堂广场西侧,建有耶稣圣心亭、圣母亭和若瑟亭,合称"三圣亭"。三亭皆为全石结构,雕凿精细。中间为圣母亭,内塑圣母像,白袍篮带,端庄娴淑;东边为若瑟亭(若瑟原为木匠,后为耶稣义父)内供若瑟像;西边为耶稣亭,内供耶稣像。三圣亭前,常有教友聚集,诵念圣经声不绝于耳。每逢"圣母占礼日"等节日,更是盛况空前。庄严秀美的"三圣亭"是西佘山中一处最为耐看的景点。

继续往下走,出"教友之门"后,沿环山路向东北走,就是佘山地震基准台。基准台前身为上海徐家汇观象台,建于清同治九年(1870),后又增加了地磁观测和地震观测,是世界上最古老的地震研究机构之一,属国家地震局一类台,在国内外享有一定的声誉。1933年,国际地磁协会和高空物理学会授予该台"国际地球观测百年纪念"金、银奖章各一枚。同年迁至松江西佘山南麓,称"佘山地磁台"。地磁台的仪器设备设在西佘山顶。该地磁台是世界上创建较早并参加国际合作的16个地磁台之一。近年来,该台还与美国等地震研究发达国家进行地震科技合作,并安装了"中国数字地震仪台网"等。

佘山地震科普馆由专题影视厅、地震图文展示厅、地磁仪展示厅、地震数据采集中心和贵宾休息厅等五个部分组成。该馆保留了历次大地震现场音像资料，如震惊中外的墨西哥、智利和日本阪神大地震、中国的唐山和四川汶川大地震等音像资料，还搜集整理了大量防震、避震和抗震等常识，堪称是一座"地震科普博物馆"。游人团体参观需提前预约。现为上海市文物保护单位。

回眸西佘山，这山海拔高度100.8米，森林面积788亩。它以秀丽的自然风光、茂密的竹林、俊俏的山峰、璀璨的宗教文化和雄伟壮观的山顶建筑吸引着中外游客。这应该是西佘山的魅力所在吧。

（二）

我在西佘山与东佘山之间穿越而过的外青松公路、山前街口的农家菜馆用完午餐，稍作休息后便从森林宾馆与兰笋山庄之间的东佘山西门进入，继续游东佘山。

东佘山海拔72米，森林面积702亩，林木葱郁，修篁漫坡。上山道边有石刻"兰笋山"三字，为后人所写。此山以山间所产竹笋有兰花幽香而闻名。史载清康熙帝南巡松江，品尝了佘山竹笋后大为赞赏，御笔赐"兰笋山"匾，悬挂于昭庆禅院。

上山道是一条石板碎石相铺的小路，无台阶，小道平坦略趋向上，到半山腰与"骑龙堰"相接。山道旁有一石碑，刻有"骑龙堰"名。张叔通等人编撰的《佘山小志》中有记载，但没说明它的原委。《佘山度假区志》载："园内有一条弯曲起伏的石径，自山南越山脊而北，古道绿荫蔽日，石阶铺地，宽仅1米，长约300米。"可能是至昭庆禅院，现已无存。也有说此道"犹如一条巨龙骑于山脊，又是专为乾隆帝铺设的御道，故又称'乾隆古道'"。说的是因得知乾隆帝要来东佘山的昭庆禅院上香，而特地铺筑此道。只是乾隆帝并没有前来，那筑成的"骑龙堰"

也就无所谓"乾隆古道"了。我又有点纳闷,这"龙"能"骑"吗?谁敢骑呀?龙是皇帝的象征,"骑龙"难道不忌讳吗?既然"乾隆古道"和"骑龙堰"是一条道,我则是倾向是不是因为"乾隆"音雷同于松江土话"骑龙"音,就以音同字不同而讹传成了"骑龙"了。这也成了一段历史的小迷误了。

在"骑龙堰"碑东侧的岩壁下有"佛香泉"。《佘山小志》载:"沸香泉"在东佘山东麓之上,也就是"新赤壁"以东。只因此处岩壁下供有石观音像,故取名"佛香泉"。《佘山小志》中未提起这一泉,应是后人所为。这"佛"与"沸"一字之差,又较相似,很容易让人搞混。

再沿"骑龙堰"上山脊,我来到了南、北峰之间的山脊小道。向左行走,路边有一块石头外形酷似和尚诵经的木鱼,上有棒槌搁着,非常逼真,故名为"木鱼石"。该石下原有一古佛洞(后已用砖石封闭),相传古代有一僧人坐化洞中。若遇天阴时倚石倾听,隐隐有木鱼之声,并间以歌声话语。经考证,所谓木鱼声,实为洞中的滴水声。因洞内空旷,滴水声经空气传播而发出共鸣,再传到洞外,犹如木鱼声声。洞外四周竹树成荫,清风徐来,竹语声声,松涛阵阵,月夜风穿竹林,如啸如诉,这就是名为"佘山竹啸"的地方。陈继儒(号眉公)在此获得灵感而创作了传世之作《潇湘图》。

再往前行,就是已关闭的连接东西两山的"空中索道"机房和"旱地雪橇"滑道了。在此只能止步往回走。沿山脊小道向东,所经之处,原有当代旅游刚兴起时建的"百鸟苑"和"生态蝴蝶园",现已拆除,并恢复了山林原貌。再向东,我来到了重建于2003年的瞭望塔,此塔为钢架结构,高22.4米,共有8层,高度远超山顶众树梢,是用于森林防火的观察点,像"鹤立鸡群"似的注视着、呵护着整座山林。

向东走数十步,在一拱门处有石板步道可直通山下,它由368级花岗岩石铺设而成。宽有8米左右,分左右两道,中间用花坛相隔,便于游客上下不混道拥挤。我并没有在此下山，而是选择了绕道走东侧"森林咖吧"下的木栈道下山。据测定：这儿空气中的氧气含量是闹市区的300多倍。似天然氧吧。在此大口吸入氧气含量极高的清新空气，促使你的肺脏器官排浊纳新，让你在欣赏美景、寄情山水时焕发出新的活力。

这条木栈道，以白石山亭为起点，沿着东山坡向北向上延伸至"森林咖吧"，全长约270余米。所谓栈道，即是在悬崖峭壁上凿孔支架木桩，再铺上木板而成的游步道。可穿越竹林，两旁是修篁成韵、嘉树成荫的美景。我沿着栈道往下走，徜徉在这条竹林间的栈道上，清风拂面，空气清新，竹树成荫，鸟欢啼鸣，别有一番情趣。有风吹来，竹梢摇曳，竹叶发出阵阵的沙沙"涛声"，仿佛自己是乘坐在一艘行驶在翠竹浪涛里的船上。与西佘山北坡的"修篁栈道"的宁静形成很大的反差。

栈道终结处有"白石山亭"建在崖壁边上。是为纪念"山中宰相"陈继儒而建造的一座凉亭，坐落于368级登山步道的中部。因地处游人必经之路，可小憩观景；又可临崖望远，有一种凌空之感。在悬崖之上，即是低头，也看不到下面裸露的峭壁森立。只有走到山东麓才可见到这一"新赤壁"的景观。

走至山南麓，在山前河东侧，秀水环绕处有一巨石呈矶状，是明代陈继儒隐居东佘山时的垂钓之处，故为"眉公钓鱼矶"。矶的上坡，有当年陈继儒在此处上端的"筑室东佘山，闭门著述"的"东佘山居"。山居中有白石山房、神清之室、古香亭、含誉堂、顽仙庐、清微亭、笤帚庵、鹦鹉冢、雪梅井诸胜景。陈继儒曾自嘲："树无行次，石无位置，屋无宏律，心无机事。"于随意之中透出其散淡飘逸的人品和高雅的审美取向。他也曾自撰对联一副，挂在院门上。上联为"鱼钓窦中"，下联为"樵吟叶上"，横批为"山边林下"。这也道出了他"东佘山居"的方位，可惜均已无存。现仅建有一"四面亭"以纪念。

陈继儒隐居东佘山后，著书立说，兼攻金石书画，一生著书颇丰。

其他不说，就《陈继儒全集》就有厚厚的十部。另外，他在书画方面也有很深的造诣。当时，松江的"云间画派"在全国颇具影响，而陈继儒与董其昌都是这个画派的代表人物。他的《雾村图》《江村云树》《梅花图》和《秋水垂钓图》都是弥足珍贵的绘画艺术作品，现分别收藏于国家故宫博物院、日本国立博物馆、我国台湾省博物馆和松江博物馆等。

走过"兰竹桥"数十步，明末大旅行家徐霞客的铜雕像竖立在路当中，目光炯炯，远望西南，精神抖擞。徐霞客曾五次来佘山，四次拜访陈继儒，两人成为忘年交。他最后一次花时四年的"西南万里行"就起步于此处北侧的山前河，为"徐霞客西南万里行"的出发地。陈继儒也给了他尽力的帮助。我很敬仰徐霞客，便静心面对雕像鞠躬致礼。

走出南大门往回望，大门高大而富有气势，造型三拱并列，极像汉字中的"山"字。因"兰笋山"是佘山的别名，这三拱并立的园门极似三颗刚出土、粗壮有力的兰笋。这园门又似三朵含苞欲放的并蒂白玉兰花，象征着上海的市花，其造型朴素淡雅。

（三）

回眸东、西佘山，它既无高、峻、险、奇的山势，又无峡谷、瀑布、溪流的点缀。有的是满山的郁郁葱葱。2009年迎"世博"前被评为"沪上新八景"之一，名"佘山拾翠"。佘山更有的是千年的人文历史。自宋代有文字记载以来，有文人雅士百多人与佘山有关，有诗歌文赋千余首（篇）存世。有寺庙庵院数十座和名人隐居山庄数十处的记载。更有走过近30年的佘山国家旅游度假区的精心呵护打造，而成为人们旅游观光、休闲度假的胜地。

回程途中，我还在想着佘山的景，想象着她的昔日之景，思考着她的今日之景。300多年前的明末清初，松江文化名人诸嗣郢呕心沥血编撰《九峰志》，详细记录了九峰各十景之名，其中佘山十景名为：白云晴麓、香溪石径、罨黛旧院、洗心灵泉、标霞峻阁、昭庆幽居、道人遗踪、宣妙竹林、征君旧隐、慧日双衣。可惜大都已湮没在了历史的烟雨之中。对今日之东、西佘山，我觉得可学学诸嗣郢先生，给东、西佘山各取十景之名。故一时兴起，胡乱涂写，固步自赏。也在此献丑，是为抛砖引玉，并作为本游记的结尾。

西佘山：

秀道者塔——千年耸秀；世纪钟楼——千禧洪声；竹林栈道——修篁幽径；圣母大殿——西霞映雄；天文台——遥望星空；天文博物馆——天穹故事；经折路——虔诚礼叩；三圣亭——憩亭祈眺。兰茶园——茗叶清香；地震科普馆——龙衔玉珠；

东佘山：

徐霞客雕像——西行始地；眉公钓鱼矶——眉公垂钓；佘山兰笋——笋香兰馥；白石山亭——绝壁临空；林中栈道——竹曳听涛；森林咖吧——心旷神爽；瞭望塔——峨屹护林；木鱼石——木鱼滴音；骑龙堰——堰道一梦；佛香泉——观音泉滴。

2024 年 6 月

三、游皖、赣、鲁、闽

桃花潭和李白与汪伦

桃花潭位于皖南泾县西境，桃花潭其实并不是个潭，而是一条从山上流下来的溪河，这溪河不大也不小，有水流但并不急，溪水是青青的。河床落差也不大，仅在几个转弯处有些小落差，水流也跟着急了，竹排到此有点小俯冲，小惊险。这倒蛮适合中老年人坐竹排漂流的，少有惊险，多有休闲。这是我几年前来桃花潭时的印象。

今年9月，我与十多位旅行社经理去泾县踩线，又去了桃花潭。这天，是在一场暴雨之后，在县城到桃花潭的路上，讲解员给我们讲了唐代李白和汪伦的故事。到了桃花潭后，只见桃花潭上游下来的溪水是浑浊的，颜色呈黄，夹带着树枝叶和垃圾。可既然来了，就只能上了竹排，再漂了一次。因季节不对，也没看到两岸的"十里桃花"，连桃树都没见到。上岸后，也没见有"万家酒店"。印象深的倒是这讲解员讲的桃花潭背后李白和汪伦的故事。是呀，因有汪伦，才把李白从南陵"忽悠"了过来。因有汪伦，才会有李白的那首《赠汪伦》诗。因有李白的诗，桃花潭才出了名，让桃花潭人自豪了千百年。我则从汪伦的做法想到了当代旅游的宣传和营销，用今天的话说，这汪伦的确是位搞营销的高手。

生活在山野乡村的汪伦，也是个文化人。他仰慕李白的诗才和名声，仰慕李白狂勃不羁的性格。便写信邀请他来泾县作客。李白一次次地婉拒。可汪伦并不甘心，又写信给李白，并用"十里桃花，万家酒店"的"障眼法"介绍桃花潭，以吸引李白的兴趣。果然，爱美景、喜美酒的李白动心了。这就是营销中的"锲而不舍，永不放弃"，是营销中针对客户喜好，"投其所好"。

李白的到来，汪伦是喜出望外，整日陪着他游山玩水。俩人喝酒交谈，很是投机。这应该是营销中的"真诚待人，感情投入"吧。几天下来，李白并没有看到汪伦信中所言的桃花与酒店，于是便问汪伦"十里桃花，万家酒店"在何处呀？汪伦笑着回答："村口的桃花潭有十里长，村里有一万姓人家，开了家酒店。"李白听罢仰天哈哈大笑，汪伦也跟着大笑不止。这不就是营销策划中的"无中生有"、"望文生义"吗？

　　李白离开桃花潭时，站在小船上，脱口而出《赠汪伦》："李白乘舟将欲行，忽闻岸上踏歌声。桃花潭水深千尺，不及汪伦送我情。"这首诗可以说是几句大实话，如换成是别人说的，也就不会流传至今。首句中"将欲行"，包含两层意思，明里是说他将离开此地，暗里指他已接诏赴京做官，将去"大展宏图"。次句说的是汪伦和乡邻们在岸边，边吟边唱，用一种古老的送客方式，踏歌为李白送行，让他为之动容。第三句用夸张和比喻手法来寓指尾句，这"水深千尺"还"不及"汪伦的友情深。

　　这是汪伦的福气，他万万没想到自己的名字竟会写进唐代名人的诗中。他或许会将这首诗高挂在最显眼处，这可是"实物营销"呀。他也会逢人便讲这段佳话，这样，一传十，十传百，汪伦扬名的同时桃花潭也出名了。这就是营销中的"宣传为先"和"无心插柳"吧，也是事件营销中的"借名造势"或"名人效应"的作用吧。

　　如果说桃花潭是因李白的诗而名闻天下，成为历代文人墨客的游历之地，不如说是汪伦用他的智慧和幽默"忽悠"出了一处人文风景，这是桃花潭的后人要感谢他、铭记他的。汪伦也不会想到，他那不经意间的"营销手段"，在过了1200多年后，与当代营销学有异曲同工之妙，成为今人学习的范例。

2009 年 10 月

皖赣浙三省交界地自驾游记

现在的旅游已进入自由行与自驾时代，今年"十一"黄金周，我们也去凑了一次热闹，自驾游皖赣浙三省交界处的几个景区。节前，我对自驾路线做了安排，游安徽黄山屯溪老街、江西婺源古村落、浙江江山廿八都、仙霞岭等地，并在网上预订了酒店。也想去实地体验一下黄金周的"高速公路是停车场、旅游景区看人头"的滋味，心里也是有所准备的。

避开了10月1日、2日的出游高峰日，我们便于3日上午8时半出发。上了G60沪昆高速后，考虑到石湖荡段在施工，枫泾道口可能会拥堵，便绕道走G1501绕城高速后转S36亭枫高速，再转入G60高速。虽多走了几千米，但一路上没什么车，显得有些冷清。转入G60后，车才多了起来，但车速还可开到100码。一个半小时开了120千米便到了长安服务区，稍作休息后，在10时又上路了。

进入杭州绕城北段后，车辆明显多了起来。过了南庄兜后就感到拥挤了，半个小时才开了七八千米，可能前方是西溪湿地的下匝口，车辆比较多。慢慢地"爬行"终于走上了杭徽高速，一下子畅快了。进入临安山区后景色也很美，群山连绵起伏，郁郁葱葱，高速公路在群山中穿行，钻隧道、跨天桥，一会爬山、一会下坡，很是爽快。这段路约110千米，开了2小时，下午1时到了临安服务区，便在此用午餐。可能是杭州绕城北段没有服务区，杭徽高速浙江段中设施比较完善的临安服务区，显得特别热闹，人多车多。临安旅游部门还在此设有各景区优惠门票销售点，为游客提供方便。

下午1时40分，继续上路，过浙皖交界处的昱岭关时，能看到右侧地面公路上的昱岭关门洞，这也是古代杭徽古道上的重要关卡，两省交界处的山更高更密。进入安徽境后，隧道也多了，不一会就有一个，有的地段是一个接着一个。想想也难为了筑路工人，要战胜多少艰难险阻才能硬生生地从崇山峻岭中辟出一条高速公路来。

下午3时，走了160千米后到了黄山屯溪，里程表显示全程390千米，开了4个半小时，算是比较顺利的。友人在手机上玩导航，他说：导航显示，我全程没有超速，表扬！

屯溪老街和青瓷色服饰

屯溪老街这是我第三次来了。第一次是1988年上黄山时来过，留下的是对徽派建筑的深刻印象，那时的店铺还是上排门板的；第二次是1996年路过此地，感觉到的是商业繁荣，古玩字画、砖石木雕的店铺很多。这一次算是特地来重游。

老街吸引我的是那粉墙黛瓦的民居、飞檐翘角的马头墙、布满石雕砖雕和木雕的徽派建筑和那体现当地特色的店铺，如徽墨宣纸、歙砚徽笔、砖石木雕、菌菇山货、古玩摆件、土特产品和那徽菜小吃。特别是那名声在外的茶叶店，专卖黄山云雾和茅尖、太平猴魁、休宁松萝茶和祁门红茶。那个写《牡丹亭》的汤显祖有句云："一生痴绝处，无梦到徽州。"徽州文化博大精深，当今中国成立地方文化学会的只有3处，其研究对象分别是：敦煌学、藏学和徽州学。在徽州，可看到原汁原味的徽州历史。在大江南北，到处可见到徽派建筑文化。

屯溪老街的店铺门面都蛮大，并且都有纵深感，每家店铺的招牌都是名家题字，显得很有历史厚重感，店铺内的布置都很大气，不像有的老街店铺窄小、店堂拥挤、店面不整。我们在晚饭时间到了老街，那照壁、广场、牌坊，似乎都是后来建的，游人还是熙熙攘攘，街上好不热闹。没有电喇叭的吆喝声，只有不散的人群，我们也买了些土特产，感觉很好。

在老街中段的十字路口，我们进了一家名为"徽之忆"的食府用餐。首先让我眼前一亮的是接待我们、帮我们点菜的服务员的服饰打扮，青瓷色的对襟紧身上衣，下配飘逸垂地的白色罗裙，脚配黑色布鞋，加上修饰过的时尚睫毛和发式，衣袂袅袅，步履轻盈，好一幅明清时期江南女子的形象，仿佛自己进入了电影场景内，真是太美了。这比我先前所见的茶楼、餐馆服务员的蓝印花布要好看多了。小姑娘熟练而老到地帮我们点好了菜，然后要我们上楼在指定的位子上坐下。楼上是个大堂，放了五六十张小八仙桌，一面还有个小舞台，在表演着当地的戏剧唱段，人们边吃边听，有的人则不停地拍照留影。菜的味道已无回味，但青瓷服饰却印象特深，现在想想当时真应该拍张照片。

婆源"一卡通"和古村落

第二天上午 8 时半，我们便离开屯溪去江西婺源。从屯溪到婺源有黄婺高速公路，路程不过百千米。婺源在历史上原属徽州，基本上还保持着徽派文化特色。

上午 10 时从江湾匝口下了高速后，拐上了一条通往晓起的公路，不一会儿便到了晓起。在旅游服务中心，我们购了两张"婆源一卡通"，210 元一张，扫了二维码后，立减 30 元，五天内有效，可游 14 个景区。其中有 1 个 AAAAA、8 个 AAAA 景区，真是太实惠了。如果景区门票都单买，大部分景区门票价都在 60 元左右，玩 3 个景区就要 180 元。另外，一卡通在进入景区时需进行指纹识别，这样也防止了转借别人使用。当然，这类历史遗存下来的古村落，该不该收取门票，那是另外一个话题，毕竟现在的旅游还是处在"门票经济"时代，或许若干年后会取消门票。

晓起，属江湾镇，是婺源文化生态旅游的一颗璀璨明珠。据晓川《汪氏宗谱》载，唐乾符年间（847—879）歙县篁墩汪万武逃乱至此时，天刚破晓，只见青山环绕，绿水潺潺，地沃草肥，花香四野，便搭草棚、起炊烟，而将此取名"晓起"，也称晓川。后有洪姓的人在小溪上游一千米处建村，也称晓起，故晓起就有了上、下晓起之分。

进入古村时，先是跨过一条名叫"养生河"的溪流。我们漫步在老屋小巷中，磨得光亮的青石板小路告诉我们它的历史久远。沿巷两边的房屋开了些店铺，卖的是山货菌菇、木雕家具、茶叶糕饼什么的。我们也饶有兴趣地买了些。在村子的西北角，看到了一口古井，从说明牌上的"双井印月"介绍来看，有些年代了，而且晚上更好看。古村游人并不多，显得安静。

晓起村被誉为"生态家园"可谓贴切，村庄被群山环抱，村北有大片的香樟树，而且许多都是古树，其中香樟王有1500年的树龄，还有许多稀罕的红豆杉。当地人用红豆杉木做筷子，用香樟木做箱子、家具出售，也算是"就地取材"。站在北山坡上看晓起，真是"古树高低屋，斜阳远近山。林梢烟似带，村外水如环。"好一幅美丽幽静的景象。

出了晓起，我们沿着上山的公路去江岭。车沿着盘山公路不断地向上，过了一个不知名的古村落，便到了一道山梁上。在检票口，一位游人满脸迷茫地问工作人员"这里是看什么的？"我情不自禁地笑着抢着回答："看山、看梯田、看村庄。"的确，十月份到江岭来不是时候，四月份看油菜花才是最美的。站在山梁上往下看，漫山的梯田是一片的油菜花海，绵延起伏且与村落人家相映相融。而现在这个季节却没有，只有那田间的稻草人和田埂上稻草所扎的"迎亲队伍"还在不分昼夜地欢迎来自四方的游客。

午餐后，我们来到了江湾。此时的江湾游人太多了，交警让我们将车停在很远的马路边,然后走进去,足足有一千米之多。进入景区后,先参观了气势恢宏的萧江宗祠,看后才知先是萧姓后改江姓,名人辈出。看到主街上都是些新建的牌坊街区,顿时便失去了游玩的兴致,便早早出了景区。在汽车接驳站,等了好长时间才来了一辆中巴车,大家蜂拥而上,显得混乱。看来,作为 AAAAA 景区,接待设施和能力尚欠不足。

我们沿着黄婺公路向婺源县城方向驶去,先后游玩了汪口、李坑。江湾到汪口只有 7 千米。汪口是沿着长河而建的一个千年古商埠,街长有千米之多。过去,婺源陆路不通车,一切货物要用船往返运送。汪口是婺源东北乡,乃至徽州歙、休等地有名的大型货物集散地。汪口官路正街的店铺建得颇有地方特色,一般为前店面、中起居、后伙房、楼仓库的布局形式。走在这条古街上,还能感受到明清时期的风貌,我们也一一参观了俞氏宗祠、船帮会馆和村公所,还有那平渡堰。

汪口到李坑仅 8 千米,离婺源县城也只有 12 千米。

李坑是一个典型的"小桥、流水、人家"的古村落,去时已是下午 3 时,游客还是那么多。

李坑建村已有近千年的历史,自古文风鼎盛,人才辈出,自宋至清,仕官富贾达百人;村里的文人留下传世著作达 29 部。村落群山环抱,山清水秀,风光旖旎。一条小溪从村中流出,在村口河道中,一字排开的停着小游船。沿着小溪向村里走去,村内的明清建筑、民居宅院沿溪或依山傍水而建,粉墙黛瓦、参差错落;村内街巷溪水贯通、九曲十弯;青石板道纵横交错,用石、木为材料的溪桥很实用,直接搁在溪上,连接着两岸。没有桥拱,也没有护栏,远远望去像是一排排临时性的跳板,一个个平铺着。有的溪桥对面就是一户人家,一个店铺,真是"出门即上桥"。沿溪的店铺紧邻着,茶叶、歙砚、樟木箱、茶楼、餐馆、客栈、山货、砖石木雕琳琅满目。

此时,我的眼前出现了一座凉亭,名为"申明亭",那是村民议事和

理诉的公共场所,亭柱上写着一副对联很能说明问题:

亭号申明就此众议公断
台供演戏借它鉴古观今

亭后是几幢高大的徽式客栈饭店,这便是李坑村的中心位置。两条溪水在此汇聚,游船到此也不能再上去了。一座名为"通济桥"的古石拱桥还完好地保存着,从"乾隆丙寅年永公支孙重修"的石刻来看,至少也有300年以上了。

顺溪而上,我见溪对面的茶楼有个露天的阳台,于是便穿过木桥,进入茶楼后沿梯而上,站在阳台上,李坑村尽在眼中。我见阳台边上有条土路可通山上的一座建筑,想想可能还可看得更清楚,便登了上去,原来是家商店。

沿着山路下去,见一山泉,大家都在用可乐瓶灌泉水,走近一看,才知是村子尽头的"蕉泉"。那是一个与传说中的有小黑龙故事的地方。转过泉坑,便是南宋武状元李知诚的故居。故居院内有一方石砌水池,水池用石栏围起,绕池的小径以块石铺垫。小径外侧为花坛,扶疏的花木中有棵紫薇树,树龄已有500多年。

李坑的溪水涓涓地流淌着,哺育着溪边的世世代代;李坑的小桥默默地横卧着,诉说着岁月故事;李坑的人家生活着,散发出历史的韵味。

荷包红鲤鱼和彩虹桥

晚上,在婺源县城,我们在一家名为"八大碗"的饭店品尝了现为国家优良淡水鱼种——婺源荷包红鲤鱼。据说在明万历年间,在京城为官的婺源人余懋衡告老还乡时,皇帝为表彰其为官清正,一身廉洁,特意从宫中选出几尾红鲤鱼作为赏赐。从此,御赐的红鲤鱼便流落民间。一条色彩红艳,形似荷包,肉质鲜嫩的红鲤鱼,一会儿被我们扫了个精光。

也许是几年前，在浙江泰顺泗溪看到过廊桥，也写过廊桥的缘故，在我的心中也存有廊桥情结。在离开婺源的那天上午，我们还特地驱车25千米到县城北面的清华镇，去看建于南宋绍兴七年（1137）的彩虹桥。据说桥名取自唐诗"两水夹明镜，双桥落彩虹"的诗句。这座长廊式人行桥长140米，桥面宽3.1米，由四墩五洞、五廊六亭构成。该桥经历了800多个春秋的河水冲刷，是徽州最古老、最长的廊桥，被誉为"中国最美的廊桥之一"。

有记载说：建造彩虹桥的是一位济祥和尚和一位叫胡永班的工匠，济祥云游四方化缘三年集得善款，胡永班负责桥的设计。他在桥址选点、桥墩设计、桥面木质结构、亭廊独立结构等方面都有独到之处。用现在的话说，设计者是具备一定的物理基础知识的。步入桥内，可见阁亭上面设一神龛，内置三个牌位，左为僧人济祥，右为胡永班，夏禹是镇水之神，当地人把夏禹神位摆放到中间，应该是考虑到他可以镇住洪水、保护廊桥吧。

在桥下游30米的地方，胡永班设计了一道石坝拦水，以抬高水位，缓解洪水的速度。这与建桥选在水面宽阔之处一样，以减少洪水对桥的冲击。石坝上建有"跳岩"，可供人行走。在通常没有洪水泛滥的季节，这里是一池碧水。在"跳岩"下，由于落差的原因，却是水花飞溅，争流不息，给彩虹桥平添了几分动感之美。古人的这种抗洪水的设计，也为今天的游线作了不经意的安排。可先在桥的北侧观看彩虹桥的雄姿，拍照留影。这里山清水秀，也是电影《闪闪的红星》取景地之一。上桥徜徉，两岸风光尽收眼底，或站或坐，或望或行至东岸。再从南侧走"跳岩"，在河的中央近距离观赏整座桥和这一汪碧水，十足的"人在水中游"。美丽的景物总是让人未见时向往，相见时激动，见过后回味无穷。婺源，印证了这一点。

廿八都和仙霞岭

在婺源县城午餐后,我们便上了婺常高速向浙江江山方向驶去,此时汽车的里程表显示的行驶公里总数为 600 千米。开了没多长时间,进入浙江开化境内的白沙关后,高速公路还在施工,只能改走 S317 省道。到了华埠镇后转 G205 国道,在常山上了 G60 沪昆高速,约行了 20 千米后转走 G3 京台高速至江山出口。一路上除了沪昆高速车辆较多外,其他路段还算是比较畅通的,这一天开了 200 千米。

自驾的第四天,上午 9 时出发,走 G3 京台高速 40 千米后到达廿八都,这里已是浙闽赣三省交界处了。

在浙江境内,山脉和山峰很多,当数浙西南的仙霞岭最高也最大。仙霞关和枫岭关是古代重要的军事要冲和交通枢纽,想当年黄巢义军,刊山开道,开辟了仙霞天险。悠悠千年,雄关依旧在,古道仍弯弯。古道还是海上丝绸之路的陆上通道,是自唐代以来北方通往东南港口的唯一官道。位于两关之间的廿八都古镇自然成了官道上的驿站。明末清初时,郑成功和其父亲曾驻扎在这里。古镇上现存有一些历史遗址和名人古宅、老街区等。

古镇叫廿八都,"都"是沿用了宋元明时代的村镇建制,古镇是沿着一条叫枫溪的河流两岸而建的,长约 2 千米。我们从东侧的珠坡廊桥进入,参观了农博馆、北堡门,来到了武官衙门,这里展出的是郑成功的家谱和军队驿站的复原情景。后面是观音阁、文昌广场和文昌宫,转到浔里老街后,又逛了秉书洋货店和德春堂药店。我望着这些保存完整的古建筑,问坐在边上的一位老者:"当年日本人打进来过吗?"老者答"没有"。果然,否则不会那么完整。

我们拐进了一条小巷,参观了方言姓氏名人馆。古镇万余人口繁衍着 142 种姓氏、交流着 13 种方言,被称为"文化飞地"。我们也参观了戴笠与女特工陈列馆。穿过回音壁和几幢名人旧宅后又来到了老街，最后在关帝庙前戏台停下返回。

廿八都的"八大碗两名点"有些名气，老街上的饭店都打着这个招牌，我们便在一个名叫隆兴斋的饭店二楼的回廊上坐下，选了八大碗中的四碗边吃边观景，仿佛回到了过去。

离开廿八都后，我们沿着 205 国道驶向保安镇，那里有仙霞古道。历代文人墨客张九龄、白居易、欧阳修、王安石、陆游、杨万里、朱熹、辛弃疾、李渔、林则徐等曾在仙霞古道上留下了三百余首诗篇，被誉为"古诗之路"。而坐落在保安镇老街上的戴笠秘宅，可谓是幽深宅院，机关算尽。它的内部设计让人惊叹，门多窗多，明梯、暗梯、明窗、暗窗、明门、暗门，门门相通，室室相连，好似九连环，真是机关重重。

离开保安镇后，一路上有好多乡村旅游点，古居、家庭农场、向日葵基地、农业休闲园、丹桂园、紫薇园、中草药基地等，路的一边已停满了私家车，想必都是带着孩子来体验农家生活的。

来到江郎山下，我们选了个角度，将奇特的三片石摄入镜头，以饱眼福，时间不允，并没有去登山。

下午 4 时，我们离开了江山上 G3 京台高速往建德而去，此时公里数显示是 900 千米。G3 转 G60 再转龙丽高速接 S33 杭新景高速至建德寿昌匝口下，至建德全程 160 千米，至此已走了 1060 千米。晚上，入住在建德，这是我们此次自驾游的一个回程驿站，没有安排游玩。

10 月 7 日，也就是自驾游的第五天，上午 10 时出发，走杭新景高速转杭州绕城南，再转 G60 沪昆高速杭金段，在过下沙大桥时略有 1 千米的小堵。我们在下沙服务区用完午餐后继续赶路，于下午 3 时顺利回到了家，约 280 千米。五天全程共 1340 千米，结束了愉快的自驾五日游。

2015 年 3 月

敬亭山　诗中情

今年清明刚过，宣城敬亭山举办"三月三"民俗文化旅游月活动。"三月三，登敬亭山"是宣城人的传统习俗。

敬亭山名气大，大的不是山有多高大、多奇异、多峻险、多秀逸，而是名人写敬亭山的诗特多。自唐代以来，先后有300多位文人雅士追寻南齐谢朓、唐代诗仙李白的足迹，纷至沓来。韩愈、白居易、杜牧、欧阳修、文天祥、汤显祖……个个在这挥毫泼墨、吟诗作赋、寄情山景、抒发胸怀，留下了数以千计的动人诗句，敬亭山故被称为吟无虚日、名齐五岳的"江南诗山"。

那天，我们早早地来到敬亭山前，从东大门上山，远望上山之路，已是人头攒动。游览了广教寺双塔后，来到了山麓下，前面是敬亭广场，开幕式就在此进行。

只见会场上"《春到敬亭诗意浓》群众诗词吟诵会"的标题格外醒目，来自宣城各县区市的文化、教育、旅游部门为我们献上了一台充满激情的吟诵会。诗有古代的，如《诗经》、李白《将进酒》等，但大多数都是新创作的。这与"诗山"是相吻合的，怀古诵今、传承文化、彰显特色、文旅相得，不失为一次得体的策划。

会后，我们沿着山道拾级而上，在皓月亭、古昭亭前留影。"亭"多，也是敬亭山的特色，遗存的亭就有20多座。还有的就是那漫坡的茶树，这里盛产一种名为"敬亭绿雪"的绿茶。我想，赏杜鹃、吟名诗、亭中憩、品香茗，都是山中"自产"的，这倒是很好的搭配。

山道上"诗"很多，有的刻在石崖上，有的竖碑在道旁。我寻思，诗的背后都有着一段段故事和一片片友情。

我在玉真公主雕像前仰望，在皇姑泉边凝视。作为唐玄宗的妹妹，她可称得上是位"女中豪杰"。她在皇兄前推荐了李白，让李白当上了翰林学士。然而狂放不羁、又好喝酒的李白终究不是个当官的料，一年多后便被"赐金放还"，四处漂泊，最后来到了皖南。然而玉真公主得悉此事后，进宫与皇兄大闹一番，脾气倔强的她竟自去名号、弃财富、离京城，远赴安徽来到敬亭山修道。我想，李白的"相看两不厌"中似乎还有份"情"在其中，"相思不可见，叹息损朱颜"是否为终生遗憾？

我们在"太白独坐楼"处小憩，这里是当年李白独坐吟诗的地方。在此向南回望，宣城城中的谢朓楼，已被一幢幢拔地而起的大楼所遮挡，看不见了。南齐谢朓任宣城太守时亲理民政，事必公平，与民同乐，勤政廉洁，深受百姓爱戴。后人才会建楼立碑，寄托怀念。李白晚年落泊皖南，宣城没有忘记他，同样为他建楼竖像，尽显一个"情"字。

谢朓尤爱敬亭山，赞其曰："兹山亘百里，合沓与云齐。"他开创了敬亭山有诗的历史，正如刘禹锡所感叹："宣城谢守一首诗，遂使声名齐五岳"。李白敬仰谢朓"不染人世污浊"、"不苟庸俗"的人格，他在宣城寻遍谢朓遗迹，多次登谢朓楼，与两百年前的谢朓进行心灵对话，"蓬莱文章建安骨，中间小谢又清发"，留下与谢朓有关的诗50多篇，"相看两不厌，只有敬亭山"，更为后人所赞叹不已。

山脚下的那一处，是宣酒博物馆，也得知"老春"就是宣酒的前身。不由得想起当年李白在纪叟老汉那里喝"老春"的情景。"纪叟黄泉里，还应酿老春。夜台无晓日，沽酒与何人。"晚年的李白深深怀念着这位生活在最底层的酿酒老汉，这是文人的良知，是友情的追思。

敬亭山——诗多，情深。

2016 年 5 月

仰观醉翁亭

40多年前的中学时代学过的几篇古代散文,还有点印象的也就是范仲淹的《岳阳楼记》、柳宗元的《捕蛇者说》和欧阳修的《醉翁亭记》了。可这么多年过去,就是无缘去岳阳楼和醉翁亭感受一下古人的意境。

酷暑中的一天,我与友人自驾去了位于安徽滁州的琅琊山,仰观醉翁亭。到达琅琊山风景区大门时,已近中午,游客并不多。换乘景区电瓶车,沿着大树遮掩的山道向上,不一会便到了醉翁亭外。在970多年前,醉翁亭也就是山道边的一个普通亭子,现在已是一个建筑群了,是琅琊山的主要景点。"滁之山水得欧公之文而愈光",的确如此。

进墙门,眼前是一堵带花格窗棂的高墙,左拐上几个台阶后便跨入了高墙后的亭门,蓦然可见的便是那向往已久的醉翁亭了。我伫立在亭前,并没有匆匆踏进亭内,而是仰观着,思绪着。

醉翁亭它坐北朝南,背靠峻峭的山壁,面向山道。飞檐凌空挑出,鸟翼般伸展的檐角勾勒的柔和优美曲线,有一种"飞动之美"。16根木柱分成里外两圈撑起了整个建筑,真可谓"亭亭玉立"。当年欧阳修被谪贬滁州任太守,实行"宽政",为民办实事,发展生产,使当地物阜年丰。他与民同乐,"禽鸟知山林之乐,而不知人之乐;人知从太守游而乐,而不知太守之乐其乐也。"故醉翁亭也成了"与民同乐"的一幅风俗画和一个代名词。他喜酒又不胜酒力。这不由让我想起南齐建武时期在宣城任太守的谢朓,也是一喝便醉。可"小谢"就是喜欢与民同乐,而常"醉宿农家不归",这也许是一种令人敬仰的为官风范吧。

欧阳修曾被"蔚然而深秀"的琅琊山水美景所陶醉,多次登琅琊山,入琅琊寺，寺僧智仙也盛邀欧阳修用斋，因寺内不能饮酒。于是，智仙和尚便在离寺庙三里处建了这座亭。这既是一个高规格的迎客亭，又是个供欧阳修办公处理公文，憩息赏景，写文作诗，并与客人饮酒聊天的聚客亭。在亭内东侧的美人靠上，与众不同的是竟安装了两个小茶几，据说是为了方便欧阳修阅文书写。

欧阳修自号"醉翁"，名亭曰"醉翁亭"。"醉翁之意不在酒，在乎山水之间也。山水之乐，得之心而寓之酒也。"在这里，被誉为"唐宋八大家"之一的欧阳修挥毫写下了《醉翁亭记》而声名日隆，他的学生苏轼又书写全文刻石于此，"欧文苏字"也成就了醉翁亭位列于北京陶然亭、长沙爱晚亭、杭州湖心亭的"中国四大名亭"之首。

"有亭翼然临于泉上"，我寻顾四周，却找不到"让泉"在何处？问了才知就是墙门外的那条淙淙小溪。有山有林、有亭有泉，林深路曲，泉流弯旋，这就是醉翁亭之美。

以前"亭"仅为景的点缀，而醉翁亭则是以亭为主的建筑群景致。景点布局紧凑别致，具有江南园林特色。在不足1000平方米的地方，却有9处互不相同的景致。我们徜徉在醉翁亭、宝宋斋、冯公祠、古梅亭、影香亭、意在亭、怡亭、古梅台、览余台，人称"醉翁九景"之间，小憩在"意在亭"里。意在亭的四周那弯曲伸展的小水沟则是"曲水流觞"的再现，不由得联想起绍兴的兰亭，仿佛看见古人坐在曲水边饮酒赋诗，"起坐而喧哗者，众宾欢也"，欧阳修又醉了。

2017年8月

三河古镇游记

记得 26 年前的 1991 年 7 月，华东地区遭受特大洪灾侵袭，距巢湖西岸 10 千米的三河古镇在 11 日那天，仅仅 23 分钟就被洪水浸泡，水位线高达 14.23 米，漫过岸上有齐腰深。这事让我记住了"三河古镇"。

三河这地方，古时是长江——巢湖至六安和大别山区的水上要津，在以船运为主要运输手段的年代，这里就已是码头林立，车船辐辏，商贾云集，热闹非凡了。三河是因有三条河而得名，在镇北，由西向东流过的是丰乐河，起源于皖西六安县横塘岗豪猪岭，一路向东入巢湖，全长 105 千米。在镇东南，由西向东流过的叫杭埠河，源于皖西南岳西县同安寨西石关岭，过三河镇后与丰乐河合并一起流入巢湖，全长 116 千米。这两条河也是巢湖上游的主要支流。而南北连通杭埠河与丰乐河的叫小南河，河长不到 3 千米。古镇就分布在小南河两岸。这三条河就像一个侧倒的"A"字形，流淌了不知多少年。

夏日里，我与友人如愿来到了三河古镇，就是要看看这座灾后重新恢复的、被评为 AAAAA 级景区的古风古韵，据说还存有"八古"的景观。

古镇不收门票，仅五六个参观点需购小门票。我们请了一位景区讲解员，跟随她边走边听边看。穿过游客服务中心大厅，便来到了古护城河边的游船码头。讲解员建议我们先别坐船，待参观完后再坐船回来。

我们便沿着河边小道登上了一座名为"仙归桥"的石拱桥，进入了古西街。西街两旁徽式古民居毗邻接踵，商铺林立，红灯黄幡，最养眼的是那青石板路，被踩磨得乌黑光亮，古韵溢出。董寅初纪念馆、刘同兴隆庄、民俗馆等坐落在商铺中间。这里的民宅门面并不开阔，但都有三至五进深。透过狭窄而深幽的巷子,我看到两侧屋后都有河,东是护城河,西为小南河,原来西街就建在古圩上。行走在西街,街中一棵香樟树很突兀地竖在路中,走近一瞧,还有一块说明牌。上面写着那年发大水,两个小孩撤退不及爬上此树,后由解放军用冲锋舟将他俩救下,为表达对此树的救子之恩,故取名为"双子树"。我挺纳闷,便问道,既然河道这么畅通,怎么会让洪水漫上来呢?讲解员告诉我,原先杭埠河的出水古道有两条:一条是靠北路古河道,即现在的小南河。另一条靠南路是经庐江县境内的小南河再流入巢湖。由于南路小南河的淤塞,出水仅靠北路,造成水患严重,导致洪水泛滥。现在的杭埠河出水道是后来才开挖通的新河,拓宽取直了。噢,原来是这样的。望着这小南河不由得想起祖先"大禹治水"、李冰父子"建堰引水分流"的壮举,感慨不已。

我们跨过小南河上的对越亭廊桥,沿着河西岸景观带继续向南而行。此处的风光很美,宛如江南水乡。近处,对越廊桥卧在河上,形似扬州瘦西湖上的五亭桥。河对岸,徽派建筑粉墙黛瓦,高耸的马头墙、风火墙在阳光的照射下更加耀白。沿河夹岸花草,绿树茂盛。远处望月桥似一轮弯月倒映在河面上,透过拱桥孔清晰地可见那有着三孔的三县桥,据说它原是肥西、庐州和舒城三县的交界处,有"鸡啼鸣三县"之称。还有那依堤傍水而建的望月阁,高高矗立着。不知何因?此阁的层高为6层,与其他楼阁取单数不同。这楼阁飞檐翘角,气势非凡,故被誉为"江淮第一阁"。到了阁前,我想去登阁远眺,据说天气好时能看到巢湖,故也叫望湖阁。可讲解员说并无此安排,也只能作罢。

走过望月阁后进入了南街,一条名为"一人巷"的古巷吸引了不少游人,古巷足有五六十米深,像隧道,只见游人正在尝试着怎样侧身挤过对面走过来的游人身体时所遇的尴尬窘境。这么狭窄的巷子倒是第一次看见,我顿时联想到桐城"六尺巷"的故事,那句"让他三尺又何妨？"的回复是那样的大气。看来，古时为了扩大建房面积，真是"寸土必争"啊！"一人巷"的左侧是杨振宁小时候曾经居住过的地方，如今成了他的故居纪念馆。

我们来到了鹊渚廊桥，据史料记载，三河在古时称"鹊渚"，这里也是春秋吴楚"鹊岸之战"和南北朝时"鹊尾之战"的古战场。也许，这鹊渚廊桥就是对历史的追忆吧。走过万年台，我们参观了"三河大战"风云馆，在太平天国古城墙边伫立，眼前浮现的是陈玉成全歼李续宾湘军 6000 人的著名战役场景。在孙立人将军的故居纪念馆里，瞻仰了这位在缅甸战场上奋力杀寇的中国远征军名将的生平。

当然，到了三河，当地的特色菜是一定要品尝的。在南街众多饭店中，我们选了一家临河的饭店坐下，点了八宝酥鸡、油炸骂婆鱼、三河小炒和三鲜豆腐汤，还有米饺。

2017 年 9 月

皖南"川藏线"车行记

随着私家车的激增和自驾游的兴起，旅游风景道也应运而生。一条旅游风景道，沿途可串起多处风景地，一路行驶一路风景。想停就停，想走就走，惬意满满。

皖南宣城地区的旅游风景道也就是三年前推出来的，此道称"江南天路，皖南318"，又称"皖南川藏线"。把它比作"川藏线"是因要翻山越岭，坡陡弯急，道路险峻，具有挑战性。此道从宣城市区出发，经宣州区、宁国至泾县，其精华段为宁国山门洞至泾县水墨汀溪风景区，全长120千米，沿途有着十多处风景优美之地。

深秋季节，听说宁国方塘的水中落羽杉林"红"得醉人，我与友人便闻着"秋色的召唤"驾车而去。

我们从宁国城区出发，先去了山门洞景区，这里也可算是进入皖南"川藏线"精华段的起点。景区内的灵岩山是一座高不过五六十米的小山，呈马蹄形，山门洞便位于这凹形的底部。一条乡村公路由北而来，钻过山门洞向宁国城区或青龙乡而去。这灵岩山上下有多个洞穴，紫云洞、澡锅洞、朝天洞和涟漪洞等，据史料记载，东晋时期就有名人瞿硎在此隐居，读书修炼，牧羊驯鹿。山门洞的左侧正在复建一座始建于唐代名为灵岩寺的庙宇，右侧草坪上竖着六七座石碑，刻有古诗文及《山门赋》。我们仰望着洞壁上的石刻墨迹，回味着古人"天下之奇山门有，山门之奇天下无"的名句，感慨不已。洞前，几株有着百多年树龄的银杏高大挺拔，已呈现满树金黄色。黄灿灿的树叶撒满一地，它似乎在告诉我们，来得正是时候。

离开山门洞一路向南，经过恩龙世界木屋村和中国树木博览园，便来到了青龙乡镇区，这才真正进入了山区。这山路虽只有六七米宽，可沥青路面平整，黄色实、虚线划分清晰。路边的警示牌在提醒驾驶员：进入山区盘山公路弯急、坡陡，小心驾驶。旅游指示牌也很独特：一块长条形的指示牌将沿途近十处风景地一一标注，特别提醒距下一个观赏点还有几千米。我们在一处名为"万亩竹海"观景点的路基下停了车，见有休息的亭子和景点的美图和介绍，还是中英文对照呢。远望西津河对面的群山，郁郁葱葱，茫茫竹海，随风波动，仿佛绿茸茸的巨毯盖在群山上。在港口湾，有漂流和游船码头，附近的农家乐也提供餐饮住宿，还设有"川藏线"旅游休闲驿站，感觉旅游等部门的配套服务做得蛮好。

当车行至储家滩加油站时，我们将车驶进了罗陵湾自驾乐园。这里，停车场、餐厅、四合院客栈、游乐区、烧烤区、大草坪一应俱全，是个颇有规模的自驾营地。在一个名叫"啄木鸟农家乐"里，用集装箱改建的客栈，层层叠叠建在山坡上。站在阳台上，望着储家滩这片水中残留的老木桩和四周的群山，想着这块被誉为"十里画廊"和最佳摄影基地的仙地，是那么的恬静而安详，纯朴且悠然自得，那么的令人迷恋。

继续向前，我们也随心所欲，拐入岔道去了位于青龙湾原生态旅游区中的惠云禅寺。途中在一拐弯处停下，欣赏着这个被群山围往且又宽广的青龙湖。虽已是深秋季节，过冬的白鹭似乎还在南下的途中，湖面显得格外宁静。远处一艘游轮正缓缓驶向上游，一般游客是在港口湾坐游船，沿青龙湖至山脚登山而上，我们则沿盘山公路旋转了5千米，直接将车开至寺门口。站在寺庙高处俯视青龙湖，有着34平方千米的青龙湾湖面，在两边大山的夹峙下却成了一条河。

返回原路后不一时，便进入了方塘乡，转过山头，眼前出现了一大片长在水中的红杉林，说有两千多亩，这就是青龙湾落羽杉湿地公园。买了船票，坐在电动竹筏上，在水上杉林中穿行，如人在画中游。望着这片色彩斑斓的落羽杉林，心情也开朗了不少。秋日里，近正午，天气不冷不热，风儿轻轻柔柔，湖水平静清澈，阳光灿烂耀眼，照得落羽杉有些张扬，将这深秋烘托出绚丽的色彩，此刻，我读懂了啥叫"醉美"。

我们在方塘的世京果园用了午餐后，继续前行。穿板桥原始森林，睹磨盘山石林，观红军路，拐石壁山急弯，过板桥村后便进入了泾县的桃岭村。驶入桃岭公路后一路盘旋向上，道路改成了水泥路，也窄了不少，大约宽在五六米，最窄处仅有4米。好在山道上车辆并不多，与对面来车交会时，仅与一辆车是在慢慢挪动中擦肩而过的，有惊无险。这桃岭公路上下山各10余千米，都在海拔千米上下的大山里盘旋，公路最高处也在800米以上，真是"高路入云端"啊。72道拐又增加了它的惊险刺激，故称"云端天路"。在下山的弯道观景处向下望，蜿蜒的公路似舞动的白练飘落在山坡上，美极了。据说这条公路是在上世纪70年代，在当时的泾县县委书记王乐平的带领下，用了4年多时间修筑的，结束了山里人祖祖辈辈与世隔绝的状态，故被后人称为"幸福路"并竖碑纪念。

下了桃岭公路，过汀溪乡镇区后又拐进了山里，便来到了位于大南坑村的水墨汀溪风景区。此时，天色已黑，景区的老徐，我的友人，也是松江人，已在路口等候我们多时了。第二天，老徐陪我们在景区走了一圈。因我在6年前景区开张时来过，感觉景区没变，变化最大的是大南坑村，在景区内外建起了三四十家农家乐，向游客提供餐饮住宿。我对老徐说，你没发财，却带动村民们致富了，他笑而不语。汀溪的水还是照样流淌着，可溪边的村民们似乎有了新的生活。

2017 年 11 月

徽派绩溪

走过皖南多地，我印象更深的是充满徽文化的古徽州地区。古徽州原为"一府六县"，扳手一数，就差绩溪和祁门还没去过。元旦前夕，去了趟绩溪，体验"徽文化"，还有绩溪那过往的历史。

下高速进入绩溪县城区，道路两边醒目地竖着多个明显带有徽派建筑元素的马头墙形状的宣传牌，"中国徽菜之乡"、"中国厨师之乡"、"中国徽墨之乡"、"中国徽剧之乡"、"中国历史文化名城"……这些都是绩溪人引为自豪的名片。徽文化在绩溪是扑面而来，散发出浓浓的气息，还有那徽商、徽建筑、徽雕、徽医……故被誉为"徽之源"。

我们住在新城区品悦酒店，这里也是"中国徽菜文化交流中心"，酒店二楼内厅设有徽菜大师名人堂，介绍徽菜徽厨的过往历史。酒店隔壁是培养厨师的全国重点高职——徽州职业技术学校，这里的徽菜做得正宗。晚餐时，我们迫不及待地点了臭鳜鱼、"胡适一品锅"、粉丝笋干、煎饺等当地的特色菜，让浓油赤酱的徽菜填满了自己的肠胃。

翌日，我们去了AAAAA级的龙川风景区，龙川是胡氏家族集聚的古村落。沿着龙溪水街漫步，龙堤凤街高低不一。两岸民宅鳞次栉比，马头高墙错落有致。龙溪桥、康惠桥横跨龙溪，如心亭、吉祥亭紧贴溪边。在中王桥南，高大巍峨的奕世尚书坊竖立于此，讲述的是明代户部尚书胡富、兵部尚书胡宗宪的功名和徽派石雕的工艺。中王桥北岸竖立的是都宪坊，是为副都御史胡宗明而立，这就有了"一门三尚书"的美誉。

沿着北街向东，澄心造纸堂诉说的是声名远扬的"龙须纸"制造历史和工艺，被誉为"千年寿纸"。当年华亭人、书画家、礼部尚书董其昌得此名纸，曾感慨说："此纸不敢书"。堂内还展示着宣纸、徽墨、徽笔、歙砚等文房四宝，并作为旅游纪念品对外销售。

胡宗宪少保府展示的是其生平事迹，特别是抗倭十年的经历。我因读过《胡宗宪传》而感叹不已！第七展厅是绩溪古今名人的介绍，徽墨大师汪近圣、胡天注和胡开文，红顶商人胡雪岩、汉学世家"礼学三胡"、晚清绩溪三奇士、中西医结合鼻祖汪惕予、辛亥革命老人汪孟邹、古籍标点第一人汪原放、著名学者胡适、战斗英雄许家朋、湖畔诗人汪静之……一个山区小县，竟出了那么多的名人，令人敬佩！

进入乡贤祠，其实就是胡氏家族世祖的图片介绍和牌位安放之地。胡氏宗祠建于明嘉靖年间，为国内现存最全的胡氏族谱展示地，胡氏自西晋末定居此地已有1600余年，传到"锦"字辈已48世。祠内建筑中的徽派木雕十分精美，被誉为"木雕艺术博物馆"和"民族艺术殿堂"，并著称于世。

向东没走几步，便来到了龙溪与登源河的交汇处，只见水面似乎凝固了，两水青绿分明。远处水中腾起的雾气将拱形廊桥变得时隐时现，对面山上的灵山庵更是虚无缥缈，犹如云中雾里的天上梵宫。

绩溪的旅游资源也较丰富，龙川、仁里、太极湖村和上庄等古村落枯木逢春；徽派古民宅、古牌坊、古祠堂、古亭、古桥和古道厚重养眼；鄣山大峡谷、小九华、清凉峰、登源河和扬之水风光旖旎；还有那历代的名人辈出为人楷模；好一个山水人文交融之地呀！

在"千年仁里"古村，我们按照墙上的导览图从南门直径走入老街。房屋保持着原汁原味，祠堂现为老年活动室，老街上行人少店铺也少，显得冷清，风光早已不在。明清时期，这里是仁里三街十八巷的主街，是进入徽商古道的主通道。曾经是店铺林立，市井繁华的徽商一条街。故有"小小绩溪县，大大仁里镇"的美称。

绩溪是个山区县，千米以上的山峰就有46座。故有"七山一水一分田，半分道路半分家园"之称。昔日的绩溪，人多地少，地瘠民贫，迫使绩溪人辟出了徽杭古道。那些被胡适形容为"徽骆驼"的徽商绩商，将当地的土特产"驮"出去，经商做买卖，或从小就外出当学徒。绩溪县现有人口为18万，在民国前为8.1万人，其中有二三成人外出谋生。故有"无徽不成镇，无绩不成街"之说。那两句："前世不修，生在徽州；十三四岁，往外一丢"和"一世夫妻三年半"的民谚，不都是道出了徽商的艰辛和无奈吗？

2018年1月

偶遇"挑山女"

前些日子有报道说,由宝山沪剧团创作并演出的《挑山女人》,在演出满五周年时,迎来了同名沪剧电影的公映。还有新闻说,该剧已被豫剧、壮剧、蒲剧三大地方戏种移植,让《挑山女人》长久留在了河南、广西、山西等地。沪剧《挑山女人》在短短五年内演遍了大半个中国,拿下了包括"五个一工程"奖、文华奖"优秀剧目奖"、中国戏剧节"优秀剧目奖"在内的 18 个重要文艺奖项,累计演出场次达 253 场,观摩人数超过 26 万人。

该剧之所以"走红",我以为除了编导和演技外,戏剧的题材是关键。该剧是根据安徽齐云山女挑夫汪美红的真实故事改编的,讲述了单身母亲、挑山工汪美红在 17 年里,风雨无阻地攀爬了 3500 多级台阶,20 多万千米的陡峭山路,挑着重担往返了 6000 多个来回,磨破 140 双解放鞋,挑断 70 多根扁担,把双目失明的儿子和一对龙凤胎抚养成人的感人故事。展现的是一个最平凡的母亲释放出的爱的能量,是一部深刻反映中华传统美德,"直面人生、直通人情、直抵人心"的现实题材作品。

看到这些报道,我不由得想起三年前在齐云山上偶遇"挑山女"汪美红时的情景。

那年初夏的一个上午,天刚下过雨,我们坐缆车上了齐云山,在望仙亭附近,只见有几位团友正围着一位歇脚的妇女在说话。出于好奇,我也凑近一瞧,见那妇人身材较小,面相和善,身穿一件并不合身的外衣,手握一把折伞,肩上背着一个布袋,脚上穿着一双解放鞋。起先以为是游客,听后才知是碰上《挑山女人》主角的原型——汪美红了。因对她的事迹有所了解，心里一下子激动了起来。众人正在询问她和她孩子的近况，我也在旁仔细地听着。有的团友则抢着与她合影，我也不失时机地取出手机摄下了这一幕。

她接着说，她现在已不再"挑山"了，在经营一个小茶室。一会儿，她继续往山上走去。我边跟着她后面走，边回味着她的艰难经历。1990年，汪美红嫁给了当地青年汪淑平。一年后，儿子出生，想不到患有先天性白化病，这犹如晴天霹雳！按当时政策，她可生二胎，1993年，一对龙凤胎的降生，多少给他们带来些安慰。可仅过了一年多，丈夫在一次捕鱼时不幸失足溺水身亡，顷刻之间似乎天都要塌了。年方30岁的汪美红没有倒下，为了撑起这个破碎的家，她毅然拿起了扁担，当了齐云山上唯一的"挑山女"。孩子小，便将他们反锁在家里，用绳子绑在桌子孔中……她的第一挑，180斤，得9元钱。最多一挑，203斤。白天挑两次，有时晚上照着手电也要将散货挑上山……这艰苦的程度难以想象，就这样，一干就是17年。好在三个孩子也很争气，大儿子学会了按摩。2011年，双胞胎的姐弟也考入了大学。

上山路上，我满脑子想的都是汪美红的艰难，沿途的风景却忘了欣赏、拍摄。望着她渐行渐远的背影，我对她是既敬佩又有点心情沉重，不由得陷入了沉思，想到前面这一串数字，甚感震撼和心疼。说徽州女人能吃苦耐劳，但也不能这么干呀！难道就没有其他办法吗？看来，在十多年前、二十年前，我们的扶贫帮困和社会关爱援助体系还不够健全，没有像今天那样引起全社会的关注和支持。

不一会，我们来到了"一天门"前的"挑山女茶馆"，我细细观看着茶馆内板壁上的几帧照片。2014年，休宁县及齐云山旅游开发公司考虑到汪美红已年过50，不能再干"挑山"这样的重活了，便在此处盖了这间20多平方米的茶室，让汪美红来经营。出于对汪美红的敬佩和尊重，我们一行20多人原定在山上月华街用午餐，有团友提议午餐下山去用，也不再上山，就在这喝茶了。

  一晃快三年了，汪美红，您的身体可好？小茶室经营得还好吗？小儿子、女儿也毕业工作了吧，孩子对你孝顺吗？在此，遥祝汪美红，后半辈子安康顺利。

2018 年 2 月

许国石坊的断想

30年前，游黄山归来的回程路上，顺道去歙县仰视了"国保"许国大学士石坊。对这四面坊的印象特深，似乎还记得是在一条小街的路口，人来人往的，两边的建筑离石坊很近，显得逼仄，连选个角度拍张石坊的全景照都有难度。歙县被称为"保存完好的四大古城之一"，今年国庆前夕，我又自驾去了歙县。

当我又一次站在这石坊前时，感觉四周经改造已拓宽了许多，石坊跨街而立，更显得气势恢宏。在徽州，现存的石牌坊有百座之多。看过不少的石牌坊，大多是一字形四柱，也就是在层高上、题额上可看出它的级别高低。唯独这许国大学士石坊与众不同，全国仅此一例。它是一座八柱（也称"八脚"）冲天柱式、四面三楼，平面呈"口"字形的石牌坊。

这石坊，气势不凡，雄伟壮观，造型丰满，结构稳定。是仿木构造建筑，石料全部采用质地坚硬的浙江青色茶回石，梁枋、拦板、斗拱、雀替均重达四五吨，那八根石柱就更重了。建这么一座庞大的石坊，从选石料、凿石取料、卸石运输、凿平打磨到雕刻、题额、堆土、竖石柱、架石梁、安石栏……在没有先进的机械工具下，单靠人力来完成是何等不易呀。

它的独到之处在于靠背石的巧妙设计，以8只倒爬石狮子为靠背石，用于支撑石柱，不仅增加了狮子与柱子的接触面积，使石坊更加稳固，同时也起到了装饰作用。石坊的四面内外，雕刻也非常精美，每幅图案均含寓意，大多是在为许国先生歌功颂德，很是张扬。石坊上的题字都出自明代华亭人、大书画家董其昌之手，为台阁体、擘窠体。清代歙县名人吴梅颠曾有"八脚牌楼学士坊，题额自爱董其昌"的诗句，可见董其昌其字的分量。

石坊建于明万历十二年（1584），经历了400多年的风风雨雨，岿然屹立，是徽州石牌坊建造和石刻工艺的杰出代表，堪称典范。也给后人留下了珍贵的历史文化瑰宝。

石坊为功德坊，其主人许国（1527—1596）是歙县人，明代嘉靖、隆庆、万历的"三朝元老"，曾为两朝皇帝讲授学文，可谓"帝师"。万历帝曾亲赐"责难陈善"四字而受宠遇。许国先生在万历十二年（1584）平息云南边乱中立下大功，受到了"加恩眷酬"，晋少保，封武英殿大学士，成了仅次于首辅的辅臣。

传说，皇帝特赐许国四个月的假期回乡造牌坊光宗耀祖。而许国为了体现自己的功德威望和与众不同，竟冒着"犯上"的风险，建了这座八柱四面石坊。按当时规定，臣宦是不允许建造这"八脚"式石坊的。他故意拖延了几个月，才回朝复命。由于超假，许国上朝时跪地不语。皇上疑惑，责问道："阁老，朕准卿四月之假回乡造坊，为何延为八月？依朕看，建坊这么久，不要说是四脚，就是八脚也早就造好了。"许国听了，顿时高呼万岁，奏道："谢皇上恩准，臣建的正是八脚牌楼。"皇帝听了哭笑不得，金口玉言，也只能默认了。就这样，这八脚牌楼也"合法化"了，成了"下不为例"的全国唯一。

史料上曾记载：许国先生性情耿直、脾气暴躁、说话直率、为人低调、清正廉洁。1570年左右，朝廷派他作为特使到朝鲜，着一品服，当时凡派去的官员都有索要财物获取重礼的行为，唯独他不受。"馈遗一无所受，朝鲜勒碑以颂"，可见其清廉。然而在他功成名就、荣归故里之时，一向"低调"的许国怎会有如此高调，建这八柱四面坊？我顿感疑惑。

2018年10月

赋春的源头古村

两年前的国庆节，我们从江西景德镇驾车前往皖南。进入婺源境后，看到路边竖有多块"赋春源头古村"的广告牌。赋春镇，我是知道的，它位于婺源的西境，与浮梁县交界，有名的景区有严田古村和鸳鸯湖。以前游婺源，游览了清华镇的彩虹廊桥后，特地绕道去了严田古村。因赋春镇在婺源县城以西有40多千米，时间紧，故未再西行。也因"赋春"这名字好听，我思量是那里的人有赋诗咏春的习惯吧，还是那里山水景色美，适合赋诗咏春？而记住了这名字。

源头古村却未曾听说，旅游交通地图上也没标注和介绍。有道是"走过路过不要错过"，也出于对古村落的偏爱，我们便从赋春匝口下了高速，只奔源头古村。穿过赋春镇区，沿途的路边，挂着一块块仿古的牌子，上书某某人在某个朝代获进士位等，足足有二三十块。看来在古时，这赋春的"耕读人家"勤读考科之风很浓很有成绩呀。

源头古村是个自然小村，难怪地图上没标注，但它是个AAA景区。进入后，正好有一团队，我便跟随着这团队"蹭"讲解。入村的路是沿着一条名叫养生河一路向上的，沿途有千年许愿树、烟雨亭等。还有一大片千年红豆杉林，也称相思树林。其中有一棵红豆杉树王，树龄有近两千年，直径达一米四，需几个人才能环抱。还有一棵竟然是主干分叉生长的，非常罕见。我很惊讶，这一片树林能保存至今，实属不易。是什么在起作用呢？

水口是婺源古村落的特色，河床上有坝，既蓄水又泄水。人可从石拱桥上过河，也可从坝上的汀步跨石而过。过了镇火池后，才算进入了古村的民居建筑群。粉墙黛瓦、小窗洞、马头墙、天井回廊、美人靠，尽显徽派建筑样式。养生河上有古时遗存的石桥，礼仁桥、平安桥等。荣坤桥是座小廊桥，我从荣坤桥上过后，并没有继续钻入老民居里，而是沿河向上走，这里已是另外一片天地。过了名为"吟溪"的歇息亭，边上有一幢两层的木板房，挂着"尚书房"的招牌，似乎是幢民宿。屋前有一块小停车场，水泥路通向村外。对面还有个三连体的廊亭，中间高两边低，古色古香的。一边通向农家食府，一边通向茶楼和客栈。我沿着河边漫步，经过窥月茶楼、润富楼、烧烤区、摄影展厅等。看上去，这里已是古村新辟的旅游休闲度假之地了。

　　再沿着龙泉溪谷向上，经枕溪亭、诗月亭，最后来到了一幢名为"探源书屋"的房屋。看到此景，不由得想到了朱熹那句"问渠那得清如许，为有源头活水来"的美诗，这溪河与书屋似乎是在不经意间将这美诗诠释了。

　　折返后往回走，来到了山腰上一观景台，整个源头古村尽收眼底。这小山村三面环山，这山或是郁郁葱葱，或是层层梯田。一条溪水从大山里流出，在此呈"S"形状，村子就坐落在这"S"形两边，房屋临水而建，村子宁静安谧。据《吴氏宗谱》记载，明洪武年间，休宁查山人吴伏阳云游四方，就是看上这里的山清水秀、植被茂盛和土地肥沃，便举家迁居于此，迄今已有六百多年历史了。

　　我对照着观景台上的景区示意图，感觉这源头村已形成了生态区、古村落和休闲度假区，"三位一体"了。脑海中不由得跳出"源头活水"、"生态美丽"、"耕读人家"、"古朴安静"、"休闲度假"这些字眼。也许，这就是小山村成熟的"卖点"吧。

2020年1月

台儿庄的韵味

一部电影《血战台儿庄》让人们知道了地处鲁南的台儿庄，了解了这部体现中华民族"扬威不屈之地"的抗战史。

我们一行先后考察了 AAAA 级景区冠世榴园和青檀寺景区、台儿庄古城和铁道游击队纪念园、滕州 AAAA 级微山湖湿地公园和盈泰温泉度假村、AAAA 级抱犊崮国家森林公园和 AAA 级熊耳山国家地质公园，而我却更留恋古城台儿庄。是它那深厚的文化底蕴味深深地吸引了我。

水韵。千年京杭大运河由北向南，借道微山湖后，便折向东流，百千米的西东走向，形成一个大弯道，到了台儿庄后又折向南。台儿庄位于京杭大运河的中间节点，是京杭大运河上唯一一座古码头、古驳岸等人工遗存完整的运河古城。城内留存有 3 千米的明清时期古运河，完整地保存着 1.5 千米长的古驳岸，13 个古码头，还有古船闸、纤夫村，被世界运河专家称为"活着的运河"。历史上的台儿庄地势低洼，是洪水走廊，老百姓筑台而屋、随"汪"（池塘）而居。城区内分布着 18 个大小不一的"汪"，明沟暗渠把这些"汪"穿起来，与古运河相连，形成纵横交错的水网。"汪渠相连，筑台而居，水巷纵横，以船代步。"台儿庄拥有 7 千米的古水街小巷，可以舟楫摇曳，游遍全城。那天，我们在参观了位于运河南岸的"台儿庄大战纪念馆"后，沿着运河向古城走去。一路上，看到的是水绕古城，城依古水，小桥流水的景观风貌。河边的鲁南民居，显示了"门前车马响，屋后闻橹声"的水城韵味，向我们展示了大气而古老的"江北水乡"文化。

古韵。台儿庄，形成于汉，发展于元，繁荣于明清。据《峄县志》记载："台（儿）庄跨漕渠，当南北孔道，商旅所萃，居民饶给，村镇之大,甲于一邑,被乾隆称'天下第一庄'",呈现出"商贾迤逦,一河渔火,歌声十里,夜不罢市"的繁荣景象。城内至今仍完整地保存有古民居、古街巷、古商铺等建筑群。有的建筑修旧如旧,灰墙黛瓦,马头出墙,古色古香的楼道,漆黑乌亮的门窗,无不显现着旧日的韵味。

文韵。台儿庄是一座南北文化交融、中西文化合璧于一城的文化名城,城内的大战文化、运河文化、鲁南民俗文化、票号文化等博物馆,极具人文魅力。不能不提的是,作为世界著名的"二战"城市,台儿庄有53处战争遗迹被保存了下来。台儿庄现存有北方大院、鲁南民居、徽派建筑、宗教建筑、闽南建筑、欧式建筑、岭南建筑等八种建筑,荟萃了五大主要宗教以及文昌阁、关帝庙、妈祖庙等72座庙宇,处处彰显出这座古城独有的文化魅力。

游韵。当我们从西大门进入古城台城旧志景区时,看到的是一幅充满旅游文化的立体画卷。河边有"观景轩",广场四周分布着"参将署"、大石坊、铭文碑亭和照壁。经过水门内的西门码头,是一座拐角楼,登上楼后的广源桥,可见广源河两边重楼迭院、画梁翘角、红灯摇曳、游船漂移。下得桥后,是一幢具有鲁南风格的民居客栈——万福驿站,进入驿站,只见玄关处是上百只瓦罐层层叠叠,瓦罐中种垂着花卉,不大的庭院开满黄色的鲜花,煞是好看。院内布置得很精致,美观、温馨。我想,以后有机会也来住一宿,体验一下也是个不错的选择。隔壁的晋派建筑"扶风堂"、"天水堂"为特色高星级客栈,徽派建筑"久和客栈"和鲁南、闽南民居错落有致。大石坊内大衙门街两边一字排开的是客栈、餐馆、酒楼、商铺、谢裕大茶行、日升昌记……漫步在古街小巷中,倚靠在运河边,会让人产生无限遐想。如果是坐在手摇橹的小船中,穿桥过道,移步换景,迎着拂面的秋风,听着岸边传来的"鲁南地方戏",那该多惬意啊!

2010年11月

沂蒙深处

对山东沂蒙山区的了解,以前仅知道孟良崮战役和红嫂,是革命老根据地,还有那两首唱红大江南北的《沂蒙山小调》和《沂蒙颂》,其他的就不甚了解了。

记得两年前有人介绍说山东临沂的旅游资源不错,近日沂水县来我区推介旅游,才知沂蒙山区还有好多可看可玩的景点。仅沂水县就有十多个 A 级景区,其中 AAAA 级就有 6 处。"百闻不如一见",为了开辟新的旅游线路,我同区旅行社一行十余人去了沂水踩线。

一出临沂机场,沂蒙山已清晰在望。从沂蒙山流下来的沂河水经过百千米的畅流在此穿城而过,河面宽阔、水流平缓。

我们先直奔位于蒙阴县垛庄镇的孟良崮战役遗址纪念馆。在讲解员的娓娓道来下,我们边听边看,对孟良崮战役又有了新的了解。对陈毅、粟裕将军的英勇善战,捕捉一瞬间的战机全歼王牌 74 师,使战局发生逆转佩服至极。对"红嫂"不仅是一个人而是一个"群体"有了新的认识。陪同人员说,他们的爷爷辈在当时是家家有人参加解放军,户户都有人卸下门板组成单架队支援前线。所以"孟良崮战役是沂蒙人民用小车推出来的",这种军民融为一体、共产党依靠广大人民的革命传统,就是当今在思想建设中热烈讨论的"沂蒙精神"的生动表述。

离开纪念馆后,我们驱车向沂蒙山深处的沂水县而去。在三天的考察中,先后考察了 7 个 AAAA 级、2 个 AAA 级景区,深感不虚此行。

位于沂水县南院东头镇的 AAAA 级景区——"天然地下画廊"为喀斯特地貌溶洞。洞内钟乳遍布、石笋林立,在五彩灯光照射下,168 处经典景观栩栩如生，自然天成。溶洞的后段是利用暗河改造成的漂流项目。我们两人一组坐在皮筏舟上，经过1200米弯曲起伏的惊险漂流，才出得洞来。在该镇另一处AAAA级景区——"地下荧光湖"溶洞里，我们坐在船上，在漆黑一片的暗河中慢慢前进，抬头去寻找那萤火虫发出微弱的星星点点，也别有一番情趣。在城西南的AAAA级景区——"山东地下大峡谷"中，溶洞中有巨大的喀斯特裂隙，形成的"峡谷"深达近百米，两壁如削，气势雄伟景观壮丽；洞内地下暗河漫长而曲折，水量充沛，四季长流，在我国北方溶洞内实属罕见。景区利用暗河水势开发的千米漂流项目，被上海大世界基尼斯纪录总部认证为"中国最长的溶洞漂流"项目。由于有了前二次的体验，这次漂流也就不感到惊险了。之外，我们还参观了AAAA级景区——"雪山彩虹谷"和工农业旅游示范点、AAA级景区"蒙山龙雾茶博园"、"沂蒙山酒文化园"和AAAA级景区"天上王城"，还驱车80多千米来到潍坊市境内的AAAA级景区——"沂山国家森林公园"考察，观东镇庙安王殿、游玉皇阁、风动石，远眺狮子崮和歪头崮，各有特色和看点。

沂水县院东头镇的"恬然居"沂蒙风情度假村，是我们在沂蒙深处用第一顿午餐的地方，很有特色。一盘长有十足的全蝎，据说只有沂蒙有，其他地方的蝎子只有八足。还有红烧兔子头、沂蒙全羊汤、沂水木柴鸡、沂蒙小豆沫、泉庄豆酱皮、沂水煎饼、百合、板栗、生姜丝等，山区风味十足。在主人热情的款待下，大家吃得很多，也很开心，新奇布满了面容。在海拔千米的沂山顶上，我们还吃了一餐以山上的许多种不知名的野菜为特色的午餐，让我们齿颊留香。

在沂水，除了"吃"有风味，"住"也很舒适、温馨。第一晚住在按五星标准建造的沂水开元龙冈大酒店，这是一家建在城区沂水边上的景观酒店，临窗而望，沂水在脚下缓缓流过，整个城市尽收眼底。第二夜，住在城南环路的东方瑞海温泉度假村，这也是个AAAA景区。一天奔波下来，晚上泡个温泉，那是多么惬意呀。

同样"购"也出乎我的意料，我原想，旅行社的老总们走的地方多，见识也广，也就不太会"激动"的，一般不会轻易出手购物。没想到这些人进入一家土特产专卖店后会买那么多的东西，大包小包的，什么黄豆酱、大百合、大红枣、核桃、煎饼等，样样都要。

第三天上午，我们还受邀参加了当地的"桃花节"开幕式。一路上，只见老百姓热情高涨，大伙儿成群结伴，像过年走亲访友似的赶往现场，参与活动的场面很是热烈。让我们也感受到了这是"老百姓自己的节日"。

2013 年 5 月

纪王崮

如果说沂蒙山的喀斯特地貌溶洞和地下暗河是北方少有的，那么"崮群地貌"则是沂蒙山特有的一种地貌形态。如果说连绵的八百里沂蒙是一幅壮丽的画卷，那么兀立其中的沂蒙七十二崮无疑就是这幅画卷中最具代表性的风景。"崮群地貌"是继"丹霞地貌""张家界地貌""嶂石岩地貌""喀斯特地貌"之后的我国第五大岩石地貌类型，被誉为"地之神秀，山之骄子"。

那日车行在沂蒙山区，看沂蒙山的山峰呈一个个"崮"，而"崮"就像个锅盖的"提钮"，很突兀地竖在三角形的山体顶端上，它的四周，是悬崖峭壁。这就是大自然造地运动留给山东的特色。

"纪王崮"是沂蒙山AAAA级景区——"天上王城"的核心部分。它是沂蒙山最大的崮，也是唯一有人居住的崮。

纪王崮上建有"天上王城"，这城有它的历史渊源。按《春秋》和《沂水县志》记载推测，这里就是2700多年前纪王迁都所到之处。公元前690年的春秋时期，被周武王分封的诸侯国纪国，建都于今寿光市境内。纪国国君纪哀侯迫于当时西邻齐国的强势，为避其锋芒，养精蓄锐，以图东山再起，便率领部分臣民来到这座险峻陡峭、绝壁万仞的地方，建立了纪国的第二座都城。2012年，沂蒙山景区拟在崮顶西侧建滑道，无意中发现了春秋古墓，出土了巨型铜鼎、铜剑、车马坑、编钟等众多遗迹和文物，央视连续5天直播了这一情况。由此，春秋时期纪、齐、鲁、莒四国更多不为人知的历史故事，引起了国内考古界广泛的关注。

乘王城索道我们来到了悬崖峭壁下的崮底。一个人工搭建的108级台阶沿着峭壁把我们引上了海拔577米的崮顶。站在崮顶，远眺连绵不断的沂蒙崮群，七十二个崮形态各异，竞相争雄，崮、山、坪、岭、石、树、路交相辉映，风光大美。

我问陪同人员，崮上人的粮食和水怎么解决的？他说，崮上有泉眼，可蓄水、种田。登上崮顶，占地约4平方千米的崮顶呈平面马蹄形状，一座"天池"和一块块田地赫然其中……

在崮顶，我们观看了大型马战特技表演——王城保卫战。表演展现了两千多年前两军交战的恢宏场景。然后参观了纪王宫、擂台、御岛园等等，并在一个名叫"望崮居"的可容纳500人的圆形建筑内用餐。后又参观了春秋古墓遗址和崮西侧悬崖上的一个名为"崮顶人家"的村落，它完整地保存了沂蒙山区特有的石头院落和民间风俗，游客可以体验打铁、织布、酿酒、手下煎饼、驴拉磨的过程。在崮的北端有民俗文化展示区和传说中纪王的烽火台、跑马场等。崮的中段建有祭元台，是大型祭天节目《祭天盟誓》实景再现的地方。崮的后侧，有一个长为200多米的山洞横穿至崮西侧，传说是当年纪王的藏兵洞，现已被改建成了国内最大的地下冰雕景观群。出了山洞，可看到挺拔矗立的古城门、千年遗存的古城墙、走马门、瞭望台等。沿着崖壁上的木栈道往下走，下面是上山的古道，上面是望而生畏的石壁峭崖，值得回味。

2013年5月

周村有味有魂

知道山东淄博地区有个叫周村的地方，那还是10年前在报上看到的。那年，周村举办了开埠100周年庆典活动，并作为旅游景区宣布对外开放。10年了，由于周村既不在济南、泰安和曲阜的传统游线上，也不在青岛、烟台和威海的老牌游线中，几次去山东都与周村擦肩而过。去年八月，终于如愿。

周村位于济（南）青（岛）线上，离济南仅90千米。历史上也是齐鲁文化的交汇处。在明嘉靖年间已有"周村店"的称谓，明末清初开始走向繁荣。康熙年间"趁墟者车马辐辏"，乾隆年间"周村烟火鳞次，泉贝充牣，居人名曰旱码头"。1750年，乾隆南巡时曾到过周村，并御封周村为"天下第一村"。1904年，周村被清政府批准为自开商埠后，商业更加繁荣，"日进斗金"。作为一个镇，却"驾乎省垣之上"，超过了济南府城。成为辐射鲁中、跨江（长江）越河（黄河）的著名商品集散地，被誉为"金周村"、"旱码头"。

周村吸引我的是它的古朴原味。

我们一行下车的地方是周村景区的北入口处，标志是一座古朴的、上书"大街"二字的牌坊，矗立在街口。穿过牌坊，一条石板路向前延伸，两边的青砖灰瓦建筑两层的多，或为前店后坊，或为下店上宿。鳞次栉比、错落有致。讲解员告诉我们：原来周村的商业街市有二十多条，现在保存下来的主要是三条街。南北向的大街、银子市街，东西向的丝市街位于两街之中，组成了古商城核心景区。三条街各长约800米。古街虽历经百年风雨，仍保持着古朴的明清原貌和历史本色。

周村吸引我的是它的商业文化。

我们漫步在充满北方商业文化气质的古老街道上,看到的是商幡招展,牌匾林立,仿佛穿越时空,感受到百年前商人们步履匆匆的身影,体会到当年"天下之货聚焉"的繁荣景象。大街上老店、老字号密集。大清邮局、英美烟草行、南洋兄弟烟草公司、仁德茶庄、漆店、瑞蚨祥丝绸店、谦祥益绸布庄、丁家煮锅、周村烧饼、馍馍酱铺、书画店、瓷器店、红木家具、竹木制品等。百年前,从这里走出了数十家的老字号,在全国独领风骚。与其他地方的古镇不同的是,这些百年老店还原汁原味的,至今还在经营着,每个老店都有它自己的故事。

古街上现有 15 处景点,均展示的是当地文化,有着深厚的底蕴。在三益堂印刷展馆,展示着蒲松龄先生的生平、著作与周村的渊源,他的第一本《聊斋志异》就是在这里印刷成书的。

在位于大街中段瑞蚨祥老字号旧址的丝绸展览馆里,能看到昔日的"八大祥"发展的经历和周村丝绸发展的史料,可了解到瑞蚨祥。美国零售业巨头沃尔玛公司创始人山姆·沃尔顿生前曾说:"我创立沃尔玛的最初灵感,来自中国的一家古老的商号。它的名字来源于传说中一种可以带来金钱的昆虫。我想,它大约是世界上最早的连锁经营企业。它做得很好,好极了!"这个昆虫就是"青蚨",就是瑞蚨祥,它的丝绸制作了新中国第一面五星红旗。

在民俗展览馆中,可看到周村独特的"扮玩"模型场景,我眼前仿佛出现了正月十五前后七天,各家字号门前张灯结彩,高跷、芯子、旱船等一家比一家精彩。花灯"上不见天,下不露地",夜晚,竞相比赛"打铁花",火树银花映红了天空,大街小巷人头攒动,只有五六万人的周村城一天涌进了十几万人。独特的"扮玩芯子",今已被列入国家"非遗"名录。在周村烧饼博物馆里除了史料介绍 1800 年来,如何由汉代的"胡饼"演变成今日的周村烧饼的过程,还可亲眼目睹整个制作过程,品尝它的"薄、香、酥、脆"。

在大街广场古树下，竖着一块上刻"还金处"的石头，流传着一个诚信做人的故事：赶集的商人在此捡到一个布袋，内有二百两银子，于是，他在此苦等了半天，将银子归还失主且不要酬金，自己却耽搁了做生意。第二天，失主就在此竖了这块石头以致谢。

位于银子市街的杨家大院和大染坊，由于它保存完好，成了多部电影和电视连续剧的天然外景拍摄地，张艺谋、巩俐、葛优的《活着》，还有《闯关东》《娘》《王尽美》《中国商人》《悬天涯事件》《谁为梦想买单》《黑白往事》和专为周村定制的《旱码头》都在这里开机。演艺广场位于大街南端，这里有戏台、茶楼和饭店，是游客小憩、赏戏的地方。一曲"非遗"的"五音戏"会把你带入百年前，让你感受到地方戏的魅力。

"今日无税"碑说的是清顺治年间的周村籍刑部尚书李化熙辞官回乡时，皇帝赐他一道手谕，免除周村一日的税款，为"一日无税"。后得"泰山老奶奶"的暗示，便将"一"字改成"今"字，成了"今日无税"，刻在石碑上，竖立在街市中心位置。于是，周村由原交税的"官集"变为不交税的"义集"。周村的兴旺，李化熙这个人是不得不说的。"每岁代为纳，豪棍敛迹，不得横行"，优化了周村的经济环境，使周村具有良好的经商环境和基础，他的作用功不可没。

还有英美烟草公司展馆、状元府、李振声院士馆、票号展览馆、魁星阁、淄博艺术博物馆等无不彰显出周村独特的韵味，被专家称为"中国活着的古商业街市博物馆群"。

今日的周村，不仅是它的古朴原味——有味，更在于它所蕴含的文化——有魂。

2015年2月

永定客家土楼——振成楼

2009 年 11 月下旬，我们从厦门出发，驱车一路向西，150 多千米的路程，横穿整个漳州地区，耗时 3 小时，为了去看看龙岩东南永定的客家土楼。

一路上，我的心情还是蛮兴奋的，沉浸在对客家土楼的向往之中。1986 年 4 月至 1991 年 4 月的 5 年中，邮电部分 4 期印发了《民居》普通邮票 21 枚，以全国各地的代表性民居为底本。这些民居各色各样，各具特色。而其中的圆形民居建筑只有 2 种，即内蒙民居和福建民居。这两种民居虽为圆形，但在建筑材质、规模、结构、功能、层高、工艺、坚固耐用、居住人数等方面大相径庭。我以为，福建民居似乎更具有神秘色彩。

在车上，我无暇顾及公路两边的风景，还是在想着福建民居的事。福建民居，有闽地沿海土著人追求飞檐翘角的建筑样式，而更有特色、更有代表性的就是客家土楼。

说到客家土楼，先要搞清楚"客家"是怎么回事？学术界普遍认为，客家是从中原南迁的汉人，这些汉人祖居于黄河流域，因不堪边陲游骑部族的长期侵扰，从西晋到明清，一批批由中原辗转迁徙到长江以南地区居住。进而不断南下，往各地分散迁徙，形成客家散布于世界上许多地区的局面。今全球客家人约有一亿两千万左右。

他们每到一个地方都是以客人的身份出现。"客"即为"寄"也，"客"字由"宝盖头"和"各"字构成。"宝盖头"为"交覆深屋也"；"各"有"行而止"的意思，久而久之，就有了"客家人"的称谓。在国内，大多的客家人集中居住在闽、赣、粤地区的大山丘陵地带，如福建龙岩的长汀、武平、上杭、永定和漳州的南靖等地。为了安全起见，他们的居住样式是以土楼为标志，有方形、圆形的，还有五角楼、八角楼、五凤楼、纱帽楼、吊脚楼等30多种。而永定的客家土楼又以建筑时间早、规模大、数量多著称。其结构更巧、内涵更加丰富。现存有土楼有2.3万多座，三层以上的大型土楼有近5000座，其中圆形土楼，现存的就有360多座。

车过南靖，知道南靖也有不少客家土楼，我们并没有在此停顿，继续沿着309省道向龙岩永定的湖坑镇方向驶去。一路上，看到当地的农民将许多摘下的柿子放在硕大的竹匾上晒太阳，然后加工成柿饼，这也是当地除了甘蔗、龙眼、香蕉、烟草、茶叶以外的又一项副业吧。

到了湖坑镇，我们便去了洪坑村，参观被称为"土楼王子"的振成楼。该楼建于1912年，历时5年建成，占地5000平方米。眼前的振成楼前面是一片开阔地，视野较宽，整个土楼外形尽入眼帘。土楼呈圆形，体量很大，东西宽有80多米，高有10多米，分为4层，在3层4层处开有小窗。屋顶的大屋檐向外挑出墙体有约3米，在阳光的照射下，4楼的窗洞都躲进了大屋檐下的阴影里了，遇到下雨，雨水从檐口落下，就淋不到墙体了。墙体以黄生土夯成，厚达1.5米。墙基为石砌，厚达3米。自下而上厚度收缩到一米左右。外有水沟，便于泄水。我用手抚摸土墙，感觉很硬，很结实。圆形土楼的功能有"避煞"、防盗、防兽、防火、生活、防卫等。就防卫而言，客家人与当地土著人混居一起，摩擦冲突、火拼争斗在所难免。而高大厚实的土墙犹如铁桶般坚硬，且一二楼均不开窗，难以被攻破。圆形土楼相比方形土楼要好，视野广阔，无防守盲区的"死角"，像个堡垒，便于集体防御。

进入土楼内，只见土楼为悬山顶抬梁式构架，木瓦结构。楼内还有一圈两层的建筑，为二环形圆楼，砖木结构。土楼外圈高，内圈低，可能是考虑到外圈一二楼外侧均无窗，仅靠内侧来采光、通风的缘故。这土楼是楼内有楼，环环相套。整个土楼外圈有一二百间房，居住着同族的几百号人。一层是厨房和餐厅，二层是仓库，三、四层是卧室。每层的内侧为流线型的围廊。内圈两层有30个房间。二层廊道有精致的铸铁花格栏杆。土楼内楼的祖堂正对着大门，气势非凡，像一个舞台，台前立有四根高近7米的大石柱。土楼圆心为小广场，是楼内几百号人婚、丧、喜、庆的公共场所。土楼内还有水井、浴室、磨房等设施。振成楼以富丽堂皇而著称，该楼内洋外土，雕刻彩绘技艺精湛，楹联篆刻意味深长，堪称中西合璧的建筑奇葩。

我边看边寻思着，同族人同居一座楼，就像是个大家庭，这样的环境也会影响到人的行为规范，遵守族训，这也是一种制约。对外，共同防御，对内，和睦相处。家族才会不断壮大，这也是客家人的传统美德。

1985年，振成楼与北京天坛、雍和宫的建筑模型作为中国南北圆形建筑代表，参加了美国洛杉矶举行的世界建筑展览会，引起了轰动，被誉为"东方建筑明珠"。2001年6月，振成楼被公布为全国重点文物保护单位，也是世界文化遗产。

走出振成楼，只见有人在兜售以振成楼为背景的拍照留念，并将照片嵌入一折页中。照片两边写着："瞬间的精彩　永远的回忆"。上面是"忍不住回头望，不如带在身上——快乐土楼之旅留念"。这折页中有多个土楼照片的介绍，如对"圆楼之王"承启楼是这样描写的："高四层，楼四圈　上上下下，四百间　圆中圆，圈套圈　圈地八亩，四环同心　历经沧桑三百年"。蛮有意思的，我们几个也饶有兴趣地在此拍了一张合影照作为纪念。

2009年12月

厚重的建盏

到了马君在建阳的家，进客厅后首先映入眼帘的是案桌上、博古架上放着的许多"深色的碗"。这碗手感厚重，碗中有挂釉的不规则结晶，也有布满斑纹或细丝状的，这就是建盏。不是亲眼所见、亲手触摸，还真不知建盏是这样的。之前，曾听马君多次说起过建窑和建盏的事，他曾请人在废弃的古建窑中收集了几麻袋建盏碎片，还高薪聘请专业烧窑师傅用传统工艺方法烧制了建盏，由他的"六通社"专营。

晚餐时，我们每人前面都有一只建盏用于盛菜。马君边招呼我们吃边介绍说：建窑是宋代八大名瓷窑之一，建窑烧制出的碗杯称为"建盏"，它以黑釉瓷器为代表，以厚重保温，挂釉有斑纹为特色，已有千余年的历史。在宋代，人们好饮茶，由此也兴起了"斗茶"。"斗茶"需有盛器，建盏被誉为最好的。建窑黑釉属于含铁量高的石灰釉，黏性强，其特点就是在高温中容易流动。所以，会有挂釉现象。它的胎骨厚实坚硬，叩之有金属声，俗称"铁胎"。手感厚重，胎内蕴含细小气孔，利于茶汤的保温，适合斗茶的需求。当时据说都是皇室御用茶具，只有皇室贵族才用得起，也是高贵的象征。传世并藏于日本的四只国宝级建盏"曜变天目"是饮誉世界的珍宝。因产地为宋建州府建安县（今建阳市）而称为建盏。可惜到了元末时，建窑逐渐淡出了人们的视线。20世纪30年代，被美国人、日本人发现，并被仿制，才引起人们的重视。古建盏在北京、上海、台湾和日本、美国的博物馆中均有样品收藏，而位于建阳水吉村的古建窑址也得到了保护，并作为旅游景区对外开放。但在建阳，还有许多古窑址有待发掘保护。好在建盏还在烧制，有传统的柴烧和现代的电气烧，只是在规划、规模和宣传上还较弱。

听了他的介绍，手捧着建盏，我心难以平静。之前，我在云南建水，也见识过宋代四大名陶之一的建水紫陶，也是民族传统工艺的奇葩。然而为何很多人不知？为何"墙内开花墙外香"呢？如果元代不……假如明清时……可是，历史没有如果，现实也没有假如，只有去传承，去弘扬光大。

那天临走时，马君给我们每人备了一对建盏作纪念品，盒上写着"国家非物质文化遗产"。回来后上网一查，才知建盏常见的有油滴、兔毫和鹧鸪斑等不同釉面风格。烧制建盏难度较大，除了12道工序和配方外，花纹和颜色是不可控的，温度和时间的掌握决定了釉面的厚薄和建盏成形的效果，还会发生"窑变"。所以，它的成品率不高。我又托他买了一对兔毫盏，盏内为丝状呈放射状斑纹。宋徽宗在《大观茶论》中提到："盏色贵青黑，玉毫条达者为上。"因建盏与我们常见的白瓷、青花瓷、紫砂不同，显得很特别，我很是喜爱。我曾做了个小试验，拿出4只体量差不多的瓷器，在建盏、龙泉瓷、越瓷和日本瓷茶盅内分别注入100毫升的沸水，五分钟后测其水温，的确是建盏保温最佳。

建盏，不仅是体形厚重，还有它的历史厚重与文化厚重。

2016 年 2 月

四、游京、津、吉、黑、蒙、青、甘、新、晋、豫、湘

京张铁路·周口店·卢沟桥

每当看到由我国自行设计和建造的第一条铁路———京张（北京至张家口）铁路的介绍时，我就会想起30年前去北京旅游时一次改坐车的经历。

清楚地记得是在1993年的7月，我们一行十余人去北京旅游。对我来说，也是第一次去北京。在游览了北京城内诸多名胜后，计划次日去八达岭长城和居庸关。我问导游，是坐中巴车去，还是坐火车去？导游说是坐中巴车去。我问能否改坐火车去？导游说可以的。于是，我们决定坐火车去。我提这建议，就是想去看看京张铁路修筑的艰难。当年，清政府决定要修建京张铁路，李鸿章特请了欧美4位洋专家，他们实地考察后都摇头说不行，还说了句"建造这样的铁路的人还没生出来了"。可詹天佑并不信这理，说我们自己来设计。我很想去体验一下詹天佑设计的那个"人"字形的爬坡铁路。

我们在北京南站上车后，经丰台站、石景山站等一路向西北，进入了燕山山脉。由于山地坡陡，列车需配两台机车头，一台在前拉，一台在后推，才能向上。列车在崇山峻岭中行驶，钻隧道，过桥梁，两边都是怪石嶙峋，草木皆无。这时，列车播音员在介绍这段铁路及詹天佑设计的"人"字形铁轨时，眼前便出现了一条铁轨从斜坡处向下伸来，在向我们的列车靠拢，这是条爬坡岔道。可火车是不可能像盘山公路上行驶的汽车那样，来个180度的转弯。只能继续往前行驶进入隧道，到了青龙桥站后便停下了。然后是倒着开，原先在后推的机车头改成在前面拉，原先在前面拉的机车头改成在后面推。驶上了刚才已看见的那条上坡岔道，这就是举世瞩目的"人"字形铁轨设计。这样，列车便到了居庸关站。我们游完长城居庸关后，仍坐列车回北京城，又体验了一次这"人"字形的铁路设计。回程中，我还在回味着这设计，心情也格外舒畅。京张铁路开通于 1909 年，巧的是与沪杭铁路为同一年。

接下来的一天，安排的是自由活动。有的想去香山，有的想去王府井。我们几个商量了一下，感觉来一次也不容易，还是多看看。于是，我们选择了去西郊的卢沟桥和周口店。我们坐列车经过长辛店时，虽看不到什么，但知道这里有北京的机车厂。1923 年，曾在这里举行过由中国共产党领导的京汉铁路"二·七"工人大罢工，现建有长辛店"二·七"纪念馆。

列车到了周口店，我们便在车站对面龙骨山上找到了 70 万年前北京人居住的遗址地，在一片山林中转悠了一圈后，便来到了遗址展览馆，观看了许多挖掘出来的遗物、摄影图片和古人类直立行走进化的演示片。这样，可以自豪地说，我曾寻根到此，也"身临其境"了。

我们又乘公交车来到了永定河上的卢沟桥。正值夏季，雨水少，河床上尽是裸露的石块，似乎没啥水流。卢沟桥，始建于金大定二十九年（1189），金明昌三年（1192）建成，至今已有 800 多年的历史。卢沟桥很壮观，桥全长 266.5 米，宽 9.3 米，高 7.5 米，为 11 孔连拱桥。桥面全部用天然花岗石铺成，经 800 年来车轮子的碾压，桥面上已有了凹下的车痕。桥身两侧石雕护栏上有数不清的大小石狮子，其形态各异、活灵活现。著名的老北京"燕京八景"之一的"卢沟晓月"就是指这里的夜景。卢沟桥西接长辛店，东连宛平古城，为古时的交通要道。1937 年 7 月 7 日，在此爆发了震惊中外的"七七事变"。现建有抗战纪念馆和雕塑园，是爱国主义教育的重要基地。

这三处地方，一般去北京旅游，都不在常规的线路之内。其实，它很有意义，特别是对研学旅游。

2024 年 8 月 1 日

"先有天后宫，后有天津卫"

2001年5月，松江方塔园内的天妃宫，由区政府出资对整个屋顶、戗角等进行了大修。完工后，区委领导要求天妃宫不能仅用于茶室，要增加其文化内涵。这就引出了恢复妈祖像的事。为此，我们先后去拜访了宁波的庆安会馆和福建湄洲岛妈祖祖庙董事会。董事长林金榜先生在接待我们之后，建议我们去天津天后宫看看，对一些问题的解决必有收获。

于是，2002年7月，我们一行4人去了天津天后宫拜访和考察。

在这之前就已听说过天津天后宫，是我国北方现存的一座历史悠久且规模较大的妈祖庙，在天津城市发展中曾流传着"先有天后宫，后有天津卫"这一说。这天上午，接待我们的是天津民俗博物馆的尚洁副馆长。我们在山门口见面后，尚馆长便先领着我们就地参观。她指着东侧的河道说："这是海河。天津民俗博物馆，也称天后宫，它位于海河三岔口西岸，坐西面东，山门正对着海河，是便于船民祭祀感恩与祈求平安。以前漕运时海河三岔口是海漕运的终点，也是河漕运的起点。海船上的货物在此转运到河船上，而河船上的货物在此转运到海船上，或就地买卖，是个重要的节点。这里自元代就已有天后宫，天后宫在北方大多称'娘娘庙'。这样，这三岔口西岸也就繁荣热闹起来了。这戏楼斜对着山门。这山门前，是搞祭祀活动的广场，也是看戏的场地和'皇会'的出发地。"然后，她指着山门前高高竖起的两根足足有25米高的幡杆说："两根幡杆的作用，起先有挂灯起着航标灯的作用，后来是用于进香日及庙会期间专作挂天后封号用的。"

随后，我们跟随尚馆长进入了山门，山门为砖木结构，九脊歇山青瓦顶。有三门，中为半圆形拱门，两旁为长方形便门。门额是整砖刻有"敕建天后宫"五字。进得山门，内有高大的木结构牌楼，两柱一楼式，画梁雕栋，很有气派。左右两侧为钟、鼓楼。向里走，是前殿，名王灵殿，供奉护法神王灵官和人称"四大金刚"的"千里眼"、"顺风耳"、"加恶（即青龙）"、"加善（即白虎）"。再里面是正殿。正殿为敬奉天后娘娘（妈祖）之所。天后娘娘中居神龛，两边各有两位侍女。后还有藏经阁，最后是启圣祠，原为祭祀天后父母之殿，后为存放皇会时天后娘娘所乘宝辇的处所。而两边的左右厢房为天津民俗文化的展厅，共有四个。可看出，这是在原来的天后宫基础上增加的新内容，故称"天津民俗博物馆（天后宫）"。我似乎突然明白了林金榜董事长的用意。在天津，妈祖文化定为民俗文化，属文化部门管辖。

这时，有一位中年男子匆匆走过，尚馆长马上叫住了他，原来是蔡长奎馆长，相互介绍后，他说，抱歉，现还有点事要办，晚上一起吃个饭吧。下午与尚馆长约好午休后再一起座谈。因初次来天津，一切都是新鲜的。午餐后，我们也不休息，冒着炎热，便去了海河的三岔口边看看。到了三岔口，只见河面开阔，这河水在此分成了三股，向西流的叫"南运河"，通京杭大运河南段；向西北流的叫"子牙河"，通京杭大运河北段；向北流的叫"北运河"，也通京杭大运河北段。这三岔口，的确是个水运码头的热闹之地，风景也美。

我们从通北路古文化街北入口进，沿街慢慢向南闲逛，这天后宫就在街的南端。这古文化街上的店铺集中了天津的传统文化特色。天津十八街麻花、泥人张彩塑、杨柳青木版年画、风筝魏的风筝、古玩收藏、文房四宝、刻章字画、茶楼书店、古法印染、扇面手巾等等，布满了整条街。是个旅游休闲的商贸街区。

下午，我们在与尚馆长交流中得知，天津天后宫初建于元泰定三年

（1326）。而在明永乐二年（1404）才在此处设卫筑城。到了明弘治四年（1491），才设立天津道。至于建天津旧城，则更是后来的事了。故就有了"先有天后宫，后有天津卫"之说。

还有"皇会"，则是指300多年前天津每年例行的重要民俗活动，它以天津民间祭祀"天后圣母"诞辰所举行的盛大庆典活动为中心内容，既是规模庞大的迎神赛会，同时也是大规模的庙会，集丰富多彩的广场艺术与商品经贸活动于一体，不仅充分显示出天津群众对"天后圣母"的信仰、尊崇及爱戴，展示出传统文化的魅力，而且对天津的经济、文化及城市的发展产生过深远的影响，因此成为天津历史上值得一书的大事。

她还告诉我们，每年的天津文化旅游节中，都有天后宫的"皇会"版块，而且这几年还与台湾的"踩街"活动联手，每年都有千百人的台湾人来天津参加天后宫的"皇会"。表演他们的"踩街"巡游，成为天津文化旅游节中的一项主要活动。

晚餐，蔡馆长得知我们住在旅馆街，便在靠近旅馆街的食品街，安排了用餐的地方，大家相聚甚欢。这两条街和古文化街都是1985年旧城改造时建起来的，也是旧城改造的特色成果吧。

2002年8月

长白山的雾凇

在吉林延吉市区到长白山的旅行车上，导游一直在说着长白山上那变幻莫测、飘忽不定的雨雪天气，说我们极有可能会碰到因雨雪而封山封路，这在长白山是常有的事。那样，我们就上不了天池了。导游这话似乎是让我们有个心理准备。据说，观长白山雪景的最佳时间是每年的十一月到次年的三月份，我们这次长白山之行已是四月中旬，已错过了观赏雪景的最佳时间。这次来的目的主要是能上去看看中朝边境的天池，故还是抱着侥幸心理，希望能顺利到达，看到天池，满足心愿。

四月中旬的天气，在江南，已是万物复苏，春暖花开的时候了。可到了延边，路边的残雪还未化尽。在省道、县道公路上，残雪融化成了泥浆水，车轮碾过，溅起的泥浆水使得道路有些泥泞。旅游车在盘山公路上沿着前面车轮碾过的地方平稳行驶，车轮下的积雪可能已被护路工人清理过了。望着车窗外厚厚的雪景，真是白雪皑皑，银装素裹，好一派北国风光。

这雪是紧紧地贴在树叶和枝杈上，有的还贴在树的主干上，不肯化去，像是护着树，又像是在滋润着生灵，更像是累了，睡着似的。车厢里不时有人发出阵阵感叹。是呀，生在江南的我们，哪里见过这么厚的雪景呀。在冬季，江南的高山上也有雪，也有挂冰，但与北方的雪比起来，那就是"小巫见大巫"了。虽已近中午时分，山里还是雾蒙蒙的一片。这时，有阳光穿过云层照射下来，只听到车上有人喊道"雾凇"！大家纷纷向外望去，又激动，又兴奋，高兴得不得了。

我还没在冬季里去过东北，也没见过"雾凇"是啥样子的，我曾在邮电部发行的《吉林雾凇》的特种邮票上，看到过雾凇，可邮票小，也看不清楚。后来也看到过雾凇的图片和介绍，景色十分优美，但实景却还没见过。这次能身临其境，心情是很愉悦的。

　　司机看我们这么高兴，便在路边停车了，让我们去雪地里走走，去拍照，去近距离欣赏"雾凇"的美。下车后，我们踩着厚雪，一脚下去，没了小腿或没了膝盖，雪地里行走确实不易。有位同事光顾了取景，人向后退着，一不小心踩进了路边的小沟里，厚厚的积雪顷刻漫到了齐腰深。几个同事立马过来，边拽她边笑着，一片欢声。

　　在雪雾弥漫中，眼前的树群像结了张朦朦胧胧的网，在光的照射下，色彩斑斓，像一幅不知啥派别的艺术巨画，令人陶醉。此时此刻，仿佛整座山都凝固了，所有的嘈杂喧嚣声像碰到了音乐中的休止符，戛然而止，一切都是宁静的，没有一丝声音。自己像置身在素色的仙境里，一切烦恼都没了，身心似乎也得到了洗涤。

　　雾凇，是空气中的水蒸气结冰形成的一种特殊现象。水蒸气凝结在植物上，会变得形状各异，晶莹剔透，如同被白色的薄雾包裹着。树枝上的雾凇闪烁着纯净的光芒，宛如镶嵌在树枝上的钻石，这种梦幻般的景色恍若来自童话世界，来自仙境，真是太美了，令人叹为观止。

　　重新上车后，大家还沉浸在这雾凇之中，旅行车已到了天池北景区山门入口处的停车场。我们要换乘景区里的雪地电瓶车上山，可左等右等不见车来。这时，天已下起了雨雪，广播里提示说是上面已封路了。看来，企望"顺利"的收获是不会再有了，只得扫兴而归。

　　下山途中，导游看我们有些沮丧，便安慰我们说，有的游客来了长白山6次，还是没有看到天池。别灰心，下次再来。我在寻思，没看到天池，是遗憾，从图片上看，这天池又很像新疆天山上的天池，也像青海久治县年保玉则风景区的仙女湖。这样一比较，心里也平静了许多。

至于说长白山天池里有"水怪"那就别去奢望了。好在我们看到了东北的厚雪和吉林雾凇，感觉也是值了，这也是意外的惊喜吧。

2012 年 9 月

今古人鹤情

曾经，我对鹤并没有太多的关注，只知道它是国家重点保护禽鸟，仅此而已。

八月下旬，我去了黑龙江省齐齐哈尔市。齐市因有占地2100平方千米的国家级自然保护区——"鹤乡"扎龙而闻名天下。所以齐市又以"鹤城"为别称，以"世界大湿地，中国鹤家乡"为广告语。据说全世界现有鹤类15种，中国有9种，而扎龙保护区就有6种。其中尤以丹顶鹤最为珍贵，世界现有丹顶鹤2000多只，而扎龙就有500余只。在齐市的这些天，我才真正解读了"鹤"。

齐市人利用一切机会向我们介绍引以为豪的丹顶鹤。说鹤傲然卓立，步履优雅，行止有节，仪态大方；说鹤举止之间，让人觉得它有一种若有所思的深沉，有一种不卑不亢的潇洒；说鹤鸣声如松涛、似雷鸣，一鹤长啸，引发百鹤齐鸣，有道是"鹤鸣九皋，声闻于天"；说鹤是长寿珍禽，一般能活到40多岁，最长的可活到60岁；说鹤是"爱情"忠贞的象征，又是"计划生育"的典范；说鹤是国家重点保护珍禽，无价之宝，不许买卖，仅有少量的用于友好城市间的馈赠。

齐市人还给我们讲了一个关于鹤产蛋的有趣现象。鹤每次只产2个蛋，然后孵化。扎龙人曾做了一个试验，将鹤引开，将2个蛋"偷"走，鹤回来后，不见了蛋，就不再下蛋了。如只"偷"走一只蛋，鹤还会再下一个蛋，再次"偷"走一个，它又下一个，这样，最多的可连续下七个蛋。

齐市人在我们的会场外布置了一个反映鹤的摄影作品展览，并自豪地说他们已将丹顶鹤作为国鸟申报，而且是目前唯一的候选鸟。言语之中，那种爱鹤之情显得那么自信，那么真诚和优越。齐市人还特地安排我们去扎龙观赏丹顶鹤。当我们四五个人围着丹顶鹤拍照时，我"读"到了它的"傲然卓立"；当我与鹤合影时，我感到了它的"仪态大方"；当它在我们头顶上飞过时，我看到了它的"潇洒优雅"。此刻，我感到自己似乎"读"懂了"鹤"。

在齐市，我还听到了一个"护鹤天使"的动人故事。有一个名叫徐秀娟的女孩，中学毕业后随父在扎龙驯养鹤，后自费考入东北林业大学禽鸟专业。毕业后，受正在筹建中的江苏盐城珍禽自然保护区之邀，毅然离开家乡"鹤城"，手捧着三颗鹤蛋去了盐城丹顶鹤迁徙越冬地。从最初的三只人工孵化出的丹顶鹤开始，去建立不迁徙的丹顶鹤野外种群。可在一年后的一天，她为寻找飞失的丹顶鹤，不幸滑入沼泽地，再也没有上来，时年23岁。有一首以徐秀娟事迹为原型创作的歌曲《一个真实的故事》曾在大江南北广为传唱："静静的小河，你可曾记得，有一位女孩她曾经来过，为何片片白云悄悄落泪，为何阵阵风儿为她诉说，还有一群丹顶鹤，轻轻地、轻轻地飞——过——"。激情、悲怆的歌声给人以心灵的震撼、美的熏陶。江苏盐城及齐齐哈尔扎龙自然保护区分别为她修建了"徐秀娟纪念馆"和纪念碑。今年9月16日，正值徐秀娟因公殉职20周年纪念日，一部由国家环保总局主持拍摄的影片《鹤乡情》公映了，齐市妇联在全市组织开展了诗歌朗诵会，以缅怀她爱岗敬业的先进事迹。

齐市回来后，关于鹤的故事时常萦绕在我的脑海之中，陶醉在人与鹤的情缘中，不由得想起古往今来，人与鹤是风情万种，情缘不断。

我所在的松江有二十四景，其中有一景，名为"华亭鹤影"。现虽已无踪可寻，但据史传，早在三国两晋时代，松江就有"华亭鹤"。南朝"山中宰相"陶弘景也曾养过华亭鹤，后来鹤死了，他亲手把它埋葬，并写下《瘗鹤经》。南朝的孔德绍、唐代的白居易都曾留下了这样的作品。晚唐诗人皮日休在自己喂养了一年多的华亭鹤飞走后，万分伤心，深情地写下《悼鹤诗》。远离故乡的陆机在罹难时想到的还是家乡的华亭鹤，"华亭鹤唳，岂可复闻乎"，这悲怆的呼唤足以证明华亭鹤对松江的象征意义。

唐代崔颢"昔人已乘黄鹤去，此地空余黄鹤楼。黄鹤一去不复返，白云千载空悠悠"的千古佳句，给人以一段思念、一种惆怅。武汉有楼无鹤，给了黄鹤楼残缺之美。后听人说，鹤幼时羽毛为黄色，飞走为黄鹤，来年返回时羽毛已变成白色，故有"黄鹤一去不复返"之叹了。

有一则民间传说，说的是晋代大书法家王羲之晚年时，收到一封书信，上写"端阳正午时，乘鹤归府去。断尽烦恼丝，上天拜王母"。王看后从容而道"是时候了"！说罢，起身向鉴湖边走去，岸边有一大白鹤，见王走来，便趴了下来，王骑上鹤背，鹤腾空而起，向西而去。后来，人们常把德高望重的人逝世，尊称为"驾鹤西游。"

还有这么一句话"腰缠十万贯，骑鹤下扬州"；还有这么一幅图，"松鹤延年"图。先人喜欢将鹤当坐骑，用鹤来形容吉庆、长寿，不管是"乘鹤""骑鹤""驾鹤"也好，还是将"松"与"鹤"两个不相干的放在一起也罢；不管鹤有"仙气"也好，有"灵气"也罢，这都是先人的一种美好愿望，一种赞美。可见人与鹤的情缘之深，千百年来，一脉相承。

冥冥之中，我仿佛看到在松江的古泖河边、浦江烟渚中、五库湿地里，华亭鹤回来了。这滩涂、这湿地在慢慢地扩大，芦苇茂密，鹤也在慢慢增多，成群地飞翔……

2007 年 9 月

在海拉尔，我看到了日寇的野心与残暴

初到满洲里，虽已是 7 月下旬，最高温度显示是 27 度，可从西伯利亚吹来的风，还是夹带着一股寒冷。这与江南的这个季节是大不一样的。在江南，有风吹来，是凉爽，是惬意。可在满洲里，穿着长袖衬衣的我，还是感觉到有些冷，不得不去商场买了件外套。

在满洲里坐上绿皮列车一路向东，便进入了一望无际的呼伦贝尔大草原，小半天便到了海拉尔站。我们 3 人下了车，是为了明天上午能在此坐班机回上海。安顿好住宿后，感觉下午还有二三小时的闲空，便想去看看当地的民族博物馆。可出租车司机告诉我们，今天是周一，博物馆休息。我们便随口问司机："海拉尔还有啥地方可看看？"司机很老练，看我们喜欢博物馆，估计我们也喜欢历史，便说："我带你们去看看城北的侵华日军海拉尔要塞遗址，不远，就 3 公里"。

于是，我们来到了城北北山，北山的海拔说是 700 多米，因山坡开阔平缓，看上去并不高。只见前面的山坡上，左面竖有一座苏联红军的群雕像，右面建有一堵墙台，上面放着一辆苏制坦克，墙面上贴着"世界反法西斯战争海拉尔纪念园"的字样。这里，已成为爱国主义教育基地。

从纪念园的介绍中了解到，1934 年—1937 年，日寇在中苏边境沿线修筑了 15 处军事要塞。其中海拉尔是最早修建的也是最庞大的防御要塞，既作为进攻苏联的基地，也是防御苏联红军反攻的要塞。这里距离中苏边境线也就百多千米，防御要塞占地 21 平方千米，由 5 个主阵地和 4 个辅助阵地组成，以敖包山、北山阵地为主体，残存的各种工事总面积有一万多平方米，地下通道有4000多米，面积达5千多平方米，有各类房间50多间，是国内同类遗址中规模最大，保存最为完好的一处。现已向游人开放了3平方千米。

我们沿着新辟的入口台阶拾级而下，原来的入口已在当年苏军大反攻时被彻底炸毁堵死了。通道里的气温很低，越往下走越感到冷。地下通道建在离地面12—17米深的地方，可避免炮弹的轰炸。通道建的很规整，钢筋混凝土结构，拱形顶，支道四通八达，非常复杂。两边设有不少房间，用作指挥部、枪械库、弹药库、电讯室、医院、厨房、宿舍、升降机等。还有通风系统、排水系统、信息传送系统等，各种设施齐全，是个永久性工事。被称为"东方的马其诺防线"。我们边走边看，通道里的空气中散发出的是一股霉味，也很潮湿，让人难受、窒息。我边看边想，这日寇建这样庞大的防御要塞，是要与苏联红军死磕呀！且建在他国的土地上，真是狂妄自大，狼子野心！

当看到有一间房里安放着中国劳工遗骸时，才知道当年被抓来修筑整个中苏边境十多处工事中的中国人有360多万人，仅海拉尔要塞就有累死、冻死、饿死、病死、打死的劳工数十万人，他们的尸体被填埋在北山与敖包山之间"万人坑"里。海拉尔要塞工事完工后，为了保密，竟将剩下的劳工全部杀死，死亡人数远超120万人！真是血债累累，罄竹难书呀！出地下通道时，我的心情还处在愤怒和沉痛之中，日本军国主义是想称霸世界，这种反人类反和平的手段真是不自量力，但终究是一场黄粱美梦。

出了地下通道，来到北山的高处，往四周望去，这北山的阵地上还存有日军的残废火炮和阵地，炮口直对着中苏边境，还有无数个机枪掩体和射击孔。在此，我看到了八九十年前的那一幕。由此再往前追溯，想到了500年前倭寇对朝鲜、对我国沿海的侵犯掠夺，想到了120年前"八国联军"侵华之后在旅顺口的"日俄战争"，想到了日本对我国东北地区的霸占并建所谓的"满洲国",想到了日寇侵华战争的15年,想到了日本想称霸世界的狼子野心。看到了国家积弱,被挨打被欺凌的遗址实景。1945年8月9日,苏联红军以摧枯拉朽之势进攻海拉尔。日寇关东军近7000人凭借军事工事的设施进行顽抗,但终究逃脱不了覆灭的命运,最终于8月18日早晨6时举起白旗投降了。这场战役,共击毙日军3000多人,俘虏3827人。苏联红军也付出沉重的代价,有1130名官兵牺牲在此役中。

这段历史虽已过去了八九十年,但我们将时刻牢记,永远不能忘记。勿忘国耻,勿忘这曾经的伤痛。

2007年9月

萧红故居

初到哈尔滨，想看的是中央大街、索菲特大教堂，还有那太阳岛。然而，接待我们的朋友是来自哈市郊区呼兰区，他们竭力安排我们去呼兰区。

从市中心到呼兰区40分钟的车程。去的第一个地方是萧红故居，这倒是一个惊喜。因为读过萧红的一些作品，所以就很想去看看。

我们的车停靠在萧红故居边上，故居的正面和侧面的外墙较长，有些纵深感，可以想象院内是蛮大的，毕竟是大户人家。院门却不大，门楣上有一匾，写着"萧红故居"，门右侧挂着"国家AAA级景区"的铭牌。望着这两块牌匾，我想，萧红她父母亲、她祖母、她的家族无论如何也不会想到，一个被他们"开除"出家族的、名叫张乃莹的叛逆之女，多少年后竟然成了故居的主人，让成千上万的人为她而到此一游。

走入院门，给人以一种空旷的感觉，并不像其他名人故居那样，房屋挨着房屋。对门迎面竖着一尊汉白玉雕成的萧红坐像，两边是冬青等绿树。绕过雕像，后面是一排五开间的砖瓦平房，是典型的北方乡村建筑，平房中间是客厅，东侧两间保留了她祖母卧室的原样，西侧两间是她父母、她和弟妹的卧室。现改为展厅，展示着萧红与萧军、舒群、端木蕻良等人的照片和信件。房内光线明亮，摆设陈旧简单，大火炕的一头是橱柜，另一头是两个大箱子，远不如江南大户人家那么豪华气派。

在萧红祖父卧室，我眼前呈现出的是那个小名叫"缨花"、缠坐在她祖父身边、跟着祖父大声地"吼"着一首首古诗的小女孩；在她祖母的炕墙窗边，我仿佛看到那个怀着仇恨、用小手指在窗纸上"嘭、嘭"戳出一个个小洞的小女孩；我还"闻见"窗外的祖母用大针戳那从窗纸里伸出来的小手指，屋内小女孩"哇哇"地大哭时，祖母得意的笑声；在西屋她父母的卧室里，我忽然感到了"冷"，莫不是里面充满着父母给萧红的白眼和冷漠所致？

从厅房后门走出，便来到了后院。后院是有菜地和仓房、碾坊，还有那满地的蒿草。这是萧红童年时代"最快乐"的地方，她常常悄悄钻进母亲的仓房，去翻寻好玩的东西。菜地四周有树、有花、有草。她爬上树，躲开了祖母的追打；她采了许多红蓼花，捉了好多只蜻蜓、蝴蝶；她玩累了，就在蒿草地上睡着了，醒来后仰望着天空中的"火烧云"，一会儿是一匹马，一会儿是一只大狗，忘记了吃晚饭，也没人来叫她。这就是她的童年，孤独的、寂寞的。

离开萧红故居时，我心绪惆怅。这是她的出生地，也是她的伤心地，是她不想回的"家"。在那个"重男轻女"的封建时代，萧红很不幸很无助地成为"弃儿"，在"白眼和冷遇"中长大。她活了31岁。在"身先死，不甘，不甘"中离世。她的一生是流浪的、哀婉的、凄美的，也是反叛的、觉醒的、抗争的。八年的文学创作，特别是在鲁迅先生的支持下，她成为新文学运动的勇士，成为20世纪30年代的"文学洛神"和"民国的四大才女"……他日再读她的《生死场》《呼兰河传》，我想，崇敬之情定会溢满我的胸腔。

2013 年 12 月

"大美"果洛

一

那天,我们在青海省海南州一个名为共和的县城住了下来,为的是第二天到果洛州近一点。根据安排,我们第二天在果洛的旅游资源考察要走三个县,1000多千米,需14个小时。清晨5点起床,此时天还没亮呢。5辆由上海援赠的"龙威"越野车外加其他3辆越野车共8辆车组成的车队,6点便悄悄地出发了。

上海与青海果洛是对口援建的市州,近两年,上海已派出7名援青干部挂职在6个县,并援建了多个项目。我们一行主要是进行旅游踩线,看看能否为上海市民开辟果洛旅游产品。果洛方面由一位副州长和两位上海援青干部全程陪同。果洛位于青海省东南,是去玉树的必经之地,也是黄河的源头。平均海拔在4000米以上,高原缺氧,条件艰苦。

果洛距青海省会西宁有500千米。那天,我们沿着214国道向西南而行,这条国道原先就是唐蕃古道。陪同人员问我,知道为何要称"青藏高原",而不是叫"藏青高原"?我一时语塞。他告诉我说,古时我国的京城一般都在中原地区,如长安、开封等,有人要去西藏,都是先入青海,再到西藏的,所以,高原也是先到青海后再到西藏的,故称"青藏高原"。

2小时后,车队进入果洛州境,沿途可见在建的西宁到玉树的高速公路,全程有800多千米。进入被称为"千湖之县"的玛多县后,靠近了黄河源头，一派水草肥美的景色，在海拔3000多米的山上，是森林生长极限地带，见草不见树。只见成群的牦牛、羊群在悠闲地吃草，偶尔也会看到野鹿和狼，野狼看见我们的车队放慢了车速，似乎知道是冲着它来的，便向草原深处逃去。

到了玛多县城，我们又换乘当地安排的车辆马不停蹄地直奔"牛头碑"。"牛头碑"位于鄂陵湖边的措哇尕则山山巅，海拔4610米，到了山顶向下俯瞰，扎陵湖、鄂陵湖两个大湖尽收眼底，这就是黄河源头。在海拔4200米的高原有着近1200平方千米的大湖，真可谓"黄河之水天上来"。从四处大山里流下的雪水、泉水和雨水在此聚集，水是清澈蔚蓝的，并不像我们在黄河中下游所见的那样混浊。

回玛多县城的路上，在鄂陵湖水下溢的出口处不远，有一块石碑，上面用汉、藏文写着"迎亲滩"。陪同的人告诉我们，这就是当年松赞干布迎接文成公主的地方。新郎选择在黄河源头迎接新娘，他是否已知道黄河之水会流经中原，流过新娘的家乡？他是否也知道"我住长江头，君住长江尾"的诗句？是寓意还是巧合？

到玛多县用午餐，已是下午2点了。当地人用最好的牛羊肉招待我们，可这一上午坐车颠簸，再加上刚从4600米的山上下来，人还是有点不适应，感觉有些缺氧，饭也吃不下，看着这么好的牛羊肉，好馋呀，便拿袋子装了几块，以便路上吃。幸亏当时备了这份牛羊肉，否则下午准挨饿，因为路途远，我们这天的晚饭直到夜里11点才吃到。

二

离开玛多县后，我们的车队在花石峡这个岔道口上了一条州道前往第二站达日县。一路上我们能看到远处海拔6282米的阿尼玛卿雪山，阿尼玛卿在藏语中意为"黄河流经的大雪山爷爷"，它和西藏的冈仁波钦、云南的梅里雪山、玉树的尕朵觉沃并称藏区"四大神山"。途中,由于道路在施工,再加上雨后泥泞,路很不好走,280千米的路花了4个小时才到。

入城时,首先映入眼帘的是两座大型的雕塑,一座是格萨尔母亲雕塑,另一座则建在远处高高的山顶上的格萨尔王雕塑。据说这里是格萨尔的家乡。格萨尔王,相传是莲花生大师的化身,一生戎马,扬善抑恶,弘扬佛法,传播文化,成为藏族人民引以为豪的旷世英雄。我们停车于县城中的格萨尔广场。广场正面对着山顶上的格萨尔像。望着广场上那一排排类似图腾的石柱,我分明感到是一排排的"说唱传人"正在传唱着《格萨尔王传》。

傍晚6时多,趁着天还没黑尽,我们朝着这天的最后一站班玛县赶去。车行了1小时,天已完全黑了,我们就在盘山公路上悄无声息地赶路,这时,人也困了,肚子也饿了,玛多带来的牛羊肉正好给我们补充了能量。

到达班玛县城时,当地的领导还在路边等候,并给我们献哈达。这种礼节在藏区似乎每到一地都这样。晚上11时半,我们才吃了晚饭。饭后,已是深夜12时多了,好客的藏族朋友还拉着我们围成圈跳锅庄舞,真是难忘此景。

第二天,我们在班玛还参观了白札寺莲花宫殿和塔林,阿什羌寺、果芒寺、藏民学校、民间工艺展、红军沟、藏民碉楼和全国海拔最高的马可河原始森林。原始森林总面积达10.16万公顷。这天我们就住在林场内林业局的招待所里。

三

第三天,我们去了这次果洛之行的最后一个县——久治县。沿途可见满山盛开的格桑花,成群的牛羊在悠然地吃草,而藏狗就像"护卫士"

那样守卫在牛群边,如有牛远离了牛群在一处独自吃草,藏狗就会一路奔过去,挡在牛头前狂叫一阵,仿佛在说"你离队了,赶快归队",迫使牛回转身走回牛群。路上,我们正碰上好几批牛群在转场,牛群占了整条公路,黑压压的一片。我们按喇叭,牛群理都不理,我们学着司机的样子,边拍打车门边发出"嘘嘘"的驱赶声,胆小的小牛就会离开公路乱跑。这时狗狗们就四处出击,将牛赶回来,真是尽职呀!

久治县境内的国家地质公园年保玉则风景区有点类似新疆的天池,前面是草原,到处盛开着格桑花,靠湖边耸立着一座巨大的经幡,喇嘛和藏民围着经幡,边念念有词,边向天空撒着手中的彩色小纸片,这种祈祷也是藏区的一道亮丽的人文风景。后面是仙女湖,湖边鱼翔浅底,悠然自得。藏民不食鱼,故也不允许捕捉,鱼特别多,保护得很好。湖后便是群山了,由无数海拔在 4000 米以上的山峰组成,海拔 5369 米的年保玉则主峰屹立在群山之中。景区由 108 个海子和连绵不断的怪石奇峰构成。山的深处已和四川省交界了。年保玉则是长江、黄河两水系的分水岭。

果洛,这片 7.6 万平方千米的土地被誉为"名山之宗、黄河之源、牦牛之地、歌舞之乡"。三天的考察给我留下的是:想说欣赏你却不易。你有黄河源头、草原牛羊、原始森林、红色旅游、格萨尔文化、藏传佛教寺院、藏族碉楼风情,还有冬虫夏草、当归、大黄、贝母、蘑菇和蕨麻等多种珍贵药材……但高原缺氧、路途遥远等将我们阻隔。随着交通、住宿等设施的改善,我坚信,你是大美的,将会有更多的客人来到你的身边。

2012 年 8 月

神奇的敦煌雅丹地貌

初冬的敦煌，天亮要比上海晚两个小时。8时用早餐，天还黑乎乎的，一轮明月还高高挂在天上。半个小时后，太阳才慢慢露脸，可那月亮却迟迟不肯隐去，于是便出现了"日月同辉"的壮观景象，非常美。在敦煌的两个早晨，我都有幸看到了这一精彩天象。

天刚放亮，我们便匆匆驱车离开了敦煌城，一路向西疾驶而去。导游小张说，到敦煌雅丹国家地质公园有170千米，路上需走3个多小时。车行驶在茫茫戈壁中，南边是鸣沙山，东西绵延40多千米。北边是一望无际的戈壁荒漠。望着车窗外荒无人烟的戈壁滩，我却在胡思乱想，这里如果建十万个足球场也只是"冰山一角"，真是太大了。以前，只能在电影电视中看到戈壁沙滩，今天算是真正体会到了什么是地大，什么叫荒凉。

上午10时，我们来到闻名遐迩的"玉门关"和"汉长城遗址"，拍了几张照片，稍作停留后便又上车向西而去，又行了80千米，才来到了敦煌雅丹国家地质公园的主景区。

在去敦煌前，我对雅丹地貌并没有多少兴趣，本来嘛，到敦煌，就是冲着莫高窟、鸣沙山和月牙泉去的。一路上，导游小张给我们讲了许多关于雅丹地貌的情况。"在地质学上，雅丹地貌专指经长期风蚀，由一系列平行的垄脊和沟漕构成的景观"。她还介绍说："敦煌雅丹地貌生成大约经历了70至30万年的时间，是迄今为止发现的全球规模最大、地质形态发育最成熟、最具观赏价值的雅丹地貌群"；"一般的雅丹地貌均在较大的土沟之中，而敦煌雅丹地貌完全矗立在平坦的戈壁滩上，而且连成一大片,面积约有 400 平方千米";"到了雅丹地貌处,就好像走在一个盆子的边上,再走 400 千米,就到了盆子的中央,那就是罗布泊了"。小张如是说,我们听后也是一阵激动,想不到我们已来到了罗布泊的边沿上了,不由得想起多年前那位独身徒步探险魂断罗布泊的余纯顺,于是叹道:这大自然也真让人琢磨不透呀!

下车,我们身置高处,远远望去,茫茫戈壁滩上矗立着一座座浅红色的土质"古建筑",俨然中世纪的古城。这座特殊的"城堡",有城墙、有街道、有大楼、有广场、有教堂、有雕塑……走近看时,整个雅丹地貌都各具形态,有的像座塔,有的像宫殿,有的像麦垛,有的像或立或卧的各种动物形态,有的像大海中乘风破浪的舰队,有的像游牧民的圆顶毡房……大自然的创造力是无穷的,这片雅丹地貌真是鬼斧神工,妙造天成,其自然完美的创造给人带来的是无限的遐想、振奋。

我们边走边看,赞叹连连。大家在"大漠雄狮""孔雀欲飞""群龟出海""沙海舰队"前拍照留念,并与雅丹地貌来了个"亲密接触"。A 君向着"城堡"深处一路狂奔,转眼间小如鸟儿;B 君则张开双臂,兴奋地大声叫喊;C 君一个劲儿地按着快门,定格了无数的风光美景;D 君则一会儿在沙地里寻找着什么,一会儿又不声不响地注视着路边"地窝子"边的奇石根桩摊位,据说它们来自罗布泊深处的楼兰古国;我用手指去碰划了一下地貌的土层,哇!土质是那么的硬,就像砖块。

敦煌真是神奇,鸣沙山、月牙泉、莫高窟,尤其这独特的雅丹地貌……

2009 年 3 月

帕米尔高原上的国门

国门,是一个国家领土主权和尊严的象征。我曾先后到过中越边境的东兴国门、中缅边境的打洛国门、中俄边境的满洲里国门。国门都建得高大雄伟,很有气派,再加上旁边那块印刻着"中国"两字和一轮中国国徽的国界碑,国门下站立的威武、挺拔的中国军人,令人感到自豪安全。这次,我去了处在我国西部帕米尔高原上的、海拔5300米的红其拉甫国门,却有了别样的感觉。

八月的一天,我们一行从新疆西南城市喀什出发,经314国道(也称中巴友谊公路),一路南行,430千米的公路走了近10个小时。公路是沿着两山之间的河道向大山深处延伸的,一边是湍急、咆哮的河谷,一边则是高耸入云、积满冰雪的大山。山路险峻,遇到的尽是乱石险滩、洪水和泥石流,许多路段的路面和桥梁或塌方或被洪水冲垮了,我们不得不在临时的便道上慢慢前行。陪同我们的人说,当年建这条中巴公路时,牺牲了许多筑路的战士,此路是用生命换来的。车在绕山公路上行驶,头顶上就是"张牙舞爪"的乱石,我们都不敢说话,就怕响声惊动了巨石而掉下来。

过了红其拉甫边检站后,公路就向山上盘旋上去,几个"Z"字形后,已将河道远远地抛到了山谷底,变成了一根银丝。这时,海拔高度已近5000米了,四周荒无人烟,空气已稀薄,车上有人已感到耳鸣头痛了。这条路是通往中亚的必经通道。丝绸之路、唐僧取经、马可·波罗东行、高仙芝远征,大小勃律都曾经走过这条道路。

"我看到国门了!"有人突然高呼。

我们的精神顿时抖擞了起来，透过前车窗，我们看见公路前方的山顶上耸立着一座"门"，简单，却不失雄伟庄重和震慑。

大家都很激动。红其拉甫，意谓血谷，是昔日盗贼出没之地，也是战争的频繁之地。如今，它是我们中华人民共和国的国门！

下车后，我们顷刻感到冷风飕飕，真是"高处不胜寒"。难怪站岗的哨兵已穿上了棉大衣。八月的上海高温酷暑达39度，而帕米尔高原的国门却寒风飒飒。

大家兴奋地拍照留影，以国门、界碑为伴，以巴基斯坦境内的雪山为背景，按动着快门。有人拉着那位陪同我们参观国门的解放军少尉和界碑边的两名巴基斯坦士兵一起合影。陪同人员告诉我们，巴国士兵很乐意与中国游客一起合影，双方的军人之间也很友好。

据说，中巴公路全长有1000多千米，我国境内有430千米，自1986年5月开通后，已成为中巴两国交往的唯一的陆上通道。可惜近来由于洪水泛滥，巴方的公路已多处受损。巴国遭受水灾，我国的人道主义支援物资就是通过这条公路艰难地运送过去的。

我来回快走着，想多角度地多拍几张照，一位解放军哨兵向我走来，起初，我以为是自己误拍了军事禁区？哨兵走近后，温和地对我说："高原缺氧，您走慢点。"我感激地向他说了声"谢谢"。

我望着这座耸立在海拔5300米高原上的国门和那印有"中国"两字的界碑，望着解放军黝黑而显得苍老的面容和国门边搭建起的驻军帐篷，心中涌动的是一种敬仰之情。这里没有村庄，更没有集镇，这里只有寒冷、乱石和冰雪，可为了祖国和人民，高原上的边防军人将美好的青春无私地奉献给了国门。国门虽无语，但历史会记住他们的。那一刻，我耳边仿佛传来了那首来自帕米尔高原的经典歌曲"花儿为什么这样红……"

2010年9月

悬空寺，万仞绝壁中的一幅镂空彩雕画

曾有友人问过我："去过恒山吗？"我答："没有。就去过恒山边上的悬空寺。"友人说："这不就是一个地方吗？"我说："是的，但它们是两个景区，是各管各的"。

这是怎么回事呢？去年七月，我们去山西旅游，按照游线安排，要去的景区是平遥古城、乔家大院、晋祠、五台山、悬空寺和大同云冈石窟，再经呼和浩特返沪。因刚从五台山下来，到恒山就是慕名来看悬空寺的。原以为悬空寺在恒山景区里，想不到它在恒山西边的翠屏山万仞崖壁之中。恒山、翠屏山两山之中隔了一条省道和河道而对峙相望。这样，单游悬空寺也方便。悬空寺是攀登上去了，心愿也已满足。其实，自古以来，悬空寺以险峻、奇巧著称于世。一直就是恒山十八景之首，是最著名的人文景观。

那天，当我站在不远处眺望悬空寺时，确实被那悬崖绝壁中的建筑所震撼。整个寺院上载危岩，下临深谷，楼阁腾空，结构奇巧。悬空寺始建于北魏后期，距今已有1400多年的历史。它以翠屏山为背景，悬空寺在万仞崖壁之中显得小巧奇秀，玲珑剔透。谷底一线流水绕山而去。在古时，这里是晋、冀两地相通的要道，人来人往，香火不绝。许多文人墨客也多有题词，李白在这里留下了"壮观"两个大字；徐霞客在《徐霞客游记》中的《游恒山日记》中惊奇地赞叹道，这是"天下奇观"。后人也为他们分别建起了纪念亭。

悬空寺按山的走势为北南向，故寺的院门是开在南面。大约有40间大小殿宇台阁，紧贴着东侧岩壁中一字排开，向北并向上延伸，有的是

庙宇重叠；有的是栈道相连的单独台阁，形如天上梵宫。难以理解的是它们可都是悬空在悬崖峭壁中的，但又不知要为何这样建造？最巧妙的是悬空寺的走向竟"躲"到了那突出的岩石之下，让岩石为它遮风避雨。这样，下雨时就像寺宇前挂了幅水帘。

我还沉浸在思绪之中，同事们则提醒我快进寺里去。寺庙是控制人数的，出来多少进去多少，等了不到一刻钟，我们就进了寺门。里面是一个很小的院子，靠石墙边有台阶，上有迦兰阁和送子观音阁。下台阶，再登石墙门洞，石阶既陡又窄，仅容一人可上下。进入了鼓楼、佛堂和钟楼。佛堂上还有地藏殿和千手观音殿。这里是悬空寺的第一组建筑群。

我们随着游人通过栈道进入了第二组建筑群，有三层楼高，它的下层为纯阳宫，中层为三官殿，这是道家的天地；上层为雷音殿。悬空寺的建筑正因为"小巧奇秀"，其空间也显得紧凑、逼仄，我因身高，是小心翼翼地攀爬行走，时而左顾右盼，时而低头弯腰，有时还要屈腿下蹲，加之游人上下栈道，相互拥挤着，登寺之路真不好走。每座殿宇外都有护栏，为游客的参观通道。游人是不能进入殿内的，只能在门外祈拜和观赏。透过地板缝隙，我近距离看到了插在崖壁石孔中的木梁，也看到了竖在崖壁石缝中笔直又长的木柱，这些都成了寺宇建筑的"地基"了。

参观后，再走"X"形的栈道天桥，上有如来殿，可外有铁栏门锁着，不可入。栈道北接第三组建筑群，也是三层，上层是最为奇特的道、佛、儒三教合一的"三教殿"，三位教主坐在一起和平共处，中间的是佛祖释迦牟尼，右边是圣人孔子，左边是道家祖宗老子，充分体现了古老的"三教归一"思想。中层为观音殿，下层为五佛殿。每座殿里都供奉着好几位神像，有的也不知叫啥名。整座悬空寺里供奉着有铜、铁、石、泥塑佛像80多尊，其中，脱砂佛、千手观音不仅是"镇寺之宝"，更是国家级的宝贝。有的殿里，还有悬壁画，就是抬头可见屋顶上的彩色画，估计它的年代也已很久了。到此，游览算是走到尽头了。悬空寺殿回楼转,结构惊险,扑朔迷离,气势不凡。廊宇间或栈道相通,或天桥连接,或钻石洞走天窗,或穿廊栏越屋顶,如入迷宫一样妙趣横生。

寺名为"悬空",并无夸大之意,全寺为木质结构,依照力学原理,修寺时,先在石壁上横向凿洞,打入一排木桩做"地基",再在木桩地基上铺石为面,砌墙造屋。为减轻殿宇对木桩的压力,寺下安了好多根长木柱作支撑,支撑的是插入岩石洞的横梁。这样,偌大的一座寺殿就悬空而起了。"半插飞梁为基,巧借岩石暗托,梁柱上下一体,廊栏左右相连。"当然,我国古代的营造法式,如榫卯结构、斗拱、戗角、歇山顶、飞檐翘角、琉璃彩瓦、朱红墙柱、画梁雕栋等传统工艺技术和传统美学艺术等等,在这里是到处可见。

出了悬空寺,我边走边还在不断地回望,再多看上一眼。悬空寺,它就像万仞绝壁中的一幅镂空彩雕图画,闻名于世,让人叹为观止。

2005 年 1 月

红旗渠之魂

"劈开太行山,漳河穿山来,林县人民多壮志,敢教日月换新天"。这句歌词萦绕在我脑海里已有40多年了,印象特深。1974年,我下乡插队落户后,一部名叫《红旗渠》的大型纪录片在全国公映,生产队的打谷场上也放映了。影片记述了林县人民为了将浊漳河水引入林县,凿山挖洞,架桥建渠,历时十年,建起了主渠、支渠和分渠共1500千米长的红旗渠,硬是将浊漳河水引入了林县,拯救了百万亩缺水干旱的耕地,甚为壮举!当时,我是边干农活、边听着广播里不断播放的这首《红旗渠》主题歌,成了难以抹去的记忆。

修建红旗渠是人类历史上史无前例的伟大壮举。当年,《红旗渠》还在联合国总部放映。敬爱的周总理曾对国际友人自豪地说:"近几年我们有两大壮举,一是自行设计建造了南京长江大桥;二是修建了红旗渠"。

今年初夏,我去了林州市,即原林县,为了去看红旗渠。毕竟是看过纪录片,听了几年的主题歌,还是很有感情的。我所住的酒店背靠太行山,这山没坡没峰,就像大地上一堵高大威武的巨型石墙耸立在眼前。望着这山,红岩峭壁,不由得浮现出纪录片中修渠人锤击钢钎,凿壁炸石的场面。印象犹深的是这修渠人,从山顶上缚着吊绳下降至半山腰的空中,似荡秋千、似空中走步,用手中的篙钩将松动的石块清理干净的情景,历历在目,令人揪心和震撼。

我们来到了林州北约30多千米处的红旗渠青年洞,此地已作为旅游景区对外开放。洞口处,人头攒动,一批批成人团队在此排队合影留念,成班成队的中小学生在听着介绍,这是个很好的红色旅游、研学旅游的实景地呀！

望着这山、这渠、这洞，我的思绪又回到了那部纪录片中，回到了那个艰苦的年代。林县地处北太行山东南，为豫晋冀三省交界处，这太行山将浊漳河阻隔在了山北面的山西境内。林县无水资源，土地贫瘠，人民生活十分贫困。自明代以来，干旱造成粮食颗粒无收就有30多次。历史上曾发生过五次"人相食"的事件。新中国成立后，虽做过局部的水利改造，但还是"杯水车薪"。近百万亩的耕地，水浇地仅一万多亩，逢干旱还是遭灾。

1960年，在县委书记杨贵的带领下，10万人披挂上阵，在艰苦危险的环境下，用简陋的工具施工，自制炸药、石灰、水泥，以牺牲了81名干部群众的沉重代价，终于建成了这红旗渠。陪同我的朋友说，凿下的石块如果连接起来，可从哈尔滨铺到广州，真令人咋舌！取名为红旗渠，也是有"高举红旗前进"的含义。当时，开凿这青年洞，是"引漳入林"主干渠上的关键工程，先后有两批各300多人的优秀青年，组成突击队在此奋战近一年半，凿通了623米长的隧洞，故被命名为"青年洞"。

在景区，我们乘索道缆车上了玉皇顶峰。在半空中向下俯瞰红旗渠总干渠，一条水渠宛如"天河"盘贴在悬崖峭壁上，伸向远方，时隐时现。在峰顶远眺，豫晋冀三省交界的太行山美丽风光尽收眼底，确有"鸡鸣三省"的意境。

望着山西省方向，我寻思着，过去在河道的上、下游村落，为了争夺水源，村民群殴的事件时有发生。而红旗渠水源的引流是林县人在山西境内进行的，放炮炸石，凿山修渠，打破了平日的安宁，影响了当地村民的生活，连家畜也被炮声惊得四处乱窜。只有在共产党的领导下，大家理解帮助，协商协调，团结一致，才会有如此壮举。

下了索道，望着石碑上"红旗渠"三个字，我似乎看到有一个"魂"字在显现，并越来越清晰。红旗渠不仅仅是一条水渠，一座文物，一个旅游景区，它更是人们改造恶劣的自然环境，发扬"愚公移山"精神的一笔精神财富。它有魂！它在释放出"自力更生、艰苦奋斗、团结协作和无私奉献"的精神能量，这也正是新时代所需要的。

2018 年 6 月

唉！凤凰

朋友，如果问你，知道镇远古城吗？你可能会摇头，如果问你，知道凤凰古城吗？你也许会说，"沈从文的《边城》谁不晓得"。是呀，因为有名家的名篇，去凤凰体验文人所描绘的边城安宁和淳朴，成了众人的向往。于是乎，四面八方的游人纷纷涌向了凤凰。

在凤凰，也看到了沈从文故居、陈宝箴古宅、熊希龄故居、杨家祠堂，还有那古城城楼、沱江、虹桥、跳岩、吊脚楼、万寿宫等。但总感到少了《边城》那个意境，少了那个时空的生态。河边轻絮的薄雾遮掩着岸边的竹篁看不到了，"翠翠"找不到了，他们的后代的后代也找不到了，原居民都动迁了，取而代之的是那外来的商家和游客，密密麻麻的建筑使得小城拥挤不堪。望着河中的"跳岩"感觉到沈从文的《边城》写的小城并非凤凰古城。《边城》中提到"看水手起货、听水手爬桅子唱歌"，说明河道是通航的，然而沱江河是不通航的，因为河床上有一段一段的水坝，坝上有跳岩，河水有落差。沈先生所描写的"边城"应该是在湘渝结合部的那个叫茶峒的小镇。凤凰古城是沈从文的故乡，所以人们总把《边城》看作是凤凰古城。

不管怎样，凤凰火了，火得有些过了。今日凤凰城内外仿佛被八种"气"味笼罩着，会让你难以"受用"。

沈老在《从文自传》中写故乡凤凰时说："寺方居民不过五六千"。现在全县已有42万人了，古城内外也有20万人。以前在迴龙阁街上走一段路去虹桥上班，只要7分钟，现在要化半个多小时，人挤人，"挤你没商量"，"人气"沸腾。

一个古县城，上千家的宾馆、饭店、客栈、餐馆、纪念品土特产商铺，满街的姜糖铺，还有那让你看得"云里雾里"的银器店，"商气"特浓。

沿着沱江河两岸一字排开的上百家酒吧，一到夜晚，喝酒唱歌，震耳欲聋，有要把吊脚楼震塌、把沱江河掀翻的气势，啤酒空罐垒成了墙，装饰着酒吧，"酒气"弥漫。

众多的商铺都在卖那不上台面的"土匪烟"和"土匪酒"，传承和弘扬这东西总觉得不爽，"匪气"缠身。

在古城北门城楼内的标营街，由于污水沟在石板路下，人走在上面，一股恶臭味扑鼻而来，躲都躲不开，"臭气"熏天。

据说沱江河边上的吊脚楼原汁原味的很少了，原住民仅剩下两户，十年的仿造，我们看到的大多数已是仿制品了，连河上的桥和"跳岩"也新建了好几个，"仿气"满城。

在餐馆林立的街区走，不管是否到了用餐时间，一路上"饭托儿"如排队似的站立两边，然后见游客就一拥而上，缠住不放，"俗气"不堪；

4月10日始，凤凰古城实行进城必须购买148元的门票，"留下买路钱"，"霸气"十足。凤凰城内外，还有黑导斩客、假货、如厕难、卫生差等，使古城的投诉量占到整个湖南省的67%，摊上这些事，你不是被气"饱"，就是气"瘪"，"怨气"难咽呀，唉！

2013年5月

注：实行了3年的凤凰古城大门票终于在2016年4月10日宣布取消。

五、游渝、川、桂、粤、琼、贵、滇、台

磁器口碎片

知道山城重庆有个叫"磁器口"的地方，那还是40年前看了长篇小说《红岩》时候的事。小说中的"疯子"华子良，就是在磁器口机智脱险，找到党组织，将"白公馆"和"渣滓洞"秘密关押共产党人的情报传出去的。从那时起，我就想有朝一日能到磁器口看看。多年前，我得到了一套"磁器口春秋"的移动通信充值卡，画面上的磁器口古朴厚重，让我更加向往。

以前曾到过重庆，但都是匆匆而过。从成都坐火车或汽车抵重庆，到"白公馆"、"渣滓洞"谒拜了革命先烈，然后在解放碑转一转，便在朝天门码头坐船下长江三峡了。这次是专到重庆，特意去了磁器口。

磁器口，原来叫白崖场。据传，建文帝遭燕王朱棣反叛，败逃入四川，在重庆白崖场马鞍山上的白崖寺隐居，削发为僧。百姓视皇帝为龙身，因此，引来了四方香客烧香拜佛，白崖寺便改为龙隐禅院，山下的白崖场也被称为龙隐场。明末清初，龙隐场已称龙隐镇了。康熙年间，因四川人口减少，清政府强迫"两广""两湖"及闽地的百姓移居四川。福建汀州连城镇孝感乡的江家三兄弟，带着祖传的制碗技术也移民来到龙隐镇，并在此开碗厂。很快，碗厂多达10多家，龙隐镇也声誉鹊起，龙隐镇也改名为瓷器口。古时，因"瓷"与"磁"相通，清乾隆后期，人们便把"瓷器口"改写成了"磁器口"。

磁器口在历史上曾是巴渝重镇，辉煌一时。镇上店铺曾经达1000多家，人口达6万，嘉陵江边的大码头停泊船只有二三百艘。从清晨到夜晚，镇上人声鼎沸，人来客往，络绎不绝，呈现出"白天里千人拱手，入夜后万盏明灯"的繁荣景象,被誉为"小重庆"。

这天我穿过磁器口牌坊,进入一条叫黄捅坪巷的小街,也陷入了熙熙攘攘的人群之中。小街两边的商铺栉比相连,都是重庆当地的名特产店铺,千张皮、水八块、椒盐花生、合川桃酥、豆瓣鱼、毛血旺……有趣的是,有几家店铺的招牌为"张飞牛肉",门口都站着一个彪形大汉,脸上涂满油彩,身着古战袍,形似当年的"张飞",大声吆喝,招徕路人。小街中,有一家茶室,是一个民居天井,里面放着一些木桌竹椅,并没有刻意的装潢,只在门口贴着央视某主持人曾在此喝茶的照片,算是一个广告。

转入正街,有10多家专卖麻花的店铺,一家"陈麻花"店铺前,竟排起了长队,足有三四十人。买来尝一口,酥、香、脆、辣,不油腻,风味的确独特。我的同事被身边游人手托凉粉碗边走边吃的景象所感染了,给我们每人买了一碗,也"入乡随俗"地边走边吃起来。路边有好几家书画店铺,在一家"野老书画社"门口,我止步看一位老者在给游客写"姓名书法",他用草篆给人写名字,印章式,很有国画味。我也情不自禁请老者写了一幅。写完后,他将"我"嵌入一相框,并装入纸盒,盒上写着"你的名字是一幅画",很有味道。

正街上有一牌坊,上书"龙隐门"三字,想必是明末清初的遗物。出了牌坊,便到了嘉陵江边。四月下旬,正是枯水期,江边的碎石滩上,支起了好多遮阳伞,成了个小憩喝茶的观景之地。

"一条石板路,千年磁器口"。磁器口的正街、横街、黄桷坪巷到处可见的古民居,屋下是大块鹅卵石地基,中间是大木条,木板墙体,屋顶是飞梁翘角,还有那吊脚楼群。古朴的建筑,留下的是历史的记忆。我想以后有机会,还要再来走走,在吊脚楼里品茗,尝一尝正宗的毛血旺,去看看山上的宝轮寺,漫步在古街小巷中,去寻找记忆中的碎片,那该是多惬意呀!

2010年5月

酉阳的"六口茶"

前两天整理抽屉时,一张印着《六口茶》的土家族民歌吸引了我,情不自禁地哼了起来。我清楚地记得在七八年前第一次听到这首歌时的情景,那是在重庆酉阳土家族苗族自治县来松江举行的旅游推介会上。

会上,除了介绍酉阳旅游资源、播放酉阳风光片等议程外,还上来了六七个身穿鲜艳的土家族服饰的姑娘,她们一字排开,为我们演唱了这首民歌。我们每人手中都有这首民歌的词曲,在主持人的领唱下,我们也一句一句地跟着学唱。此时,台上台下一起互动,把推介会推向了高潮。会后用餐时,这群姑娘还挨桌唱歌敬酒。因这首歌是男女对唱的,故要求男嘉宾先唱,姑娘们再齐声应唱。就这样,我们被一一轮流地拖入角色,好在歌词曲调都比较简单,唱了几遍也就有点模样了。

我孤陋寡闻,以前仅知道土家族的《龙船调》很好听,唱遍大江南北。那日听《六口茶》,感觉既好听又简单易学。正因有了这第一次,几年前,在看一部反映土家族人民组织起来投入抗战、抵御日寇进犯的电视连续剧中,也听到了这首《六口茶》的片段,甚感熟悉和亲切。

这是一首土家族儿女必唱的,也是目前流传很广的土家民歌。在鄂湘黔渝的大娄山、武陵山地区,当青年男子遇见了自己心仪的姑娘,就唱歌搭话。又怕姑娘拒绝不好意思,就开始从爹妈问起,如果姑娘也有意就回歌。一来二往,就询问到姑娘的年龄。年龄是姑娘的秘密,姑娘一回答,小伙子也就明白了对方的心意了,一段感情就此拉开。歌中小伙子先唱道:"喝你一口茶呀,问你一句话,你的那个爹妈(撒)在家不在家?"姑娘回唱:"你喝茶就喝茶呀,哪来这多话!我的那个爹妈(撒)

已经八十八。"姑娘的前句看似带有嗔怪的口吻,但这嗔怪中也流露出了丝丝爱慕,否则就不会有后句,而后句则是有心有意的。然后,小伙子依次询问了姑娘的哥嫂、姐姐、妹妹、弟弟的情况,姑娘则一一回答:分了家、出了嫁、上学哒、奶娃娃。小伙子喝第六口茶后问的一句是关键:"眼前这个妹子(撒)今年有多大?"姑娘回唱道:"今年一十八。"这句话的潜台词是姑娘还未有婆家,姑娘也就无秘密可言了。小伙子的主动六问和姑娘心甘情愿的六答,是那么的淳朴和纯洁无瑕。

我国是个多民族的大家庭,各民族都有其独特的文化传承和民风习俗,这也成了人们在旅游中能够分享到的新奇快乐、独特文化和艺术魅力。

只要听到这首《六口茶》,眼前就会浮现出湖北恩施的清江大峡谷和土司城、湖南湘西的张家界和凤凰古城、贵州黔东的梵净山和镇远古城、重庆渝东南酉阳的山城龚滩和桃花源。还有那独特的土家摆手舞和对山歌、糍粑酱香饼和腊肉、吊脚楼和挂满银饰的绣花衣裙。那里可是土家族人世世代代生活集聚的人间天堂啊!

2017 年 6 月

仿制的澄砚

十多年前，我从川西南的贡嘎山海螺沟下来，住在山脚下的一家宾馆。那天，离晚餐还有些时间，我便在宾馆附近的小街上闲逛。这里已是汉藏混居区，卖的东西大多是藏药和藏民用品。

我在一间门面不大的小店里闲看，突然发现在玻璃柜下一个角落里，有一方澄泥砚。便让店主拿给我看。店主将这一方积着灰尘的澄泥砚递给我后，仍去做他的事，并没太在意这方砚。这方澄泥砚，砚面沟槽边上刻着一只怪兽，兽爪下有云纹，砚面三条边上也刻着云纹。砚左侧脊上刻着一排字，是三个金文，四个汉篆，我不识是何字，落款是"大澂题"。砚右侧脊上刻着二排字，是行书，下面刻的是"乙卯秋吴昌硕"。砚背上端也刻着一条龙，有祥云纹衬托。中下方凹框内用隶书刻着一首诗，落款是"冯玉祥敬题"和"冯"字印章。我随口问店主，这只砚哪来的？他回答说是收来的。我又问卖多少钱？他头也不抬地说："六百"。几经讨价还价，以半价购得。

买回来后也没去研究这方澄砚的真伪，便随手放入了书柜，这一放便是12年。近来闲时，便将此砚拿出来瞧瞧：它究竟是真是假？

这是一方土黄砚，长14.5公分，宽10公分，厚2.5公分。龙的雕刻很细腻，形象栩栩如生。"大澂"应是吴大澂，金文和汉篆题刻的7个字，前3字后用"·"相隔，好不容易译出，应是："两罍轩·校书之砚"。吴昌硕题的字为："两罍轩主研侧象，窓斋题石，友今收得，愁将虑事提"。冯玉祥敬题的是："惟公勋业彪炳人群 文章道德卓卓今名 清风亮节寰宇景钦 方隆大年遽返本真 滇海浩浩昆华苍苍 缅怀遗风山高水长"。

一方澄砚上有三位名人的题字，这的确是一个意外惊喜。但我还是怀疑它的真实，因这方澄砚两边的做工有些粗糙，留有明显的粗糙痕迹，金文"两"字少了上面一横，行书"象"字上部是个"夕"字头，不知为何字，而且，还似乎缺少一个红木座盒。这里，先按下不表。

那么，这三位名人是否有关联呢？查了一些资料得知：吴大澂（1835—1902），初名大淳，字清卿，号恒轩，晚号愙斋，吴县（今江苏苏州）人。同治七年（1868）进士。历任陕甘学政、左副都御史、广东和湖南巡抚。1886年，在收回被俄侵占领土上功不可没。甲午战事，折戟辽东，被革职回籍。吴大澂擅山水、花卉，精于篆书，他的专著有《说文古籀补》《愙斋集古录》《恒轩吉金录》及辑自藏印《十六金符斋印存》等，都是在清代金石学与印学史上以广博、专业著称的扛鼎之作，在国内产生了重要的影响。他对吴昌硕、黄士陵这两位篆刻大师的提携与交往，也成为近代篆刻史上的伯乐。

那么，"两罍轩主"又是谁呢？经查询，得知是苏州知府、金石书画收藏家吴云。吴云家后院有一书房，名"两罍轩"，吴大澂是吴云家的常客，大澂比吴云小24岁。在金石、收藏方面吴云当属吴大澂的老师。吴大澂在这里又结识了小自己9岁的吴昌硕，并对这位小老弟给予指导教诲，对吴昌硕成名有很大帮助。

吴昌硕（1844—1927）是近代著名艺术大家，他的绘画篆刻百多年来受到海内外顶礼膜拜的推崇。他出生于浙江安吉，少年时遭遇战乱，穷困潦倒，背井离乡。中年时曾应吴大澂之邀北上参佐戎幕，却因甲午之战清政府一败涂地，使他报效国家的希望彻底破灭。这方澄砚上，吴昌硕的题字时间是乙卯秋，应该是吴大澂去世13年后的1915年。题字中有"愙斋"两字，为大澂晚号。题字中充满了对吴大澂的怀念和回忆。

冯玉祥（1882—1948），少时从军，1910年曾任清军北洋军营管带，后任西北军总司令，是一位爱国抗日将领。在抗战时期，他写了1400多首诗，诗为"丘八体"，与砚背上的诗体相符。由于没有注明时间，推断为抗战时期在四川重庆时所题。在这首诗中，他是在缅怀、瞻仰一位先人，应该是吴大澂。

这样来看，此砚的原主人是吴云，吴云就是这方澄砚中隐含的第四人。吴大澂题字一侧，上面是"两罍轩"金文，可能是擅长甲骨、金文的吴云自题的。很有可能是吴云将这方澄砚送给了好友吴大澂。吴大澂把它作为自己训古时用的手边之物，取名"校书之砚"。吴大澂被罢官后，经济上穷困潦倒，有可能将一些字画、古董和此澄砚出售以养家糊口。后有吴昌硕的友人收得此砚，赠送给吴昌硕。吴便题上了这几句，"愙斋题石，友今收得"，到了他手中，不禁感慨"愁将虑事提"。

经上网查询资料得知，北京有一古玩爱好者在 2006 年也曾收得一方与我同样的名人题字澄砚。他还作了不少的研究，在网上写了一篇题为《一方小砚背后的故事》的文章，洋洋五千字，将自己的考证作了详细介绍。

然而，我又查得在《沈氏砚林》所藏砚品中确有"两罍轩主校书砚"。北京的那位和我的都是多一个"之"字，我的则还少了一个"主"字。这样，就有了三方"两罍轩"砚了。至此，我知道我和北京的那位都属于"缴学费"的人。

都说现在的古玩市场里百分之九十以上都是假货，看来并非空穴来风。经历了，就明白了。唉，真是水太深了！

2015 年 10 月

翠云廊的古柏

春节过后，去了川北广元。游览心仪已久的剑门关景区和翠云廊景区。两景区是组合晋升为 AAAAA 级的。与剑门关相比，翠云廊的游人就少多了，显得清静。

进入景区后，我们在观云亭旁走近道上了山坡上的翠云亭，走上了翠云廊。翠云廊其实是条古道，并非明清建筑风格园林中的回廊、曲廊或骑廊。用"廊"字只是说明道路两边的行道树参天茂盛，蔽日遮阴，是山中的一条绿色长廊。

翠云廊以剑阁为中心，向东北通昭化古城，向西南连梓潼，向东南直达阆中，全长有 150 千米，是古代川北的一条驿道、官道，沿途还设有驿站，也是古蜀道的一部分。驿道铺有青石板，能够看出它的岁月斑驳。为了防止信使走错道而延误军情的送达，驿道的两边种有柏树，据说有十万株，古时称"皇柏大道"。

我们游览的这一段古道，应该是剑阁至梓潼中的一段。在这古道中漫步，我感觉两边的古柏密集列阵，古道就显得更加狭窄，前面的游人也显得小了许多。哦，原来是古柏树太高大粗壮了，这行道树，天下一绝啊！

脚下的青石板上有一块一块明显的石皮脱落的痕迹，这是否是马蹄长时间的踩踏造成的呢？两边古柏粗大挺拔，形态万千，风姿各异，翠碧连云。抬头不见天日，低首幽静无尘，仿佛进入了原始森林。柏树皱裂的表皮尽显年轮的沧桑，躯体呈绞纹状向上伸展着。只见裸露的树根紧紧缠住泥土，延伸得很远很深。有的树干已成空洞，仍顽强地生长着，不离不弃。

在一棵四周已围起木栅栏的标着"皇柏"的巨柏前，我想起前两天曾见过的一张照片，那是12位姑娘手拉手围住了这皇柏的大半圈，那有多粗壮呀！当地人给每棵古柏都起了名，如宋柏、夫妻柏、隆中对柏、犀牛望月、三国鼎立柏、剑阁柏、阿斗柏、汉砖柏、荔枝柏、黄忠柏、魏延柏等。其实与树没多大关系，有的是按树的形状取名，多数则是对"三国"这段历史和人物的叙述。也仿佛把时光又带回到了那铁马金戈的时代。翠云廊上，刘邦率领军队北上，去逐鹿中原。刘备取此道南下攻下成都，建蜀汉政权。张飞急驰去昭化挑灯夜战马超。军队走过了、粮草运出了，还有经商的、过路的。

据专家测定，胸径在2米以上的柏树，树龄应在2000年左右，应属秦汉时期。但川北人却认为是张飞率部下所植，称它为"张飞柏"，川北人对张飞是敬仰有加。所以，这条廊道上的古柏才躲过了大炼钢铁、十年浩劫的灾难，这还真的要感谢张飞大将军了。以后的历朝历代，虽也做了些种植修补，但柏树的主体种植应在"三国"之前。

历史上，曾有许多文人雅士留下了赞美翠云廊的美文诗句，最知名的当数清初剑州知州乔钵的《翠云廊》了。

"剑门路，崎岖凹凸石头路。两行古柏植何人，三百长程十万树。翠云廊，苍烟护，苔滑荫雨湿衣裳，回柯垂叶凉风度。无石不可眠，处处堪留句，龙蛇蜿蜒山缠互，传是昔年李白夫，奇人怪事教人妒。休称蜀道难，错莫剑门路。"

今日，翠云廊上千年古柏仅剩下8000株了，我问伴友，这段道上有多少棵古柏？他说："280多棵，这段保护得最好！"庆幸的是，翠云廊的风韵犹在，难得一见。在这里，在古柏树下，我们还能感受到古道、西风、瘦马、苍烟的古风古情。

2018年3月

阆中印象

十多年前，在一则电视广告中，一名小学生以她清脆的童声，用拼音念着"阆"字，让我知道了四川有个地方叫阆中。多年前，曾见过一张阆中的照片：江边，一大片灰灰的小青瓦屋顶，纵横交错，占满了整个画面。这屋顶似乎是一层神秘的面纱，让我不知其然。网上一查，才知阆中历史悠久，有着2300年的连续建城史。在嘉陵江中游七座沿江古城中，是保存较好的一座古城，被誉为中国四大古城之一。这也促使我想去看个究竟。今年春节期间，我终于如愿前往。

在伴友的陪同下，我们边听着介绍，边新奇地东瞧西瞅，穿街走巷，在古城兜了一大圈，我才悟到了这小青瓦屋檐下的真容。

阆中古城方圆近2平方千米，说以前还要大得多，城东北一带已拆了不少老房子。现存的房屋少量为宋元时期的，大多为明清建筑。其中多数为沿街开店的铺面式民居。开间小而有进深，多为前店后宅或下店上宅。小青瓦，穿斗式木结构，一二层的川北特色民居。有的开小饭店或小吃店，经营着阆中油茶、牛羊杂碎面、牛肉凉面、锭子锅盔、龙抄手，还有清真食品等特色。有的专卖当地特色，张飞牛肉、保宁醋、阆州醋、白糖蒸馍、保宁压酒、千佛泡菜、蚕丝被、地毯等。另一类为院落式私家宅第。以三进四合院带天井为主，左右厢房二层为多，用走廊贯通前后。房屋装饰雕梁画栋，古色古香。这类院落好多处现已改为客栈或饭店了，我们之前预定的就是一家明清建筑的客栈。

古城以过街式的中天楼为中心，登楼可远望全城。楼下有北南向和东西向的两条主干道。东西干道以北，相对集中的是文物古迹建筑，状元阁、天主堂、文庙，川北道署是阆中曾有20年四川省道台的署府，贡院是清代四川的考棚，均保存完好。汉桓侯祠是纪念张飞曾在此镇守了七年而建，是张飞的墓地和纪念地，俗称张飞庙。

此时，正月十五还未过，古城仍沉浸在春节的喜庆热闹之中。贡院和张飞庙前广场上同时在举办"阆中落下闳春节文化博览会"，表演的是当地的戏剧曲艺节目，围观的市民也不少，不愧为我国本源文化的发祥地之一。

东西干道以南，以民居、商业店铺为主。城南一带还有红四方面军政治部驻地纪念馆、火神楼、清真寺、风水馆等。我国古代天文学家、"春节老人"落下闳故居也坐落于此。古城标志性建筑华光楼位于城外东南，有"阆苑第一楼"之称，昔日为商贾云集的闹市之地。以前嘉陵江两岸之间曾用船只搭成浮桥，方便人们过江，现已改为码头了。沿江边有观光休闲带，可坐下来用餐、品茗、观景或发呆。

晚餐后，去了江南岸的南津关古镇，一场名为《阆宛仙境》的移步实景剧让我们又加深了对阆中的了解。

翌日，去了南津关边的鳌山，登上奎星楼眺望古城。此刻，阆中古城尽收眼底，还是那一大片灰灰的小青瓦屋顶，素雅、古朴、宁静，只见华光楼、中天楼鹤立其中。

这古城，北面有蟠龙山作靠背，嘉陵江呈"U"形环绕三面，江南有白塔山、西山拱卫东西两侧，与锦屏山隔江相望，地理位置极佳。我情不自禁脱口赞道：头顶白云，背靠蟠龙，依枕嘉陵，眺望锦屏，好一个阆苑仙境！

2018年3月

昭化古城看"三国"

初春的一天，我们来到了昭化古城的东门外街，一座石牌楼醒目地矗立在路口，四柱三门五楼抬梁式，应为明代所建。牌楼正上方书有"葭萌"二字，两边内柱上有"蜀道三国重镇"和"天下第一太极"的楹联，道出了古城的厚重与独特。

昭化古时称葭萌，有2300年的建城史，公元前314年在此建葭萌县，故有"巴蜀第一县"和"蜀国第二都"之称。

过牌楼后，两边民居商铺毗邻接踵，游客熙熙攘攘，很是热闹。

东门为瞻凤门，明代所建。城门内的太守街为古城的主街，古时也是穿城而过的金牛道。向西通向剑门关，向东至嘉陵江、白龙江汇合处的桔柏古渡。伴友说，古时，这个古渡舟船川流不息，车马络绎不绝，尽显"白天千人拱手，晚上万盏明灯"的繁闹景况，可惜现在已看不到了，只能听到唐明皇幸蜀在此转渡有"神鱼夹舟"和唐僖宗逃难至此有"遇仙接驾"的神奇传说。

入城，太守街的路面按三横两竖排列的青砂石板也颇有讲究，当中横石板为官引道，两边竖石板为轿夫道，外两边横石板为百姓走道，等级严格。石板路略呈瓦背形，中高边低，下有暗道排水，是按古时的做法重修的。古城的街巷多为"丁"字形，说是便于军事防御。城内禁止汽车驶入，也平添了几分昔日的气氛。此时，街上还是人来人往，小孩在互相追逐，大人则忙着做生意、吃喝，或在路边聊天，是一座生活着的千年古城。

过葭萌亭、城隍庙，出西城墙，沿城墙往南而行，不一会便来到了西门外。西门为临清门，高大威武。门外广场西侧有一块横卧的大石头，上书"胜利坝"。当年，葭萌关前张飞挑灯夜战马超，两人厮杀的情景，现只能从电影里去想象了。

西行不远，便是敬侯祠，也是蜀汉丞相费祎的墓冢。伴友说，向北十里有葭萌关遗址，边上土基后有关索之妻鲍三娘墓；又指着西面的山说，牛头山的半山腰还有古时昭化八景之一的牛首雄关——天雄关。看来这古城及周边，三国的遗迹还真不少。

返入临清门向东而行，相府街上就显得清静得多。这龙门书院和昭化汉城博物馆似乎没什么人。在吐费街南，还保存着一段汉城墙的遗址。剑刀坝君臣园中陈列着三国时在此浴血征战的蜀汉君臣的大型雕塑，叙说的是三国故事。转入县衙街往北，沿街还保存着不少古建筑，孝节牌坊、汉寿阁、县衙门、葭萌楼等。出拱级门楼后，我回望古城，意犹未尽。

昭化古城因嘉陵江、白龙江在此交汇，山水形似一幅太极图，古城就位于图中的阳眼之处。古城东有两江扼守，西有天雄险关，虽属"弹丸之城，却有金汤之固"。

当年刘备就是看中这战略要地，而在此驻兵、操练兵马、休养生息、广征粮草。公元212年，刘备听从庞统意见，以帮助东吴为名，转而离开葭萌，出剑阁西下攻破成都，击败刘璋。于221年建立蜀汉政权。葭萌城是刘备的根据地，他将古城改名为汉寿城，取吉祥语"汉祚永寿"之意。然而，自刘、关、张和诸葛亮相继离世之后，费祎之死和姜维死守剑门关和汉寿城，便成了蜀汉政权走向衰败的标志，也印证了那句"蜀汉兴，葭萌起；蜀汉亡，葭萌止"的民间传言。

2018年3月

剑门蜀道怀古

去年春节刚过，我去了川北，怀着那一缕思旧的意绪去游览剑门蜀道。出广元市区后，我们沿着108国道向北而行，此道是在原川陕公路的基础上改扩建的，也是在原古蜀道上建起来的。沿着嘉陵江北上，望着车窗外的嘉陵江和高架桥，我感叹蜀道已不再难了。宝成铁路、西成客专、兰渝高铁和京昆高速、兰海高速、108国道均钻山跨江而过，通达四方。

到了明月峡景区，嘉陵江两岸是山壁陡峭，源于秦岭的嘉陵江夹在两山之间向南流去。古蜀道便是在江东岸的峭壁上凌空架起。这木栈道虽是后来仿制的，但沿途还可见到崖壁上的古栈道孔眼，计有400多个。崖壁上端是原川陕公路，也是当年输送抗战物资的主要通道。现因108国道的拉直改道，此道已成为明月峡景区的观光道。望着路边的"金牛便金"和"秦惠王灭蜀"的石刻雕像，我的思绪也穿越到了两千多年前。

蜀道，它南起成都，到了绵阳后分成四条道。向西北的辅道为阴平道，过江油、平武，越摩天岭后通向陇西。向东北的辅道为米仓道，过阆中、巴中、南江，越米仓山后通向汉中。另有一条东线辅道是过达州的荔枝道。这里为中间的主道，也是官道，称为"金牛道"，过了剑门关后，沿着嘉陵江东岸穿过大巴山进入汉中。

蜀道在殷商时期就已有。秦始皇统一六国后，在全国建了八条驰道（直道），其中有一条驰道是咸阳经汉中到巴都的"汉中巴蜀道"，全长有1000多千米。其他驰道都很宽畅，唯独这巴蜀道狭窄难行，许多路段都是在悬崖峭壁上开凿桩眼，凌空架设栈道，故被称为"秦蜀栈道"或

"五尺道"。巴蜀道自咸阳出大散关后,渡渭水,越秦岭后跨汉水,经褒斜道河谷,入汉中平原,再接蜀道,穿过大巴山,又渡嘉陵江,一路艰难险恶。

蜀道又称"金牛道"、"石牛道"或"剑阁道",缘于战国中后期的秦惠王时期,秦国早已有吞并蜀国之心,便利用蜀王贪财贪色的弱点,设计用五头会"便金"的石牛赠与蜀王。声称为了便于运送石牛,引诱蜀王将蜀道加宽,还将五位美女赠与蜀王。结果,"金牛"并没有"便金",而五丁力士与五位美女却因山崩死于梓潼县七曲山中。道宽了,便于行军作战。五丁力士死了,抵抗的力量也就削弱了。公元前316年,蜀国被秦惠王所灭。这金牛道也多少带有蜀人自嘲的色彩。

秦末,刘邦也是利用巴蜀道北段再翻越秦岭中的子午道、陈仓(今宝鸡)道和祁山道,由韩信上演了一出"明修栈道,暗度陈仓"的好戏,由此拉开了楚汉两雄争霸的序幕,这成语也成了《三十六计》中的第八计而闻名天下。

回程途中,在千佛崖景区,看到了崖下那段因修川陕公路而填埋的古蜀道,现因公路改道而重见天日,还是那样的厚实和完整。

回到广元后,离晚餐还有些时间,导游见我一路上对蜀道颇有兴致,便把我们带到位于南河栖凤廊桥上的景观书吧。说书吧的主人陈洋是位摄影家,在古蜀道上寻觅了30多年,近十年来致力于"走蜀道,助申遗"的公益活动,让我们去认识一下。可惜陈洋前两天已自驾游出远门了,他妻子略带歉意地送了我一本陈洋著的书《走蜀道,助申遗》,颇感是意外收获。虽未能与陈洋先生谋面,可已感觉到有些事,民间自有古道热肠的有志者在助推,在努力。

翌日,我们去了向往已久的剑门雄关。眺望着两边大小剑山72峰,峰峦叠嶂,近处是刀削斧劈似的悬崖峭壁。古蜀道穿过关楼,厚重的青石板沿着山壁一级一级伸向远方。仰望关楼,耳边的风声仿佛成了万人攻关的呐喊声。

公元263年秋，三国时期的魏国大将钟会率十万大军沿金牛道正面进攻剑门关却久攻不下。剑门关是进入成都平原的最后一道重要关隘，此关被破，其他地方将无险可守。后因魏将邓艾从阴平道上冒险翻越摩天岭后，竟无路可走，邓艾拼死一搏，带头裹着毛毯滚下崖坡，跟随的将士们死伤大半，邓艾带着所剩的三千将士攻破了形同虚设的江油关和石门关，偷袭成功并攻占了成都。蜀后主刘禅不战而降，并令驻守剑门关的大将姜维也开关投降，将士们个个怒发冲冠，拔刀砍石，仰天长叹！就这样，蜀汉被灭。这刘禅在去了魏国后竟"乐不思蜀"。刘备一生的努力还是终止于这个"扶不起的阿斗"身上！相隔17年后，西晋武帝司马炎又灭吴，从而结束了三国鼎立的局面。

李白的《蜀道难》，将蜀道的艰难程度描写得淋漓尽致："蜀道之难，难于上青天……一夫当关，万夫莫开……"，剑门关曾身经50多次大战，无一失守，被誉为"蜀北之屏障，两川之咽喉"的雄关险隘。然而，到了元末明初，朱元璋的大将傅有德又故技重演，攻克阴平道而入川。清顺治六年，李自成部将也大破剑门。1935年，红军攻克剑门关，北上抗日。1936年川陕公路开通，剑门蜀道也终究画上了一个休止符。

剑门蜀道的硝烟早已散尽，历史终将远去，但这剑门雄姿与古蜀道还是能让人们重拾它当年的"峥嵘而崔嵬"。

2019年2月

德天瀑布

知道在广西中越边境上有个德天大瀑布已有好几年了。看照片，德天大瀑布在青山绿树间，水流跌落而下，层层叠叠，远处的喀斯特地貌的山峦群峰伫立，非常美丽。据说，这是世界上较大的跨国瀑布之一，又被国家地理杂志评为"中国最美的瀑布"。亲眼目睹其芳容成了我的向往。

七月，我终于踏上了寻觅之路，车从南宁出发，210千米的路要走4个多小时。导游说这次德天之行，我们要走4种规格的道路，这在出游中也是不多的。先走了30多千米的高速公路，下高速后走国道，然后改走省道，最后还要走一段乡村道路。一路上，欣赏着车窗外的南国风光，穿行在一座座喀斯特山峦间，倒也不觉得枯燥。在离德天瀑布不到10千米处，我们已到了中越边境，在路边的餐馆用了午餐，感觉已经有了越南味。饭店后面有一条河，名叫归春河，该河源于广西，流入越南后又回流至广西，成为中越边界的界河。

到了目的地后，导游在一块导游图前给我们作了介绍。来到山坡边，整个德天瀑布就出现在我们面前。山下的归春河，上游是一座山的断崖，河水是从断崖上直泻而下的，由于山坡上岩石的阻挡，形成了三迭瀑布，这就是德天瀑布。瀑布宽约100多米，纵深60多米，落差70多米，层层而下。此时正逢丰水期，水势激荡，水花飞溅。其中有一条水流流向越南境内，成了在不远处的另一个瀑布，叫板约瀑布。板约瀑布要小得多，显得秀气和苗条，但它和德天瀑布是连为一体的。在晴天白云和苍翠绿树的衬托下，这两个瀑布显得非常美丽。我们一行迫不及待地向山坡下的河边走去，不远处有多个竹排靠在岸边，我们就登上竹排想和德天瀑布来个零距离"接触"。在竹排上，大家忙于拍照。以美丽的瀑布为背景，似乎每个景都舍不得放弃，竹排靠近瀑布后，飞溅出来的水珠浸湿了我们的衣服，大家全然不顾，甭提有多高兴。

上岸后，我们沿着山路向上攀去，奔腾的河水，到了断崖处就没了，下面的归春河却显得非常开阔。我们来到山上的中越53号界碑处，界碑有两块，一块竖于清代，一块是2001年新竖立的。而游客们都自觉地在老界碑处排成一队等待照相，原来是这块53号老界碑的碑上所书"中国广西界"中的"广"字的繁体字写错了，而且把中文这一面面向了越南，竖反了。大家感到很有趣，竖碑的人也太粗心了，所以拍照的人也格外多。

界碑过去一步就是越南境了，有一个小集市，到处都是越南小摊位，出售的是香烟、香水、咖啡、首饰等，小贩们大声吆喝着招揽游客。两个越南小伙子头戴着绿色的遮阳帽，那样式、那颜色使我们想起了30多年越南战争中越南士兵的装饰。这界碑和小集市也算是给德天瀑布增加了两个配套游览项目。

下山的路上，绿水、翠山、竹排、农田、牛群，展现给我们一幅美丽的图画，站在画中回头望，德天瀑布赫然挂在空中。

2012年8月

美哉，茶溪谷

要写茶溪谷，先要说说深圳华侨城。

20世纪90年代，在深圳这片改革开放实验区的热土上，华侨城人建起了一个个主题公园，吸引了数千万的游客来游玩。深圳并没有多少旅游资源，而华侨城人硬是在这片热土上创造出一个个神话，开辟了一个个全新的主题公园。华侨城人的大胆、大气、创新、超前、追求卓越，引领了时代的潮流。在全国各地的一片"主题公园"热"退烧"后，华侨城的一个个项目仍然魅力不减，辐射到长沙、成都、北京、泰州、上海，创造出一个个奇迹。

去年，听说华侨城人在深圳东部的梧桐山中花了4年时间，总投资35亿元人民币，在9平方千米的山峦里建起了东部华侨城项目，建起了茶溪谷、云海谷和大峡谷3个板块，在试营业不到一年的时间里，接待了60万人，真是一个不错的业绩。我们很想去看看。

前些天，我与几位同事去深圳参观东部华侨城的项目。小车从深圳宝安机场出发，横穿了整个深圳城区，来到了深圳东部大梅沙，进入了山道，在海拔500多米高的梧桐山中穿行。

小车在山道上拐了几个弯后，眼前便出现了一条高架在山谷中逶迤伸展的铁轨桥，一列只有3节车厢的森林小火车驶在上面缓缓地行驶。

到了，茶溪谷到了。

茶溪谷占地3平方千米，分别由茵特拉根、茶翁古镇、湿地花园和三洲茶园4部分组成。

小车驶过茵特拉根火车站，便拐了弯，停在了茵特拉根酒店门口。

下车后又换乘上电瓶车，继续沿着山道向上行驶，沿途是茵特拉根酒店的裙屋和数十幢别墅。远处的一幢"总统堡"坐落在山腰中，颇有气派。电瓶车穿过茵特拉根矿泉SPA，经过落翔桥，载着我们来到了湿地花园。我发现，电瓶车行驶在一条塑胶道上，原来这是一条山地自行车环道。我们来到了湿地长廊，走上了廊桥，来到了一座取名为"生命之源"的大拱形红色钢塑前，眼前是一片湖区。据介绍，这片山区中有大小水库十多个，周围城镇的饮水就靠这些水库，在这里建旅游休闲度假设施对生态保护、水资源的保护要求特高。听后不得不佩服华侨城人的大胆、敢做和敬业精神。

　　我们在茵特拉根小镇咕咕舞台前下了车。在咕咕钟门楼前，一位"街头人体秀"迎接了我们，大家情不自禁地与他合影，进入钟楼商业步行街，异国情调的商品、旅游纪念品琳琅满目，使我们不由得顿足观望。步行街中部的湖上，建有一廊桥，望着这廊桥，似曾相识，似阿尔卑斯山下的瑞士小镇——琉森。对！就是眼前的这景。廊桥边一支瑞士人组成的乐队在演奏着一首我不知名的乐曲，异国风格的建筑窗台上，栽有一盆盆鲜花，使我仿佛置身于瑞士的街景中。

　　我们来到了三洲茶园，站在离地面近40米的竹溪索桥上，远远望去，四周是满目苍翠，幽幽湿地，茶溪美景，尽收眼底。三洲茶园由寻幽竹溪区、闻香茶岭区、森林探秘区3大区域31个景点组成。我们坐着电瓶车一路走马观花，感叹不已。最后我们来到了茶翁古镇。镇广场中央竖着一名叫醍醐灌顶的大茶壶造型，广场四周有戏台、百茶屏、茶屋、茶艺坊和茶馆饭庄，一字排开。

　　下山的路上，我沉浸在茶溪谷的美景之中，也许我会再次来东部华侨城的茶溪谷。在山路弯弯，高低起伏的塑胶道上悠闲地骑着自行车，坐上观光升空氦气球鸟瞰整个东部华侨城；或去茵特拉根矿泉SPA做一次水疗，在小镇上逛逛，听听街头摇滚乐队的演奏，中午在茶翁古镇吃上一顿农家菜，下午泡上一壶南岭香茶，眺望着远处山峦的群峰绿海，望着脚下层层茶园，享受着山地清音的天籁之美；或坐在路边的茶棚里，体验一下在茶马古道边歇脚的滋味，看着古镇戏台上演出的粤剧，听着当地茶农无忧无虑的闲聊；晚上去大剧院观看一场流光溢彩的天禅之舞，真是犹如仙境，太惬意了。

华侨城人在深山里活生生地打造了一个全生态的旅游休闲度假区，难怪我国第一块国家生态旅游示范区牌子挂在了这里。深圳市市长曾说"东部华侨城将成为深圳市一张流光溢彩的城市名片"。这张城市名片的新颖之处，从某种角度上说，恰恰就在于她所开创的文化旅游新体验。是啊！人们说，现在的旅游已从单一观光型步入旅游观光和休闲度假并举的时代，华侨城人着实又领先了一步，不声不响地创造出了一个与主题公园截然不同的生态休闲度假新产品，又一次引领了时代的新潮流。

美哉，茶溪谷！

2008 年 8 月

导游小王

我喜欢旅游，也有兴趣收集旅游景区门票。近日，在整理门票时，见有一信夹在其中，抽出一看，信来自海南海口，寄信人姓王。信中寥寥几行字，是说明为何晚了三个月才将门票寄来的事。十多年前，去海南旅游的往事便浮现在了我的眼前。

那天，飞机降落在海口机场后，来接机的是一位身材瘦小、皮肤黝黑的女导游。上车后，她便自我介绍姓王，然后介绍海南特色和行程安排。末了，她说："我们海南岛简称'琼'（穷），你们上海简称'沪'（富），富人来到穷人的地方，如招待不周还请多包涵、多谅解。"大家听后都笑了，知道这是善意的自嘲和调侃的玩笑话。

在海口，我们参观了五公祠。集合时，小王便指着水果摊上已切成小片的榴梿，招呼大家："每人拿一块尝尝，这在你们上海是吃不到的。"这举动似乎一下子把我们之间的距离拉近了，感到这导游挺热心好客的，像是招待亲朋好友。晚餐，我们是在琼海一街边大排档吃的。海南这地方，天虽热，但大排档的店面似乎都是敞开式的，没有空调，仅靠电扇驱热。小王她一会儿给我们加了个落地电扇，一会儿来问我们吃得惯吗？很是关心。当晚我们住在琼海，小王说她是琼海人，原在琼海的旅行社当导游，一年前才去了省城海口。团友说，今晚你可回家了。她说不行，我在带团，是不能离开你们的。

第二天，在路途中，也许是为了解除长时间坐车的乏闷，小王竟主动为我们唱起了当地的歌谣，虽听不太懂，但还是被她的真诚所感动，车厢内的气氛也活跃了许多。入夜，我们住的度假村外不远处有一夜市很是热闹，她一次又一次叮嘱我们，晚上逛街要注意安全，切忌单独出行，尽量别购物，避免上当或产生纠纷，很是尽职。

到了三亚，有一晚餐是安排自费吃海鲜。以前也听说过游客吃海鲜价高被斩的事，小王将心存顾虑的我们，领到了城区一热闹处的餐厅，在此消费的大多为本地人。一餐吃下来，感觉海鲜品种多且价格合理，大家都很满意。离开南山景区时，我问她：这景区门票，除了需报账的以外，有没有多余的门票？我想向你要一些。她说："有，但不在身边，等我有空理出来后，再寄给你"。随后便问我要了通讯地址。

回来后，前十天半月，我还期盼着能收到小王寄来的门票。时间一长，我以为小王是说说而已，或许早已忘了。我也慢慢淡忘了此事。

想不到三个多月后，还真的收到了一个厚厚的信件，里面夹着一叠门票。手握着信件和这些门票，我既感意外、高兴，又有些自责。原来这段时间是旅游旺季，她的接团任务很重，忙得连轴转。十天半月也回不了一次家，即使回家也是深夜进门清晨出门。小王没有食言，她将此事记在心里并兑现了。透过这件事，可见她作为导游的待人接物和职业诚信。而且，这事做了，她也不要你感谢，寄来的信件上既无寄信人的名字和详细地址，也无联系电话，我连个答谢的机会都没有。

2018 年 6 月

向往镇远

镇远，有人介绍说很美、很有看点，值得一去。看了潕阳河和镇远古城的照片后，让人心动。这次，我们去黔东南西江千户苗寨和榕江考察，特挤出时间去了镇远，可惜时间太短了。

那天早晨，我们从黔东南州府凯里出发经黄平、施秉，百千米的山路走了3个多小时，来到了镇远。首先看到的是古城西门的古牌楼和高高的防火墙民居，奇特的是房子都是紧贴石屏山的峭壁悬崖而建。时已中午，我们在兴隆街禹门码头边的一家饭店用餐。饭店门临街面、背后紧靠着潕阳河。推窗而望，此景曾似相识，似凤凰而非凤凰。少了吊脚楼，多了古砖瓦屋。饭后我们沿着小街向东边走边逛，满街都是本地的土特产商店和旅游纪念品专卖店，但少了凤凰那样的拥挤和喧哗，显得安静和宽畅。来到了大河关码头。潕阳河在此拐了个弯转向了北，在此眺望河东岸镇远卫城的青龙洞景区是最佳位置。

青龙洞其实并无洞，它是一群自下而上紧贴着中和山崖壁而建的古建筑群，由建于明代的中元洞、紫阳洞、万寿宫、青龙洞、香炉岩和祝圣桥组成。远远望去，中和山云垂花簇、悬崖峭壁下红楼寺宇点缀其中，宛如一座仙山琼楼矗立水中。

北面有一座始建于明洪武年间，名为"祝圣桥"的七孔大石桥，其醒目的是桥面中央有一座名为"状元阁"的亭子，很奇特。这座桥是古驿道进入贵州、西去滇缅的必经之道，也是古城镇远享有"滇楚锁钥、湘黔锁喉、黔东门户"之称的实景地。也曾作为320国道桥梁使用，抗战时期，此桥为运送援华抗战物资作出了重要的贡献。

南面远处传来了火车的鸣笛声，闻声望去，只见中和山南有一座铁路高架桥与山洞衔接，火车缓慢地从山洞中钻出，过了桥后消失在中和山的后面。想不到沪昆铁路从这里经过，镇远也有车站，上海到镇远也就是一昼夜不到的时间。

潕阳河在此处呈"S"形状，四周皆山，山下沿河是两块不大的平地，镇远古城就建在这平地上，河南为卫城，河北是府城，犹如一幅太极图。当我们漫步走过"祝圣桥"来到青龙洞下，回望府城，古民居群依石屏山而建，层层叠叠，山顶上的古城垣依稀可见。

由于时间不允，我们在镇远并没有好好地游玩，只能说是"微"接触。府城中的古巷古民居古码头和石屏山上的几处景点，卫城中的青龙洞景区和沿潕阳河南岸的多个景区都未涉足。

为了弥补不足，我在邮政驿站买了一套钢笔画的镇远风光明信片，盖上纪念戳和当日的邮戳，留作纪念。买了《镇远史志》和手绘旅游地图便于阅读了解。在坐船游览了古城上游的潕阳河景区后，我们便意犹未尽地、很有留恋地离开了镇远。

在离去的路上，友人遗憾地说："应该在镇远住一两个晚上，深度体验一下古城的风光、风情、风味和苗侗族的风俗"。是呀，这样还可游览古城周边的景区，如高过河景区、铁溪景区，去看看报京侗寨的"三月三"讨葱节、尝尝拦路牛角米酒、去爱河苗寨体验"六月六"的吃新节、去尚寨听听土家族的"八月八"唢呐节……

我喜欢镇远，喜欢这座具有2200年历史的全国历史文化名城，我一定会再来。

2013年5月

腾冲之旅

2010年初,央视播放了一部新拍摄的抗日电视连续剧《滇西1944》。因有真实的原型背景,我被深深地吸引,剧情险象环生,跌宕起伏。这剧中出现的边陲小城腾冲,也引起了我的关注。一年后的"十一"黄金周,我们几位旅游者相约去了腾冲。

因航班起飞时间较早,我们来不及用早餐,飞机起飞后仅吃了两片小面包。到了昆明机场又立马转机飞腾冲,也没机会吃点东西。下午2时多,出了腾冲驼峰机场后就往腾冲城里驶去。这一路上,肚子饿得咕咕直叫,也没心思去欣赏沿途的景色。我们便向地接导游提出,想找个地方添补一下肚子。可沿途的饭店、小吃铺在这个时辰都关门休息了。经过一路口时发现一家小吃店门开着,可一问说厨师走开了,不在店里。于是,让服务员再去找厨师,厨师来了,问我们要吃啥?我说,随便,只要能填饱肚子。这样一折腾,总算上来了一碗"米粉",我三下五除二,一大碗"米粉"就下了肚,抹抹嘴,感觉太好吃了。我问服务员,这叫啥?服务员看着我们大口地吞咽,便笑着说,这叫"大救驾",我没听明白,她又笑着说是"腾冲饵丝"。说起饵丝,我记得以前在昆明的一条美食小吃街上吃过,并没有留下太多印象。可这次吃的"腾冲饵丝",味道真的太好吃了。传说,是南明永历帝在西逃路过腾冲时,因饥饿时吃了份炒饵丝,感觉太好吃了,便说了句"大救驾"。这样,腾冲饵丝也多了个"大救驾"之名,名气也更响了。这其实就是饿了的缘故吧,我今天也算是体验到了啥叫"大救驾"。

安顿好住宿,我靠在床上休息,想着这次旅游的安排。腾冲,古名腾越，这座边陲小城有着悠久的历史，是古代"西南丝绸之路"的咽喉之地和商贸的集散之地。徐霞客曾在此处考察过一段时间，并誉其为"极边第一城"。在抗日战争时期，腾冲曾被日军占领了两年多，也是抗日大反攻时的主战场之一。

到了傍晚，导游把我们带到一家饭店去用晚餐。饭店门面不大，门头飞檐翘角，粉墙黛瓦，可里面却很大，是一座三面都有二层楼连通的，包间一个接一个。院内中间是个很大的带水池花园，锦鳞游泳，百花争艳，很是漂亮，属典型的滇西建筑风格。晚餐吃的是当地特色菜，蛮惬意的。

第二天，我们去了热海景区，腾冲是我国三大地热区之一。来到了用石刻矮围栏围住的"大滚锅"边，它有3米多直径，水深近2米，只见水在昼夜翻滚沸腾，热气笼罩，一股硫磺味。导游告诉我们，说以前有一头牛在"大滚锅"边上吃着带有咸味的泉草，吃得津津有味时，不想危险来临，一不小心，竟滑入到"大滚锅"里去了。等到牧童叫来村里人，掉入温泉的牛早已不见了踪影，滚锅里成了满锅的牛肉汤了。"牛入滚锅"是个传说，我看见的是在"大滚锅"旁，有当地乡民在出售刚煮熟的鸡蛋，毕竟这水温有97度。返回途中，导游指着不远处的山中升起的那一缕缕袅袅腾起的烟雾说，这一带有大大小小的温泉80多处，最有名的有怀胎井、珍珠泉、眼镜泉、鼓鸣泉、美女池等，可惜时间不允，我们也只能远远地眺望一下。

下午，我们来到侨乡和顺古镇。古镇环山而建，明清古建筑有8万多平方米。我们先参观了和顺图书馆，该馆创办于1924年，名"阅书报社"，后几经当地华侨集资，形成了占地1392平方米，主体建筑为二层楼，中西合璧，气宇轩昂的图书馆。这里，不仅是书报多，它还有一个独特的功能。腾冲地处边陲，上个世纪二三十年代，邮政迟滞，所得报刊常成"明日黄花"。华侨捐赠了一台短波机，几位热心人每晚收录，昼夜刻印赶制成《和顺图书馆电讯三日刊》，分送机关、学校等，以扩大宣传。以至保山、龙陵等邻县也来人、来函索取。1937年抗战爆发后，电讯新闻由刊一版增至刊二三版。图书馆是腾冲新闻报刊最早的创办者，也是电讯新闻提供中心地。一个镇级的图书馆不愧为"文化之津"，故被誉为"在中国乡村文化界堪称第一"的称号。

之后，我们又参观了文昌宫和滇缅抗战博物馆。滇缅抗战博物馆收集了滇缅抗战中的战争遗物有数千件。据说博物馆的主人原先是位银行分行行长，出于对这段历史的关注和感情，辞职办起了这座博物馆。我见博物馆里有不少关于滇缅抗战的书籍出售，特别是那几套《中国远征军》《滇缅抗战三部曲》和《松山战役笔记》等书籍，很是喜欢，便买下了。在我的旅行箱里，这6本厚书确实占了不少空间，但感觉将这些书带回来还是值得的。可以说，我对滇缅抗战这段历史的了解就是从这些书中获得的。

在参观了艾思奇故居后，我们坐在了野鸭湖边的古榕树下小憩。湖的一角，建有水上廊棚，下铺石条板。看着村妇在洗衣，我想，这水上廊棚就是为她们避雨遮日的，考虑周到，很有人情味。湖池依山临街，清溪绕村，垂柳拂岸，是过去茶马古道去缅、印地区的必经之路。坐在此处，风景优美，很惬意，确实有点让人流连忘返。

第三天，我们去了腾冲北面的火山群国家地质公园。当地人将火山岩石切割成砖块状用于铺路砌墙，废物利用得很有特色。攀登大空山时，见此山当中凹陷，像个巨大的石锅，具有典型的火山特征。之后，又去观看了位于曲石黑鱼河峡谷的"柱状节理"。在腾冲的火山地质构造上，原生节理构造景观较为突出，是一种喷出岩浆在冷凝过程中形成的，以玄武岩柱状节理为特征的奇特景观，此处最为壮观，也很少见，我已无法用文字来形容了。

下午，我们还来到了北海湿地，这湿地也蛮奇特的。近处都是草，不过，它是长在水里的，一大片，足有几个足球场那么大。远处是湖荡，可坐船游览。在上游船前，导游竟然走到了草丛上，并指着我们当中一位身材较小、体重较轻的客人说，来试试。果然，人并没有下沉。我也好奇，刚踏上草丛，就感觉草在慢慢下沉，赶忙跳上了岸。原来草茎都相互攀连着，盘根错节，像织了张草茎网，有好几层。人的分量轻些，它能承受得住，人的分量重些，超过了它负重的极限，就不行了。

  第四天，我们在去机场的路上，经过国殇墓园时，车停了下来。导游说："就化十分钟时间，山顶我们就不上去了，就在下面看看。"山顶有纪念碑，山坡上是一排排整齐的墓碑，进门后有忠烈祠等，这里埋葬着滇缅抗战和大反攻战役中为国捐躯的 9618 名热血青年的遗骨。我们默默地向他们鞠躬致意，悲伤的心情也油然升起，历史的磨难永远不要忘记。

2011 年 10 月

红河的"千百"名片

选择去红河州，是因为那里有七张靓丽的历史文化名片："千年哈尼梯田、千年临安古城、千年建水紫陶、百年滇越铁路、百年开埠通商、百年云锡矿业、百年过桥米线"，很有吸引力。有三天时间，我们选择了元阳和建水，这两地能体验到三个"千年"和四个"百年"。导游说，去红河的人不多，今年他仅带过2个团。司机在休息时与我闲聊，说大老远过来看梯田，犯不着。可回来后，我们却深感不虚此行，"三千四百"值得体验，红河州的旅游今后必将红火。

千年哈尼梯田

暮秋的一天，我们从昆明出发去元阳。先走高速，过石林经弥勒，到了开远后便下了高速，后面的都是山路了。过了个旧后一直是下坡路，从海拔1800米直降到400米。此时，便看到了红河（即元江，为红河上游）。沿着红河西行，沿途都是香蕉林。过了元阳新县城后又一直在爬坡，又慢慢爬上了1800米的哀牢山深处。此时天色已暗，四周一片漆黑，道路狭窄，也只能慢行，一路上走了7个多小时。据说元阳已在规划选址建机场了，到时可就省时多了。晚上8时，才到了我们此行的终点——元阳县胜村，为的是明天能看到日出时的梯田。导游说，你们是幸运的，今天天气好，明天能看到日出。

安置好行李，走出酒店，便是胜村的主街。胜村其实是个镇，镇不大，建在山上，它离观日出的多依树景区仅7千米。我们在一家小饭店用晚餐，有哈尼族的土烧酒、烤杂鱼、土鸡、红米饭等。我们住的酒店叫"云梯"，房间里挂的照片是梯田，桌上放着的两本文学刊物名叫《梯田》。顷刻，都沉浸在梯田里了。

第二天晨6时半，天还没亮，我们便上车去了多依树景区。太阳露脸后，日光穿过云雾照射在梯田上，田里的稻子已收割，田被灌上水浸泡滋润着。带着弧线的水田似明镜、似花窗格子，由亮变红、变蓝、变银色……光影变幻，粼粼闪闪在这6000多亩梯田上，这也许是大山深处对阳光的最早"回应"。

上午10时，我们来到坝达景区。站在观景台上眺望，14000亩的梯田层层叠叠尽收眼底，似巨型台阶，似通天云梯，说有3700级，与云雾缠绕，真是气势磅礴，让人惊叹不已。阳光在云层的遮挡下不时地变化，梯田一会儿呈白、一会儿呈蓝，如诗如画，犹如醉美仙境。此时我才明白，为何杨丽萍的大型农耕稻作表演《元阳梯田》要以青山云雾为背景、梯田为舞台、上千山民和上百水牛为演员，这就是完美的天人合一啊！

摄梯田，以前似乎是风光摄影家的专爱。如今，也得到了普通游客的青睐，只不过大多是用手机在拍，边拍边发出阵阵惊喜的尖叫。

看着梯田的光影效果和壮观气势，我眼前出现了那云梯穿越时光的情景。1300多年前，6000多哈尼祖先，被恶劣的气候、瘟疫和生存条件所迫，离开了青藏高原，开始了漫长而艰辛的大型迁徙。为了找到一块适宜生存的乐土，一步步走到西南的哀牢山，终于将根扎在这里。为了生存，他们利用山体开筑出层层梯田。一锄又一锄、一垄又一垄、一代又一代，代代相传，才堆砌起如此壮观恢宏的气势。原先的游牧民族竟蜕变成了农耕稻作的高手。

望着梯田，我感觉到的是山有多高，水就有多高，水是梯田的命根。我曾下到梯田边，观望那淙淙山泉在哈尼人古老的分水法摆布下，分别流向周边的梯田，这一垄灌满水后再逐级往下一垄灌。那梯田产的红米可都是山泉滋润出来的啊，还有那和稻子一起长大的鲜美嫩肉的稻田鱼，体现了种稻的原生态。

这就是荣获世界文化景观遗产的红河哈尼梯田核心区的美。

千年临安古城

离开元阳后，我们来到了建水县城。

临安古城，明清时期为临安府治所在地，现位于建水县城南部。古城建于唐元和年间（806—820），南诏国在此筑"惠历"城，至今已有1200多年的建城史。今日从西门揖爽楼向北还保存着一段城墙，其他仅剩下东门朝阳楼了。朝阳楼比北京天安门早建28年，历经风雨600多年仍雄镇滇南，是建水的标志性建筑。

我们参观了位于古城西北，始建于元至元年间（1285）的文庙，它占地达114亩，据说是全国最大的地方性文庙。还参观了学政考棚，这里曾是明清科举制度时期临安、元江、普洱、开化（今文山）四府生员举行院试的场所。明清时期，云南全省开科取士，一榜之中，临安的生员考中者占半数之多，因而有"临半榜"的美称。位于翰林街上的朱家花园，有"滇南大观园"的美称。其主体建筑呈"纵四横三"布置，为当地"三间六耳三间厅附后山耳，一大天井附四小天井"式传统民居并列联排又变通组合而成的巨型建筑群体，已有百年历史。

傍晚，我们在翰林街上的香满楼品尝了当地的特色菜，如烧豆腐、烤鱼、汽锅鸡、草芽和过桥米线等。餐后，我们沿着铺着石板条的御林老街边逛边看，沿街有好多家紫陶店。走进一家紫陶店，店主热情地招呼我们坐下，边泡着普洱茶边向我们介绍起建水紫陶的情况，从而得知它有千年历史，是我国的四大名陶之一。陶泥取于境内五彩山，含铁量高，使成器硬度高，强度大，表面富有金属质感，叩击有金属之声。它的独特魅力是"阴刻阳填"、"残碑断贴"、"无釉磨光"的制作工艺，是中国传统艺术的一朵奇葩。

夜晚，我在古城下散步，在不远的距离中走过了两家书店和孔子文化广场，不由地感叹，这里的文化气息特浓。不仅有历史文化遗存孔庙、文昌宫、学政考棚等，书院遗址也不少，如崇正书院、焕文书院、崇文书院等。现代的传承也做得很有特色，建孔子文化广场，每年9月28日举办"中国红河·建水孔子文化节"，场面很大。这里的书店也多，仅古城一带就有5家，这在其他城市是很少见的。

以前只知道云南有"十八怪"，这次到建水来才知建水也有"十八怪"，蛮有意思。"东门比天安门早盖；半亩方塘也叫海；人人都把孔子拜；寨中有城城中有寨；百间房子一家在；豆腐用玉米数着卖；朱家井水漫井外；新房没有旧房帅；土锅通洞炖鸡卖；蜘蛛蚊子知好歹；榕树柏树谈恋爱；柱子出头不会坏；宴席长长摆通街；民歌小调下酒菜；草芽当作象牙卖；燕子窝窝皇帝爱；三步走过五条街；说话比唱歌逗人爱。"从中可见，建水的文化、民俗、建筑等地方特色很明显。整座城历史文化厚重，不愧为享有"滇南邹鲁，文献名邦"之美誉。

翌日，我们还参观了双龙桥和团山民居。前者被誉为中国桥梁史上的珍品，后者则是世界纪念性建筑遗产。去双龙桥时，车要穿越已有百年历史的个碧石铁路，正好碰上一列火车经过，总共才6节车厢，其轨道宽度比称为"米轨"的滇越铁路还要窄，仅0.6米，故称为"寸轨"。它也属滇越铁路的一部分。还在运行的是建水城至团山村段，仅10千米，主要用于旅游，可惜我们没时间去乘坐了。

近日获悉，建水县已入选第二届中国最具价值文化（遗产）旅游目的地50强名单，由衷地为建水高兴。

2016年1月

我从台北捧回两册书

这段时间，上海博物馆正在举办为期3个月的跨年大展"丹青宝筏——董其昌书画艺术大展"。媒体也作了报道和介绍，说这是在大陆首次举办。董其昌所写的碑记、楹联、题字，我在各地也看到过一些，深知其在书画艺术上的分量和影响力。

记忆中，松江曾于1989年举办过"董其昌国际学术研讨会"，来自美、英、日及港台澳地区的59位专家、学者交流了研究成果。1991年，由松江区史志办王永顺先生主编的《董其昌史料》正式出版，34万多字，内容翔实，为了解、研究董其昌起了很好的作用。据说，松江的董其昌书画艺术博物馆也将于今年年末对外开放。作为董其昌的家乡人，我挺自豪的。

在我的书橱里，藏有两册大开本的书：《董其昌法书特展研究图录》和《云间书派特展图录》，均由朱惠良女史著，台北故宫博物院于1993年和1994年出版。可见，台北故宫博物院在那时也举办过这两个"特展"，并将特展内容汇编成"图录"。从中知道，台北故宫博物院中有董其昌的藏品137件。这次上海的大展展出董其昌及相关作品共计154件（组），其中有部分藏品来自15家海内外收藏机构的商借藏品，不知是否也向台北故宫博物院商借了藏品？

这两册图录，是我十年前去台北，参观台北故宫博物院时购得。清楚地记得，那天下午，导游和我们约定的参观时间为两个半小时，起先以为时间应该够了，想不到博物院里面楼层多、展厅多、展品更多，根本来不及细看，有的展厅，算算时间不允也只能放弃了。走马观花似的兜了一圈，最后来到了卖品部。想想来一次也不易，总得买点纪念品吧。

卖品部一侧竖有三四排书架，密密地排列着好几千册书刊。我抬腕看表，离集合时间还剩 20 分钟了，心里有点着急也有点沮丧。我在书架前漫无目标、也心急火燎地搜索着，心想着会不会找到一本与松江历史有关的书籍。也真是心想事成，突然，我眼前一亮，"董其昌"、"云间书派"这些熟悉的字眼映入眼帘。一阵激动！抽出这两册书，转身便奔向付款台。

　　在车上，团友们看我捧着两册厚重的书，笑着问我重不重？我无言以对。这可不仅仅是书的分量重，更"重"的是它的历史。这也许是我此行的最大收获。其实，我并不是一个书画爱好者、崇尚者或研究者，只能算个松江历史人文的关注者吧。这几年也购了一些有关松江古代人和事的书籍，为我了解松江历史人文起到了资料补充的作用，在书中也看到了一些不同的见解。

　　这次台北回来后，我仔细翻阅了这两册"图录"，有些惊讶。想不到台北故宫博物院会有那么多董其昌和云间书派的藏品！想不到朱惠良女史对"云间书派"的定位是在元末明初期，明中期有张弼但没有陆深，更没有明晚期的莫如忠、莫云卿、莫是龙、董其昌、陈继儒等人。看来，这历史人文的探究也是各抒己见的。

　　今年 11 月 2 日，《松江报》书法专版上发表了黄惇先生的大块文章《再论"云间书派"（一）》，才知专家对此也存有质疑。我是门外汉说外行话，一个流派，师承、创新和影响很重要。流派不能以地域或籍贯为限，也不可以习书者名声且人多而说是"流派"。习书者师承不同，风格也就各异，这也无所谓流派了。流派的力量必有其影响，董其昌的书画艺术影响了 300 多年，且从习者、欣赏者甚多，广泛得到认可，才会形成流派。这也许是上海是办此次大展的初衷和缘由吧。

2018 年 12 月

六、游域外（越、加、澳、德、法、比）

下龙湾的"海上桂林"

深秋的一天，我们一行从广西东兴口岸出关，来到了越南境内的老街，当地的旅行社导游已早早地在等待着我们。上车后，我们便向越南东北角的风景名胜地下龙湾而去，去看看这个被评为世界自然"非遗"项目的美景。

一路上，道路坑坑洼洼的，不太好走，有好几段公路都在翻修重建。公路两边的民宅样式与我国的不同，临街的只有一个门面大小，进深却有三间房的样子，呈长条形。高度也都在三四层，感觉上是又窄又高，看来建住宅是有点控宽度不控高度的。沿路也竖有不少宣传牌，我问导游，上面写着什么？她说是"改革开放""计划生育"什么的。哦，原来是学中国的。

下午2时许，我们到了下龙湾，只见天空碧蓝，海水碧绿，没有翻滚的波浪，海面显得很平静。海面近处到处都是一个个锥形或塔形的小岛，是个石岛群。岛小且很陡，有的就是块大石头，寸草不生，人是根本爬不上去的。据说这大大小小的石岛有1600多座，其中已取名的有980多座。大多数都是独立的，少有山连着山的。岛上大部分是绿色植被覆盖，但无人居住。

我们在游船码头上了游船，沿着既定的游线航道去这些小岛边兜了一圈，许多岛屿都长得奇形怪状，"斗鸡小岛"很形象，像两只鸡在斗嘴，也有的说是在亲吻，其中一座在临水面处像有个莲花底座，上面"摆放"了一只巨大的石鸡；"犬头石"也蛮逼真的，好像一只家犬在山边等待着它的主人归来；"马鞍石"下面是悬空的，形如马鞍，划船从下穿过，就到了清澈见底的月亮湖。海水涨潮时，这悬空的部分就被淹没了；还有"海狗小山"，看似它想上山，可山太陡，上不去呀；"人头山"，一面像人的脸部五官；还有惊讶石、香炉石、天堂岛等；人在水中游，犹如在仙境之中。我们在一座叫"天宫洞"的石岛上了岸，这山洞里全是钟乳石，有的向上，有的倒挂，五光十色。下龙湾的这水、这山、这洞，娇艳迷人，似仙境，让人惊叹不已。

喀斯特地貌在我国分布很广，特别是在西南地区，最有名的有广西的桂林和崇左、重庆武隆、贵州兴义万峰林和云南路南石林、荔波大、小七孔等，这种通过水与可溶性岩石的溶蚀作用所形成的独特美景，下龙湾的确很像桂林的山水，故有"海上桂林"之称。它是不是我国西南喀斯特地貌的延伸，这就只能留给专业的人士来说了。

游船的回程途中，看见有当地的人在向坐小木船的游人兜售新鲜的海产品，并当场宰杀煎烧，感觉蛮有意思的。据说，这里的海产品多达一千多种，能叫得上名字的就有730多种。下了游船后，我们意犹未尽，也租了条手摇小木船，朝着另一个方向的石岛划去，一会儿，这些贩卖海鱼的小木船也纷纷靠拢了过来，介绍着自己的海鲜。我们选了十多条小海鱼，称好分量，谈好价钱，就让他们随手宰杀洗净，然后煎烧，在海上吃起了最新鲜的海鱼。说实在，味道也就一般般，仅是图个乐趣，当作一道下午茶点了。

1999 年 1 月

尼亚加拉大瀑布

十月的天气，虽已趋冷，但天空还是瓦蓝瓦蓝的，万里无云，阳光柔暖。离开多伦多后，我们沿着安大略湖一路向南，去美国与加拿大边境观看尼亚加拉跨国大瀑布。一路上，望着这浩渺的安大略湖，我估计，这湖水大多应该是从尼亚加拉大瀑布泻下来的吧。

在地图上看美国与加拿大的边境线，由西向东就像是一条刀切似的直线。到了美国的东北部，也就是加拿大的东南部与美国接壤处，这里是两国的湖区，这边境线就弯弯曲曲地伸到湖里去了。在美国这边，说是有五大湖，其实，除了密歇根湖是内湖之外，其他的苏必利尔湖、休伦湖、伊利湖和安大略湖都在边境线上，湖的多一半以上属加拿大。

我们在水上公园停车后，就听到了大水跌落下来的轰鸣声，便迫不及待地来到了观景台。当我望着峡谷对面这大瀑布时，感觉从这里观看是最佳的角度，是正面，三个瀑布都能看到。都说观尼亚加拉大瀑布，最佳的观赏位置在加拿大这边，的确如此。对面的美国瀑布边上，建有观光塔，可望过去似乎没啥游人。这三个瀑布一般统称为尼亚加拉大瀑布，其实它各自有自己的名称，尼亚加拉大瀑布位于伊利湖下游的尼亚加拉河上，河长有56千米，因有美国境内山羊岛的阻挡，将尼亚加拉河之水分成了三股。山羊岛东侧的称为"美国瀑布"，宽有300多米，有五六十米的落差；从山羊岛当中穿出的、规模较小的称为"新娘面纱瀑布"，宽也就十多米；山羊岛西侧的主流河道都在加拿大境内，主瀑布称为"加拿大瀑布"或"尼亚加拉瀑布"，当地土著印第安人将它称之为"雷神之水"，因其形状像马蹄，也称"马蹄形瀑布"。瀑布宽有700多米，有七八十米的落差，水流量占了上游来水的百分之九十，流速也最快。这三股河水流到了此处，河床就呈断崖式跌落。泻下的水帘溅起的水气，形成了两大片永远不肯散去的水雾，气势磅礴，非常壮观。此时此刻，我们都被震撼到了，大自然的鬼斧神工真是奇妙无比。

导游去买船票时，正好有时间让我们慢慢欣赏这大瀑布。尼亚加拉瀑布与伊瓜苏大瀑布、维多利亚大瀑布并称为世界三大跨国大瀑布，且尼亚加拉是最大的瀑布。浑然天成的壮观景象，只有在身临其境时才能有真正的感受。在美国瀑布下，可看到许多被水流冲断而坠落下来的巨石块。"加拿大瀑布"呈弧形，因此处河道变窄，水流拥挤在一起，水量特大，就像我国的壶口瀑布。千万年来的长期冲刷，才形成这弧形。可被水流冲断而坠落下来的巨石块却不见了踪影，也许是这马蹄形的河床更深吧。

尼亚加拉瀑布作为旅游景观对外开放已有200多年的历史了，加拿大这边的沿河观光道已形成了上下两条，沿街还有不少建筑，酒店、酒吧、餐厅等，已形成了旅游小镇。而美国境内除了那座观光塔，还看不到其他建筑。我回望着身后的这些建筑，心想，如能坐在上面，看着对面的瀑布，就像是坐在老式的包厢里，有俯视感。这瀑布就是大自然赐给人类的一部天然的、永不落幕的风光情景剧呀！

"号角者"号游船在加拿大一边的码头上，我们等了片刻，便坐船到河面上去仰视这大瀑布。船是由东向西逆水而行，当跌落下来的河水见有船只挡住了它们的去路时，仿佛在说："让开，让开！别挡住我。"汹涌的河水用力拍打着船体，船也上下起伏，左右摇摆了起来，阻力还是蛮大的。当经过美国瀑布时，众游客的惊叫声此起彼伏。当游船来到马蹄形瀑布时，那水是汹涌澎湃，声音震耳欲聋。众游客的惊叫声也达到了最高音。水气涌来，淋湿了雨披，水气还带着寒冷袭来，这倒是意想不到的，虽有雨披，可毫无抵挡之用，冻得我有点发抖，上下牙齿在互磕。

好在游船在瀑布下稍微兜了一下，便返回了。我们也享受到了一次大自然变化无穷的体验。

据说，晚上灯光照射在瀑布上，不远处还有跨越加、美两国的彩虹桥灯光的助兴，景色更加美丽。可我们因要赶时间，也只能依依不舍地离开了。

2002 年 10 月

观企鹅回家

企鹅很绅士,是因为它的体羽和形态——腹是白色的,体羽背部是黑色的,如里面穿了件白衬衣,外面披了件晚礼服,站立着或行走时都像个绅士。企鹅很大方,是因为它见人并不害怕。记得有一短片,介绍的是南极科考人员坐在雪地里与企鹅合影,而边上的企鹅则旁若无人,在人群边上蹒跚地走它的路,招招摇摇、风度翩翩。企鹅很壮观,是因为在冰天雪地上成千上万只企鹅都齐刷刷地站立着,作企望状。当然,这些都是在电视中看到的。

3月初,我到澳大利亚墨尔本参加会展,旅居当地的友人Z君说,你们白天没空,晚上可去菲利普岛看看企鹅上岸。于是展会结束后,我们赶紧买了些面包,在友人的陪同下匆匆驱车赶往菲利普岛。

一路上大家都很兴奋,友人介绍说,世界上只有3个国家可看到企鹅上岸回家。一个在南非、一个在南美、另一个便是南澳的菲利普岛,故该岛又以"企鹅岛"著称。130千米的路程花了2个多小时,到了菲利普岛的萨兰姆海滩,天已完全暗下来了,已是当地时间晚上8点多了。据说,天一黑企鹅就要上岸了。

买了门票,急匆匆赶向海滩,走上了一条人工修建的木栈道,栈道两边是灌木丛,不时传来"咕咕"的叫声,循声可见一个个小洞,有小企鹅在探头探脑。友人说,这是企鹅的孩子在等它的父亲回来。

走到木栈道的尽头时,看到的是一个可坐百多人的观察台,这时早已坐满了前来观看企鹅上岸回家的游客。观察台在海滩内的土坡上,远处还有几盏灯,将海滩照亮。大家都不言语,集体"失声",在静静地等候着企鹅上岸。这时，观察台上忽然一阵骚动，我们朝海滩边望去，在泡沫的浪花中，出现了一点点暗暗的小东西，它是借着浪花跳出来的，企鹅回来了。一会儿已有一群企鹅上岸了。远远望去，它们并不着急回家，而是一只只站立着，伸长脖子在观望，我想这可能是它们在侦察周围是否有危险。过了一会儿，看到它们似乎在排队，又似乎在等待还未上岸的同伴，磨蹭了几分钟，这群企鹅才慢慢向我们走来。这时后面又出现了一群、又一群……

当这群企鹅走到我们站立的木栈道旁时，我才发现，原来旁边还有一条土路，是企鹅回家的"专用道"。而木栈道是平行的建立在企鹅专用道边上的，这使游客能近距离观看企鹅回家。

首群企鹅大约20只左右，前后我们看到了有七八群。它们小巧玲珑，走走停停，个个肚子都圆滚滚的。走着走着会突然向前扑倒，扑倒后也不急于爬起来，一会儿才慢慢站起来。回家的企鹅，它们都身负重任，肚子里装着为孩子们准备的食物，回家后反哺给企鹅幼仔。它们张开翅膀，摇摇摆摆，边走边看，在寻找自己的家。对木栈道上的围观游人置之不理，真是"旁若无人"。远处土坡上不时传来这些企鹅的孩子们的"咕咕"呼叫声，饿了一天了，在急呼着父亲给宝宝喂食呢。在这左一声右一声的"咕咕"呼叫声中，企鹅纷纷离开队伍，各自回到了它们的家中。我陪着它们慢慢走，看着它们回家。它们的家，有的是一个小小的土窝，有的是一个浅浅的坑，有的就窝在灌木丛边，整片土坡到处都是它们的身影。这种极具魅力的景观真是太美了。

这一晚的静观企鹅回家，让我好几天都心绪难平。企鹅日出而作，日落而息，生儿育女，如同人类，它们也在为生存而奔波劳苦。好在人类已懂得不去打扰它们，而是格外爱护和保护它们了。

2010年3月

漫步在海德堡

在欧洲旅游观光，看教堂、古堡的很多。教堂是了解宗教文化的场所，而古堡是了解当地历史文化的地方，而这两者又是密不可分的。在欧洲，以"堡"为名的地方很多，如在德国，就有纽伦堡、汉堡、弗伦斯堡、沃尔夫斯堡、奥格斯堡、海德堡等，每个"堡"都有它的历史文化，每幢建筑都有它传奇的故事。

一天，我们从法兰克福驱车不到 2 小时，便来到了位于莱茵河支流上的内卡河畔的海德堡。

海德堡的历史可追溯到 2500 多年前，当时，日耳曼族的凯尔特人已在圣灵山上建造了堡垒和神庙，后来古罗马人在此居住了近 200 年才迁徙回到莱茵河的西岸。1500 年前海德堡就有了永久性的居民点，到了 1156 年，皇帝弗里德里希一世封其同父异母之弟，施陶芬的康拉德为莱茵河畔的普法尔茨伯爵，开始掌管这片土地。"海德堡"这个名称已使用了 800 多年了。600 年前，在这里还创办了德国境内最古老的大学，现名为海德堡大学。海德堡经历了城市扩充、宗教改革、宫殿修建、古堡防御工事、战争、雷击、"三十年战争"等，二次世界大战后还成为美国在欧洲的高级军事基地中心，是一座充满历史沧桑的古老城市。

海德堡南面靠山，北面临河，城市的制高点便是南面山丘上的古堡，眺望古堡，会产生一种想去探究的欲望和冲动。仰望古堡，雄伟典雅，淡红色的砂成岩外墙布满了与命运抗争的痕迹。清晰可见古城堡有一个角已经坍塌，那是古代的火器攻城时留下的，厚达 7 米的高墙也难以防范敌人的进攻。

我们驱车沿着山坡驶到了古堡遗址边。穿过凯旋门式的伊丽莎白门便进入古堡的外围城墙上的炮台花园平台,向北眺望,整个海德堡城一览无遗。内卡河从东面的山峦中穿出,在城中流过,拐了一个弯,向着西北方而去,最终汇入了莱茵河。内卡河上,一座建于200多年前的石拱老桥将河的两岸连接了起来,据说以前曾在此处先后建过8座木桥,但不是毁于洪水,就是被战争所摧。海德堡是由古堡遗址、老城区和河北岸的新城区三部分组成,在古堡上往下望,一片绿树林中露出一个个红瓦的屋顶,可以感觉到什么叫森林中的城市。

我漫步在古堡城墙上。望着城堡西侧的断壁残墙,想象着500年前的遭雷击和400年前的战争情景,"三十年战争"损毁了古堡,200年前的再次遭雷击迫使维修工程中断,真是多灾多难。古堡与外城墙是隔开的,中间是近25米深、50多米宽的护城壕。从门塔进入古堡大院,院内的建筑大多已有400至700年的时间了,这是历代选帝侯们花了300多年时间所建造的古堡建筑群的中心部分。这些富丽的宫殿有着精美绝伦的艺术装饰,风格也不尽一致,可见建筑并不是一次规划建成的。有文艺复兴时期和早期巴洛克式的建筑风格,石板人物雕像、穹顶彩绘、哥特式挑楼等。大大小小20多幢建筑,保存下来的有鲁普莱希特宫、宫女楼、图书馆楼、玻璃宫、奥特·亨利宫、弗里德里希宫的大部分。他们分别是鲁普莱希特三世当选为德意志国王后下令建造的。建筑中的竣工石、帝国之鹰、国王大厅、徽章浮雕、人物雕塑、石柱门框等无不体现了它的历史价值和艺术风格。眺望这一幢幢大楼,那空荡荡的窗洞和缺顶的房屋,让人觉得这壮丽的残宫外观比完好的宫殿更加庄严,更加绝妙!

我漫步在海德堡的古堡内院。来到了古堡的地窖,地窖中的大酒桶是世界上最大的木制葡萄酒桶,初始一只可装12.5万公升的酒,后来又建造一只容积为19.5万公升的酒桶,取代了前者。1751年,又制造了现在这只能容 22 万公升的大酒桶，再次被刷新纪录。它由 130 根橡树干箍成，8.5 米长，7 米高，上面还有一个舞池，想想，在酒桶上跳舞那是什么滋味，那真是"酒不醉人人自醉"。酒桶对面的墙边楼梯旁有一座雕像，再现了小矮人"培克尤"的形象。这个酒量极大的南蒂洛尔人是卡尔·菲力普（1716—1742）时的宫廷小丑兼酒桶卫士，每当被问到能否再喝一盅酒时，他总是一样地答道："为什么不呢？"而这句话在南蒂洛尔方言里发音为"培克尤"，他因此而得此名。据说，培克尤是只饮酒从不喝水的，他在被人说服喝了一杯水后而死去。他的形象至今仍然是海德堡狂欢节和普法尔茨人喜对人生的象征。他雕像旁边的"钟表"，据说也是培克尤自己发明制作的。我也和其他游人一样，去拉了一下钟座下的小圆环，"叮咚"声响时钟表门打开，跳出了一只毛茸茸的小松鼠，吓了一跳！离开地窖后，我们来到位于奥特·亨利宫一楼的德国药房博物馆。这里展示的是从中世纪到十九世纪不同时期的药房布置，实验室、仪器、器皿、药物、医疗手稿、文献和出版物，非常齐全。

　　我漫步在海德堡的老城街区。老街区早在海德堡成立之前就已经存在了。很早以前，渔民、手工业者及商人就迁居在内卡河畔，他们共同分享着古堡的庇护。1200 年前老城形成后又扩大了有一倍之多。400 年前的两次战争几乎将这座城市变为废墟。后来，化了 20 年时间又按原样把老城重新建设起来，并在建筑整体上呈现和谐且统一的巴洛克风格。海德堡老城基本是在内卡河南岸、王座山下一条狭长的地带铺开的。午餐后，我们从大学广场开始，沿着这条被誉为德国最长的步行街——主街，漫步于"弹格路"（一种用四方石块铺成的路面）上。建造于 300 年前的老大学楼，内有校长办公的地方，博物馆和老礼堂。而大学的教室几乎布满了整个城市。从最初的 500 名学生到今天的 30000 名学生，大学广场今仍然为主要的聚会地点。在老大学楼后面的奥古斯丁巷的原校舍管理员住房，是历史上学生的禁闭室。使用了 200 年，几代受罚的学生为了消磨时光，利用水彩和蜡烛熏烟，在禁闭室的墙壁和天花板上留下了密密麻麻的铭文和图画。学生如因犯有酗酒、不拘小节、影响夜间安宁等违规行为将受到被关两周的处罚，是不损害名誉的惩戒，这就像参加考试一样，属于大学生活的一部分。被关的人在前两三天只能得到水和面包。之后，允许外面送饭和坐监人的互访，甚至可以去听课。他们戏称这里为"贵宾馆"和"无忧宫"。在大学广场南侧，与之相对应的是新大学楼，大门入口处上有智慧女神阿西娜的雕像。还有一块"积极进取"的题词，二战时纳粹党曾把它改为"忠于德意志精神"，1945年又被更正了回来。新大学楼内院西南角的"女巫塔"建于1380年，以前是中世纪海德堡的防御建筑的一部分，曾被用做女子监狱，后被布置成一处纪念地，以纪念在第一次世界大战中死去的大学生。院内东侧还有耶稣会中学、学院楼、纪念碑、法院旧址、教堂、宗教艺术和礼拜仪式博物馆等，从这些历史遗存中可见这所600年的大学变迁的痕迹。

沿着主街可见两边有许多狭窄的横巷里拥挤在一起的房屋，不难想象，1693年法国士兵放火烧毁老城的惨烈。继续往东走，我们来到了老城东。前面便是谷物市场，这里，可以仰望山上古堡遗址秀丽的一角。这里有有名的"卡尔王子"贵宾馆，19世纪有许多名人曾下榻于此，如歌德、天文学家罗伯特·本生等。这里也是音乐会、演唱会的舞台。建于1718年的圣母像喷泉仍屹立于广场之中。这里也是攀登古堡的小路起点处，有一座标志性建筑称为"格莱姆贝格楼"，曾住过古堡的文物保护者和海德堡城市历史文物收藏奠基者格莱姆贝格公爵。再向东走没多少步，还可见多幢老房子，似乎每幢房屋都有它的故事。这一路上可见到历史上有名的两家学生餐馆：塞培尔和红公牛餐馆。还有那诱人的带有埃皮尔式栅栏露天台阶的布尔楼和魏玛宫，布尔楼里面的楼梯很有看头，它展示了毕德麦耶尔派时期安逸、宁静的田园风格。如今，这里是大学的宾馆。魏玛楼已有300多年历史了，从原来一位将军的住宅，后来改为波特海姆科学基金会所在地，到今天，是基金会下属的民间艺术博物馆。卡尔门是老城最东端的标志建筑，建于1775年，这座门正是颂扬选帝候卡尔·特奥多丰功伟绩而建的，使入城的东大门更显雄伟。卡尔门北侧便是内卡河了，在此处筑有一个船闸，可有效阻止洪水泛滥。同时，让河水仍能保持应有的深度。一组升降闸室，让过往的船只解决了落差的问题。

  从卡尔门折返后我们又回到了主街上，首先看到的是一座手持长矛的高大骑士雕像，这便是有着悠久历史的"文化酿酒坊"餐馆。啤酒是自家酿造的，并且是每逢周四就会举办深受欢迎的爵士音乐会。往前走过一个街口，我们便来到施密特黑讷楼楼前。阿道夫·施密特黑讷是诗人，同时也是基督教堂和圣灵大教堂的牧师。他在19世纪的下半叶曾居住在这里，除了他的关于海德堡的中、短篇小说外，最著名的作品是小说《德意志之心》。之后，我们便到了集市广场。这里集聚着多处历史建筑，广场东面是市政府大楼，西面是圣灵教堂，南面一字排开的是御药房、"骑士楼"和梅德兴楼，北面是特莱退尔楼。广场当中的散发着巴洛克气息的大力神海格立斯喷泉，为这个广场添上了浓重的一笔。先前的几个世纪，广场曾是公审法庭和刑场，是焚烧巫婆和异教徒的地方。在喷泉旁，直到1740年都挂着可以转动的，会发出音响的笼子，犯有轻罪的人被关在龟笼里，被转得天旋地转，同时也受到市民们的嘲讽和咒骂。广场后来成为大学生的五月歌会、迎夏游行后燃烧火炬的地方。市政府大楼是在1693年被毁后重建的，并扩大了体量。门口没有警卫，我们便走了进去，参观了一圈，里面很安静，也没什么人。广场南面的御药房重建于1700年，一块重彩的普法尔茨选帝侯的徽章彰显了以往这座建筑的地位。而处于广场西侧的圣灵教堂于1398年建成，是这一带最大的教堂。教堂的唱诗厅、中厅、楼厢和墓志铭均有特色，1693年被法军摧毁，55座选帝侯的墓葬均被毁，唯一的例外是教堂的奠基者、国王鲁普莱希特一世和夫人的墓碑被完好地留存了下来。最惨的是大量的藏书被运走，1622年一次就装满了50辆大车运往了罗马。后来虽归还了一小部分，但损失还是巨大的。直到今天，这些文献仍然是梵蒂冈教皇图书馆中最珍贵的一部分。教堂正门对面的"骑士楼"，建于1592年，是德国最漂亮的文艺复兴建筑之一，是17世纪的战争中唯一没有受到大的损害而幸存下来的一幢民楼。整幢楼的外立面特别悦目的是那通过横条、半柱和半露壁柱，通过相对称的许多窗子和隐显的挑楼，将楼层和山墙楼层次分明地或水平或垂直地分割开来。山墙上有着许多精美的浮雕、徽章和装饰，还铭刻着一些文字，非常养眼。在圣灵教堂北面的鱼市，坐落着特莱退尔楼，也是非常漂亮。

在中世纪时，主街就将老城分成两个部分，它的边巷就像鱼骨一样，一边向南城墙延伸，一边向北河岸衔接。石巷就是从圣灵教堂直接通向老桥和桥头堡的便捷之路。石巷两边有许多小店和酒馆，有古老的"水鬼"饭店、时尚的纪念品商店、德国餐具店等。石巷南高北低，向北眺望，可见高耸的桥头堡，而巷子两边的房屋就如同框子般和谐地框在它的周围。

在巷口，店铺特别密集，"东家磨坊""老桥""金梭鱼""荷兰人大院"及"四季"宾馆等，接待着来自北边过来的游人。桥头堡的双塔属于中世纪城防工程的一部分，它和之后在北面河岸建立起的高大门塔构成了进入海德堡的防御要道。石拱老桥桥墩上的塑像底座上，刻有铭文，记载着普法尔茨之父卡尔·特奥多的政绩：完成了普法尔茨和巴伐利亚的统一、大学400周年校庆、执政50周年等。围绕着基座的4个雕像代表了莱茵河、多瑙河、伊莎河和莫泽河的河神。下面的桥墩上，新标出了历史上大洪水的高度。

桥头堡东侧的建筑以前是屠宰行会，后改为内卡学校了，也已有300多年历史了。沿着桥西的小路走没几步路，便可拐进一条与石巷平行的小巷，名为哈斯皮尔巷。巷内有一座卡耶斯楼，1424年的文献上称它为"舞屋"。年轻的选帝侯弗里德里希五世在迎娶他的英国夫人时，曾在这里举行过开了150桌的盛宴。梅里安于1620年所绘的海德堡全景图上可以认出这幢带有四坡屋顶的房子，后来这里曾是一个带有大厅的中世纪商店。如今，这里是一家书店和一个有趣的艺术博物馆。走到了下街，前面的18号房屋是魏玛共和国（1919—1925）的第一位帝国总统弗里德里希·艾伯特（1871—1925）的出生地，如今是他的纪念馆。向前跨过一条横街，就是三圣街了，以前的犹太巷。中世纪早期，海德堡没有强迫犹太人集中住在隔离区，但是犹太人还是自发地聚居在这条巷区。鲁普莱希特一世准许犹太人在缴纳保护费和赋税的条件下，在海德堡做生意和置办地产，将犹太人引进了城市。而他的二世皇帝却在1391年断然将犹太人驱逐出去，并将没收来的犹太人房产交给了大学。为了寻求良心上的安慰，便将犹太人的教堂改成了圣母教堂。

　　走到这里，海德堡的老城似乎还有三分之一没看，陪同我们的小王告诉我们，海德堡的河北岸的哲人路、手套村、圣山、新村和王座山的徒步之旅、内卡河谷之旅、夏季的焰火集庆活动都很有特色和看点。他还介绍说，今日的海德堡也充满活力，它是高科技的研发中心，印刷机制造业领先全球，软件公司、金融服务龙头公司、水泥公司都很有名，它还是德国最重要的橄榄球运动中心之一。我想，在海德堡我只待了5个多小时，但对海德堡印象深刻，因为，这是一次文化旅游。

2014年6月

细节印象

一次，在德国的法兰克福乘高铁去比利时的布鲁塞尔，这也是我第一次在国外坐高铁。那天下午6时前我们进入火车站，查看了一下信息栏，知道自己是在几号站台该坐几次列车，何时发车，几号车厢几排几号座位。

没有人验票，我们就进入了站台。不一会儿，列车就进站了。到站的旅客下车后，我们便上了车，也没有人验票。我们放好行李坐下后，一会儿列车便缓缓启动了。一个多小时后，列车已过了科隆，向着德国边境驶去。这时车厢广播里播出了一个通知，说是本次列车有故障，要在前方的小站停靠，请大家换乘另一列火车。广播了几遍后，列车便在一个不知名的边境小站停了下来。大家也没有言语，各自拿着行李默默地依次排队下车。这时天已黑了并下着雨，好在换乘的列车就停在站台对面。两辆列车是门对门，车厢号也是相同的，走几步就登上了换乘的列车。放好行李坐下后不一会儿，列车就启动了。这一切都在安静中进行，车厢内也一切如常，就好像没换过车。车到布鲁塞尔，仅晚点了十分钟。

我不知道这种换乘的情况在德国是否经常发生？但我却真正体验到了什么是文明有序。进站、上车、途中、到站均没人验票查票，途中临时换车又是那么井然有序。没有人喧哗，也无人罢换，更没有人骂娘，一切是那么的默契。这不由让我想起在许多年前的一个细节。那次我在日本福冈的一个地铁露天站台上等车，坐在我边上的一位女士在抽烟，也刺激了我的烟瘾，于是也点了支烟。刚吸了几口，只见这位女士将她手中握着的三角纸包递了过来，她笑着示意我将烟灰弹在里面。我很不好意思，但同时很感动。

近日在巴西世界杯上有一篇报道说：首场赛后，现场的日本球迷主动用自带的垃圾袋收集看台上的垃圾。在对希腊的比赛后，再次冒着大雨打扫看台。这真是给我们上了一课。虽然前两战日本队打得糟糕，可日本球迷却赢得了巴西的尊敬。

我现在开车时碰到横道线，如有人要穿马路，我便会停车挥手让他们先过。开车时一般不按喇叭，更不会把垃圾扔出车窗外。这些细节也是受国外开车人的影响。前些日子报上说，外国人在我们国家也乱穿马路，看来环境的影响力不可小觑。细节也是衡量一个国家或城市文明与否的标准之一。

2014 年 6 月

漫画里的埃菲尔铁塔

法国人天生的幽默、诙谐，他们竟然会在明信片上用漫画形式对菲尔埃塔来搞笑一番。我曾在埃菲尔铁塔下的纪念品商店里买了五张漫画型的明信片留作纪念，每每看到这五张明信片，就忍不住要笑。

第一张明信片上画的是女人的一只脚，穿在高跟皮鞋里，粉红的底色背景与黑色的皮鞋形成强烈的色块对比。然而，皮鞋的高跟部分竟然是一个倒置的埃菲尔铁塔，天哪！这也太不可思议了，法国人竟然这样"糟蹋"自己的伟大建筑，这样夸张女士的高傲。

第二张明信片上画的是一位穿白衣、戴着厨师帽、面带微笑的蛋糕师，将一个形如埃菲尔铁塔的大型蛋糕送给一位着红色连衣裙的女士。"啊，这就是我的埃菲尔铁塔！"女士高兴地说。蛋糕上端涂上了叫人垂涎欲滴的奶油蛋白，而下面则如埃菲尔铁塔的拱形一样是镂空的。法国人要把埃菲尔铁塔当蛋糕"吃"了，胃口也真大。

而第三张明信片则将埃菲尔铁塔改画成一个高高的男士，塔顶处画成了一个头戴贝雷帽、面露微笑的男士头像，塔身改画成男士的身体和下垂的手，而这下垂的手臂下却横夹着一条"法棍"（法式长棍面包）。这"铁塔男士"跟在一只欢快的小狗后面走在街上，似乎是在逛街遛狗，又似乎是买了面包后高高兴兴回家去了。也许是长期以来埃菲尔铁塔老是被人参观、拍摄，"他"有点厌烦了，也想沿着塞纳河去逛逛，这拟人化的幽默真是蛮有趣的。

第四张明信片画的是夜幕下的埃菲尔铁塔，月光下，路灯灰蒙蒙的，整个画面是灰暗的。好多只黑猫集聚在塔下，三只大黑猫看上去像是它们的长辈，似乎是在商量着什么。有两只黑猫在塔脚边闲逛，还有四只小猫则爬在了塔上，其中一只正向塔顶攀去。我不明白这幅画要表达什么？是不是说人们喜欢埃菲尔铁塔，猫也喜欢，人白天参观，猫晚上玩耍。

  第五张明信片画得更为夸张，埃菲尔铁塔的几个法文字母，被拟成一个个老鼠像，一座奶酪制成的埃菲尔铁塔，被三只大耳朵的老鼠啃得千疮百孔。也许这老鼠是一家子，也在旅游野餐。塔下铺着一块餐布，上面有面包、刀叉和老鼠咬下来的奶酪碎片。鼠爸鼠妈正咬着碎片大快朵颐，肚子是胀鼓鼓的，坐在地上的鼠儿子似乎已吃不动了，这顿奢侈大餐实在是太幸福了。埃菲尔铁塔怎么就成了老鼠野餐的食物了呢？

  大凡旅游明信片的图案都是中规中矩的，这法国人也真是，竟拿埃菲尔铁塔开涮，这幽默、这诙谐、这搞笑也亏他们想得出来。

2014 年 7 月

酒店的门卡

去年初夏,我在比利时布鲁塞尔一家老饭店入住,总台先生给了我一把很大的老式钥匙,钥匙孔中还穿挂着一块刻着房间号的铜牌,拿在手上沉甸甸的,我顿时有回到了20世纪三四十年前的感觉。第二天退房时,看见有位住店客人将钥匙交给总台,总台先生顺手将钥匙挂在身后的墙上,墙上有一排排专挂钥匙的挂钩,这种情景现在已很少看到了。

当下的酒店客房开门用得最普遍的是带磁条或芯片的钥匙卡,简称门卡,一刷或一插,把手一转,门便开了,很方便。十多年来,我有意无意地收集了近百张门卡,其中有六成多来自国外和港澳台地区,许多酒店是允许你将门卡带走的,不收钱。可能是人性化使然,给你留作纪念,当然也可能是隐性宣传,赢得回头客。国内酒店则大部分不允许,你将门卡带走的,要回收,少了就在押金中扣钱。你要的话,就出钱买,成本价的十倍之多。也有一些品位较高的酒店,你问他要,他们也会在消磁后送你的,但这样的酒店不多见。所以,收集国内酒店漂亮的门卡反而倒成难事。印制门卡的成本也就是几元钱,国人为什么就不能想到几元钱后更大的利益是无可估价的宣传效应呢?老外无偿送你门卡,我们则要你掏钱买门卡,这仅仅是观念差异吗?

我将这些门卡分成甲、乙、丙三类。

甲类的门卡图案漂亮的。国外有的酒店将门卡搞成系列型的,不时会出一些新图案。如一家酒店有两张门卡,一张画的是几条金鱼,另一张是一条放大的鱼尾,这可理解是"从整体到局部"。另有一家酒店的门卡是有三张色彩不一的纹路图案组成,俨然是一组绘画艺术品。还有一家美国酒店的门卡，四张风格一致，图案各异，常有新面孔出现。有的酒店将所在地的山水风光或地标建筑或老牌产品印在正面，如度假海滩、大瀑布、悉尼歌剧院、莱茵河古堡、瑞士手表等等；还有一张门卡的图案竟然是中国传统山水画，很漂亮。国内有的酒店门卡也有漂亮的，如安徽休宁凤湖烟柳度假酒店、江苏同里湖大酒店采用的是粉墙黛瓦的江南水乡水墨画，浙江嘉兴富悦大酒店印的是如清明上河图似的嘉兴古运河，浙江仙居东方大酒店则印的是"日出东方"、"仙鹤群居"的绿水青山美景图，将当地最有名的"括苍山顶迎日出、仙人居住的地方"展示给了住店客人。敦煌山庄还将门卡设计成了书签等等。

乙类的门卡多数是以酒店建筑作为图案，大同小异，缺少更深的寓意，但也算是在宣传本酒店的。

丙类的门卡基本上是无设计的，一张白片。这类门卡还没有想到这也是宣传本企业文化或本地旅游资源的一个途径。

或许，再过几年，门卡将会被手机扫描所取代。据说，现在有的地方酒店已开启"无卡入住"时代，用微信订房、开房锁、订餐、退房等。科技的快速发展会不会让使用了四五十年的门卡也像老式钥匙一样，完成它的历史使命，成为稀罕之物？

2015 年 8 月

附录

跟着徐霞客游江南

唐代白居易曾在杭州、苏州当过刺史，他退休回到洛阳的十年后，还是念念不忘江南的美，于是，写下了脍炙人口的《忆江南》词三首。他是中原人，如此恋眷江南，也更是羡慕江南人。大旅行家徐霞客是江南人，在他30年的外出游历中，到过21个省、区、市。其中，有一半时间是游历在江南地区。

徐霞客深爱着江南。1607年游无锡惠山、太湖；1613年游浙江西陵（今杭州西湖）、普陀落迦山、天台山和雁宕（荡）山；1614年游金陵（今南京），镇江金、焦、北固"三山"和扬州；1616年游安徽白岳（齐云）山、黄山；1617年游阳羡（今宜兴），善卷、张公二洞；1618年再游黄山、齐云山；1624年陪母游句曲茅山（今句容、金坛境内）、宜兴铜官山荆溪；1630年游丹阳、三游镇江"三山"、常州，再游松江佘山、江阴香山等；1632年再游天台山和雁荡山；1636年再游无锡、苏州，再游松江佘山，再游杭州及浙西南桐庐、兰溪、金华等地。当年，霞客所游江南胜景至少在30处以上，有的还是多次前往。

徐霞客的游历目的地大多是以名山大川、江河湖泊为主。在他的《游记》中对城市的记录所花笔墨并不多，主要还是在观察山川之走向、江湖之源头，以科学考察为目的。在经历了400年后，再回过头来看他当年所游历过的江南山川江湖，至今仍是很有名的风景名胜地。

今环太湖有苏州和无锡两个国家级旅游度假区及多个省级旅游度假区、无锡惠山为国家风景名胜区。浙江舟山落迦山虽是一小岛，但同属普陀山为佛教朝圣地，有"不上落迦山不算朝完普陀山"的说法，为国家 AAAAA 级景区之一。浙江天台山和雁荡山均为国家 AAAAA 级景区，天台山中有号称"中华第一瀑"的石梁飞瀑，雁荡山号称是"东南第一山"，为"世界地质公园"。南京为"六朝古都"，旅游资源十分丰富，有多个国家 AAAAA 级景区。皖南黄山为世界自然和文化"双世遗"项目，"世界地质公园"，国家 AAAAA 级景区。徐霞客两次登上黄山，曾感慨道："登黄山，天下无山，观止矣"，这句话被后人演变成了"五岳归来不看山，黄山归来不看岳"的名句。休宁齐云山是我国四大道教名山之一，国家 AAAA 级景区；当年，徐霞客曾赞山中的罗汉洞（即真仙洞）附近的珍珠帘为"珠帘飞洒，奇为第一"。江苏宜兴善卷、张公二洞，均为国家 AAAA 级景区；前者为世界三大溶洞之一。铜官山风景区内有大型抽水蓄能电站，形似浙江安吉天荒坪景区。镇江金、焦、北固"三山"为国家 AAAAA 级景区。当年，霞客曾赞松江佘山"佘坞松风，处处引入着胜地"，现为国家级旅游度假区，园区内有 6 个国家 AAAA 级景区。杭州西湖、诸暨五泄、金华北山双龙洞、江山仙霞廿八都均为国家 AAAAA 级景区。如今，这些风景名胜地的自然生态保护更有担当、建设和利用更加合理、设备设施更趋完善、风景如画也更加迷人。

不得不佩服 400 年前徐霞客的博览群书、见多识广和他行走山河的亲历精神。江南的名山、名湖、名洞、名岛等他似乎都到过，有的还不止一次。阅读他的江南游记，的确感受到的是那江南的美。当"5·19"来临之际，想到的是要跟着徐霞客去旅游，沿着他的足迹去畅游江南。在这春光明媚的时节，在"人意山光，俱有喜态"的意境下，去寻觅那心中的"最忆"。

2024 年 4 月

现代游记的"半壁江山"

数月前，忘了是在哪张报纸上看到新书推荐《旧平装游记过眼录》（下简称"过眼录"），因有"游记"两字吸引了我，便购了。上海作家、藏书家翁长松先生所著的《过眼录》，书中介绍了1924年—1949年这25年里写国内游记的56部、写国外游记的70部，共计136部游记的情况。毕竟是个人收藏，不是全部，但从中可看出端倪，这是现代游记散文的兴旺时期，很有代表性。我很惊讶，这么多呀！很佩服翁长松先生的收藏能力。

《过眼录》里的游记不是原著，仅是对游记最早出版时间和版本的考证，对内容的介绍和评论。但从作者对每部书的介绍分析来看，收获也不少，也可以说，这也填补了我对现代游记散文在认识上的空白。

《过眼录》中的136部游记，除去由英、美、意、匈、俄、苏、日、瑞典、阿拉伯等外籍人士著的17部游记之外，中国作者所著的游记有119部，共涉及国内作者近百人。这些作者中有知名学者、作家、记者、教师、演员、军人、官吏、工程技术人员、职员等。其中，耳熟能详的知名人士和作家占了近一半，如朱自清、郁达夫、巴金、黄炎培、郑振铎、艾芜、郑健庐、冰心、胡适、沈从文、范长江、茅盾、赵超构、周而复、黄大受、冯至、何其芳、杨定华、瞿秋白、徐志摩、胡愈之、谭云山、邹韬奋、梁启超、卢锡荣、刘半农、郭沫若、费孝通、梁绍文、赵君豪、田曙岚等等。这么多的知名人士和作家都写过游记，有多位还是三部、四部的，这完全出乎我的意料。顷刻之间，感觉这百名作者就是撑起现代游记散文"半壁江山"的主力军。

我喜欢阅读游记散文。这样，可顺着作者的眼光去看风景，随着作者的视角去看待旅途中的人和事，可感觉到作者的思路和思考，是为欣赏，更为学习。当今书店里的旅游书架上似乎都被"城市介绍"、"景点攻略"和"旅游地图"之类的书、图塞满了，找不出几本游记散文，但在"书网"上还是很丰富的，可以购得一些。这些年来，我也阅读了古代的《徐霞客游记》；当代马力的《昨日楼台》、郭保林的《徽风皖韵》、杨振之的《风景的文化记忆》、曹正文的《我走过88个城市》、余秋雨的《文化苦旅》《余秋雨黔东南纪行》，还有《梁衡游记》、《喀什游记》等等，受游记感染，让我也沉浸在"旅行"的愉悦之中。

我对现代游记散文了解甚少。现代是新文化运动文学大转折时期，用白话文写游记散文毕竟不同于文言文。当时那个年代里也有声音说是"美文不能用白话"，意思就很明白了。其实并非如此。《过眼录》中的好多游记作品，至今也是"天花板"级的优秀范本。

自有了这本《过眼录》后，我便进入了阅读现代游记散文名著的时光之中。于是，在"书网"上购了多本现代游记散文名著，进入了"补课"模式，如朱自清的《踪迹》《欧游杂记》《背影》《伦敦杂记》，以及《郁达夫游记集》等，跟随着他们的笔尖，"旅行"在百年前后的风景里去了。

2024 年 6 月

朱自清的游记

近日，阅读欣赏了朱自清先生的几部散文集，感觉很有吸引力。他是现代著名文学家、散文学家，散文素朴缜密、隽永深刻、沉郁顿挫，以语言洗练、文笔清丽、思想沉厚著称，极富真情实感和感染力。

他的散文所写的对象大概可分成三类，一是写家里的事，如《背影》《儿女》等；二是写人和事的，如《阿河》《旅行杂记》等，这类散文占比较多；三是写景的，如《荷塘月色》《瑞士》等。写景的游记散文"味"浓，我更喜欢。

1924 年 12 月出版的《踪迹》，为时间最早的散文集。是朱自清人生中唯一的一本诗歌和游记散文合集，共两辑。第一辑收有诗歌 31 首，其中游诗有《沪杭道中》《纪游》《小舱中的现代》等；第二辑收有散文 4 章 7 篇，其中有游记《桨声灯影里的秦淮河》《温州的踪迹》等。1928 年 10 月出版了《背影》散文集，15 篇散文中有游记散文 2 篇《白种人——上帝的骄子》和《海行杂记》等。1934 年 9 月又出版了《欧游杂记》，全书 11 篇均为游记散文。1943 年 4 月还出版了《伦敦杂记》，全书 9 篇也均为游记散文。朱自清的游记可分为国内游和国外游。《踪迹》和《背影》中有 7 篇为国内游记。《欧游杂记》和《伦敦杂记》为国外游，是一次远游分成了两部书，有游记散文 20 篇。

《踪迹》是朱自清人生唯一的一本诗歌和游记散文合集，书中多篇涉及到旅行中所见所闻及对自然美的吟唱和赞赏。朱自清的诗不仅闪耀着进步思想，还常常会在旅行的道路上吟唱出他那优美淡雅、朴实清澈的诗句。在诗篇《沪杭道中》将雨中江南稻田的"鲜艳欲滴"美景惟妙惟肖地展露出来，历历在目，令人难以忘怀。诗人吟唱天地之美，还触景生情地抒发自己的感叹：如《纪游》中把夕阳下杭州灵隐寺周边的景色，勾画得淋漓尽致，给人一种纯正朴实的自然之美，也抒发了诗人热爱自然、热爱游览、享受生活的美好情怀。

朱自清的文字之美，在《温州的踪迹》中，也展现得淋漓尽致，如在《绿》篇中对温州梅雨潭景色的描绘："在突出的一角的岩石上，上下都空空儿的；仿佛一只苍鹰展着翼翅浮在天宇中一般。三面都是山，像半个环儿拥着；人如在井底了。这是一个秋季的薄阴的天气。微微的云在我们顶上流着；岩面与草丛都从润滋中透出几分油油的绿意。而瀑布也似乎分外的响了。那瀑布从上而冲下，仿佛已被扯成大小的几绺；不复是一幅整齐而平滑的布。岩上有许多棱角；瀑流经过时，作急剧的撞击，便飞花碎玉般乱溅着了。那溅着的水花，晶莹而多芒；远望去，像一朵朵小小的白梅，微雨似的粉粉落着。"朱自清用他那平和淡雅、朴实优美的句子，将梅雨潭的山水之美，精彩纷呈地展现在人们的眼前。

《背影》集中共有15篇文章，有2篇涉及到旅行中的所见所闻。脍炙人口的名篇《荷塘月色》是一篇住家附近的夜游记，是对自然美的吟唱和赞美。《海行杂记》写的是轮船上的茶房人，一般的旅客是不会去关注他们的，而朱自清却以敏锐的观察力，捕捉到了这行业中不适文明、陋习的一面，写得细腻入微。

1931年到1932年，清华大学给了朱自清等人休假的机会，他们一行三人去了欧洲。旅行的轨迹是1931年8月23日自北平坐列车北上，24日到哈尔滨。游了哈尔滨后，便搭乘中苏国际列车经满洲里、贝加尔湖和西伯利亚到达莫斯科，立即转乘列车到波兰及巴黎，再渡海峡到英国，途中化时一个多月，到达英国时间已是10月份了。这次行旅共化时11个月，其中在英国待了7个月。

1932年5月—6月，他们离开英国，又走了5国12个地方，有的地方待的时间较充足，有的地方却少有时间，有的景就是在车窗外一掠而过的，故参考了一些指南类书籍和美术史，对威尼斯、费罗伦萨、罗马、庞贝古城、瑞士、荷兰、柏林、德累斯顿、莱茵河、巴黎等地，写了11篇游记。包括附录中他给叶圣陶的信，也是游哈尔滨和"车游"西伯利亚的游记。在回国的轮船上就已在写游记了，回国后先出版了《欧游杂记》。

朱自清在《欧游杂记》序言中说，他将这本书的阅读对象定为给中学生看。"在中学教过五年书，这便算是小小的礼物吧。"人已离开中学多年了，还在为中学生着想，这种境界是当老师的高尚品德所在，难能可贵。也许是考虑书是写给中学生看的，他在游记中对每座城市的地理环境、城市体量、街道走向、房屋结构、文物古迹、艺术特色，甚至连旅游纪念品也都有介绍。特别是对博物馆、艺术馆、歌剧院、教堂、雕像、装饰图和名画等都写得很具体、细腻。对一些名画的内容和来龙去脉也介绍得很详细；同时也穿插了一些当地的历史故事和民间传说，也夹带着自己的感受和评语。读了他的游记，即使你没去过这些地方，也该知道了个大致情况。

朱自清在《伦敦杂记》序言中说，原打算对英国的行旅生活另写一本比《欧游杂记》字还要多些的书，但在回国两三年之后才动笔写，只写了9篇就打住了。原因是看到有人写伦敦某食堂时，写得很详细，自己也写了《吃的》篇，感觉知道的还太少，时间一长，就搁笔了。因这9篇都是写伦敦的，分别是《三家书店》《文人宅》《博物馆》《公园》《加尔东尼市场》《吃的》《乞丐》《圣诞节》和《房东太太》，故题为《伦敦杂记》。相比较而言，《伦敦杂记》里是少有描写自然山水风光的，描写旅途中所见的人、事和物要比《欧游杂记》多了不少，这也反映出他的游记中对人、事和物的叙述也是很主要的一部分，读起来感觉生活气息更浓些。

朱自清在《背影》集的序言（写于 1928 年 7 月 31 日）中写道："（这些年来）最发达的，要算是小品散文"、"中国文学向来大抵以散文学为正宗；散文的发达，正是顺势。而小品散文的体制，旧来的散文学里也尽有，只精神面目，颇不相同罢了。"上海当代作家、收藏家翁长松先生在《旧平装游记过眼录》中认为："当年朱自清对散文已是情有独钟，此后在散文创作中犹如泉涌般的呈现出丰富多样、精湛雅致的游记，也就不奇怪了！有人称赞他是中国现代游记创作中的'成就卓著并广有影响的一位'，这也是理所当然的了。"现代是新文化运动大转折时期，用白话文写游记散文不同于文言文，当时也有声音说是"美文不能用白话"，这意思就很明白了。其实并非如此，朱自清就是开创了用白话文写游记散文的先驱之一，他有多篇游记散文作品，至今仍是"天花板"级的优秀范本。

朱自清喜爱旅游，他认为"旅游也是刷新自己的一帖清凉剂"。为此，他很欣赏现代作家梁绍文的一段话："我们不赞成别人整世的关在一个地方而不出来，所以我们主张：能够遍游全世界，将世界上的事事物物都放在脑筋里的炽炉中锻炼一过，然后才能成为一种正确的经验，才算有世界的眼光。"朱自清认为所谓"秀才不出门，能知天下事"稍嫌旧式的了。他主张"来个新的，'看世界面'上，我们来做个'世界民'吧"。

可以这么说，读他的国内游记，是文字享受，美景陶醉；读他的国外游记，是拓展视野，事物联想。即使你没去过他所描写的这些地方，但也会引起你对你去过的异域之地的联想，也会触景生情的。

今年 12 月，是朱自清先生最早出版的散文集《踪迹》百周年的纪念日，特以此文记之。

2024 年 4 月

读《郁达夫游记》有感

（一）

读《郁达夫游记集》，我似乎有些放不下来。全书33篇游记中，除去福州的6篇、马来西亚和新加坡的3篇之外，其余的24篇中所写的浙、皖等地区的风景地，我也去过不少，有的还不止一次，故读起来既感亲切，又像是在重游。

我既仰慕他是位著名文学家、游记散文大家，欣赏他的文笔和个性特点，学习他的观察、联想、思考、描绘、修饰、比喻的手法和能力；又是想将他90年前游记中所描绘的风景地与当今的风景地作一比较，来个有感而发。

1933年4月，郁达夫为避险恶，携家从上海到杭州寓居。三年中，他行旅在杭城内外、富春江畔、天台雁荡。于是，就有了他的"杭州游"和"浙东游"：游杭州吴山、临平、超山、花坞、皋亭山（半山）、西溪、龙门、富春江、桐君山、严子陵钓台、浙东天台山、雁荡山等。

1933年11月至12月，在杭江铁路（即当时的杭州至江西玉山段）即将开通之时，杭江铁路车务段便邀请作家郁达夫、摄影家郎静山等人赴杭江铁路沿线的景区景点采风，将耳闻目睹的景象写成游记、拍成美照，并编入铁路局刊行的指南类丛书中，告知中外游客。于是，就有了郁达夫等人的"浙赣游"。游诸暨五泄和苎萝村、金华北山及双龙洞、兰溪横山和洞源、龙游小南海、永康方岩、衢州烂柯山、江山仙霞岭、江西玉山冰川等。

杭徽公路于1933年开通，翌年3月，由杭州建设厅和公路局特邀请郁达夫、林语堂等40多人分五路出发，去杭徽公路及其他公路沿线考察采风。这样，就有了郁达夫等人的"浙皖游"。游临安玲珑山、东天目与西天目山、昱岭关、徽州古城、屯溪、齐云山等。

1934年11月，郁达夫携家人同游了青岛、济南、北平和北戴河。于是，就有了他的"鲁京冀游"。其他的还有无锡游、扬州游等。

郁达夫的游记真实地记录了他的游踪。他是以观景写景细腻著称，善于抓住山光水色中印象最深刻的景色加以描写，情景兼到，既细且清，充满着诗情画意，宛如一幅幅色彩鲜明的画卷。他文笔流畅，洒脱灵活，语言通达秀美，似行云流水，给人以美的享受。他也擅长作旧体诗，游途中创作的诗句能随口而出，也喜欢将新作诗句题于墙上，或作为游记的结尾，显示出作者知识的渊博和特有的艺术才能。在他的游记中也经常会有忧国忧民的思想显露出来，并有对旧中国黑暗现实愤懑的语句出现，如《感伤的行旅》《钓台的春昼》《过富春江》《临平登山记》《北戴河游记》等等。

（二）

郁达夫的历史文化知识很深厚。他善于广征博引，在游记中穿插一些历史故事和民间传说，人物典故和史志记载，写得既有气势又有神韵。他在出游前的"功课"做得很周全。在游记中他曾多次提到去图书馆借阅旅行地的史志书籍，并随身携带。对照着旅行地，查寻阅读，摘录引用。晚上都要看书到深夜。我似乎感觉在他出游的行囊中，必定有这两本书，一本（或几本）是与旅行地有关的志书，另一本则是名著《徐霞客游记》。

郁达夫并不因被誉为"游记作家"而自足，他对"游圣"徐霞客是充满着敬仰和崇拜，对《徐霞客游记》则是爱不释手，反复阅读。1934年5月，他在自编游记《屐痕处处》的自序中说："我的游记，自然也不妨收集起来，作一次对徐霞客的东施之效。"

他在《西游日录》中分析自己是否能走完"浙皖游"全程时，就提到"要想作一度壮游，也颇非易事。更何况脚力不健，体力不佳，无徐霞客之胆量"。在《游白岳齐云之记》中写到真仙洞时，郁达夫特地注明此处为"（徐霞客所记的罗汉洞即在此处）"、在太素宫，也提到了《徐霞客游记》中关于此宫的记事："宫北向，玄帝像乃百鸟衔泥所成，色黧黑，像成于宋，殿新于嘉靖三十七年，庭中碑文，世朝御制也。"

在《杭江小历纪程·诸暨五泄》中，对"第四泄"的难寻，他写到"凡不容易见到的东西，总是好的，所以游客，各以见到了第四泄为夸，而徐霞客、王思任等做的游记，也写得它特别的好而不易攀登"。在金华双龙洞的洞底，他再一次提到"这一次旧洞新辟，我们得追徐霞客之踪"。在凤凰山智者寺，他又写道："寺的衰颓坍毁，和徐霞客在《游记》里所说的情形一样；三百年来，这寺可又经过了一度沧桑了。"

《南游日记》中在天台山，他与友人文伯已游了三天，日期已完，"但更幽更远的西乡明岩、寒岩，以及近在目前的赤城山，都还没有去过。晚上躺在床上，翻阅着《徐霞客游记》及《天台山全志》里的王思任等人所著的《游天台山记》《台岳天台山游记》等，我与文伯在讨论商量，明天是去雁荡呢，还是在天台多留一二日？文伯的意思是徐霞客岂不是也有两度上天台两度游雁荡的记事的么？我们何不也学学他，留一个再来的后约呢！"于是，决定明天一早去雁荡山。

由此可见，郁达夫不仅是很认真地阅读过《徐霞客游记》，且对徐霞客的游线和到过的地方也很熟悉，他随身携带着《游记》，边游边对照边记录。用现在的话说，他绝对是徐霞客的"铁杆粉丝"。

（三）

《城里的吴山》中对杭州吴山（俗称城隍山）的介绍，郁达夫引用了明代田叔禾的《西湖游览志》中对吴山的记载，并写到吴山紫阳山下那片南宋皇城故宫的遗址。我在上初中时，有一年暑假住在杭州外婆家，似乎天天早锻炼都是从登上紫阳山再沿山脊向北至吴山顶，然后下山。在吴山顶，向东南可远眺钱塘，向西南可俯视整个西湖。我当时还小，对吴山的人文历史一无所知，也不知道外婆居住的地方竟然是在南宋皇城故宫的遗址上。现在的这片遗址已得到了保护性建设，而吴山风景区则成了国家 AAAAA 级景区。

我游富阳，只在鹳山脚下的鹳山公园临江回廊下，坐望远处的群山、近处的富春江，感觉景色已是很美了。郁达夫是富阳人，他在游记《过富春江》中却将外籍客人带到了鹳山上的"春江第一楼"去眺望，眼前的山重水复似一幅黄子久（公望）的图画。此时，这外籍客人"他才吃了一惊"，说"这山水真象是摩西的魔术"。回程路上，外籍客人幽幽地说："我若要选择第二个国籍的话，那我情愿来做个中国人。"看来，旅游要养眼，也要学会选择最佳角度、最佳位置的，这样，才是真正的一饱眼福。今天的鹳山及公园已成了国家 AAA 级景区。

严子陵钓台，我还是在 38 年前去千岛湖时，在路过桐庐时去看了一下。时间久了，大部分情节已淡忘了，只记得是坐游船去的。船靠岸后登台阶上去有一祠堂，悬有严子陵画像。他是位不慕富贵、不图名利、高风亮节的隐士。这里给我留下的印象就是环境很安静。后来又得知是范仲淹在任严州（今梅城）知府时，因敬仰东汉隐士严光，特地为他建起了严子陵祠，并写下了《严先生祠堂记》，他将情感写进了文中："云水苍苍，江水泱泱，先生之风，山高水长。"读《钓台的春昼》后才知，该祠堂是清太平天国后重建的。90年前，还有严子陵的不知第几代的裔孙守着祠堂。当时祠堂的四面墙壁上题满了慕名而来者的诗句。因看到有同乡熟人的诗句，也引发了郁达夫的情感，"堆起了几张桌椅，借得了一个破笔"，在墙的上端空处也题了首诗。今天的严子陵钓台已成了国家AAAA级景区。

诸暨"五泄"，当地人将瀑布称为"泄"，这"五泄"不像庐山的"三叠泉"那样是在一个壁面上跌落的。"五泄"是一道溪泉，受山岩阻挡，曲折绕行，它的方向、水量、样式都各不相同，下坠时并不是在一个壁面上。从郁达夫游"五泄"中可看出，这才是真正的旅行者，未上山前，要步行十多里地，上山后，看到了第五泄，还要再向上攀登去寻找那第四、第三、第二和第一泄。上山的路途更险，也更艰辛。当然，环境也更幽，景色也更美。而当代旅游，就简单多了。旅游车可行驶到这个国家AAAAA级景区门口，在水库大坝上坐游船行驶到山腰处。上岸后，大多数游客在看到第五泄后，任务算已完成，便回转下山了。只有少部分游客会继续向上攀登，去寻找那另外的四个"泄"。

这种旅行方式在郁达夫的另一篇游记《金华·北山》中也表现得如出一辙，淋漓尽致。去北山，经芙蓉峰、罗店、华溪桥、白望峰、鹿田等，游了双龙洞后，再向上至还未开放的冰壶洞，"是以长绳系住腰间，滑跌着前行，则愈下愈难走，洞也愈来得高大"。冰壶洞出来，"跌得全身都是烂泥沙渍"，原本还要再上去到朝真洞，也只能作罢。这样，郁达夫说是仅看了北山古迹名区的十分之一。当今，这三洞都已对外开放，有联票出售，同属于一个国家AAAAA级景区。

在《浙东景物纪略·仙霞纪险》中，郁达夫将浙、闽、赣三省交界处的仙霞岭、仙霞关、廿八都等写得栩栩如生。90年前，他游廿八都时，廿八都的原住民听说这一带要打仗了，早在一年多前就搬离了。人去屋空，街面冷清萧条。因是关隘，驻军、碉楼也很多。我曾于10年前自驾去过廿八都、仙霞关和保安镇，关隘的作用早已不在，成了文物古迹。而廿八都集镇则已成了国家AAAAA级景区，房屋密集，人口众多，热闹非凡，一派和谐向荣的景象。

在《龙门山路》的金莲寺，郁达夫写道："自二月至四月，香火之盛，可以抵得过老东岳的一半，而尤以'饭回（还）勿盛（曾）且（吃）哩！'的松江乡民为最多。"我知道松江人有到杭州灵隐、三天竺烧香的习俗，我也曾在玉皇山顶上听到不少松江人用乡音在交谈。可我并不知道90年前位于杭州西郊留下镇小和山的金莲寺，也吸引了许多的松江人。郁达夫的这句松江话，也显露出了他在写作中的幽默感。

《出昱岭关记》是郁达夫"浙皖游"中的一篇游记，对昱岭关的叙述所花笔墨并不多，似乎是一笔带过。而在写出昱岭关后盘山公路在昱岭山脉的险峻时，却写得既是跌宕起伏、惊心动魄，又是画面感十足、生活气息浓厚。

在入关前，他写道："车路大抵是一面依山，一面临水的。山系巉岏古怪的沙石岩峰，水是清澄见底的山泉溪水。偶尔过一平谷，则人家三五，散点在杂花绿树间。老翁在门前曝背，小儿们指点汽车，张大了嘴，举起了手，似在大喊大叫。村犬之肥硕者，有时还要和汽车赛一段跑，送我们一程。"这种场景我以为旅行者都会经历与感受过。

出关后，他写道："从三阳坑到屺梓里，二三十里地的中间，车尽在昱岭山脉的上下左右绕。过了一个弯，又是一个弯，盘旋上去，又盘旋下来，有时候向了西，有时候又向了东。到了顶上，回头来看看走过的路和路上的石栏，绝象是乡下人于正月元宵后，在盘的龙灯。弯也真长，真曲，真多不过。一时入一个弯去，上视危壁，下临绝涧，总以为前不见古人，后不见来者，这车非要穿入山去，学穿山甲，学神仙的土遁，才能到得徽州了，谁知斗头一转，再过一个山鼻，就又是一重天地，一番景色，我先在车里默数着，要绕几个弯，过几条岭，才到得徽州,但后来为周围的险景一吓,竟把数目忘了,手指头屈屈伸伸,似乎有了十七八次,大约就混说一句二三十个,想来总也没有错儿。"我在30年前,曾走过这条公路,确实如他所描述的那样。其实,盘山的公路都是这样。现在有了杭瑞高速,这弯曲惊险、时上时下的感觉也就体验不到了。

"在这一条盘旋的公路对面,还有一个绝景,就是那一条在公路未开以前的皖浙间交通的官道。公路是开在溪谷北面的山腰,而这一条旧时的大道,是铺在溪谷南面的山麓的。从公路上的车窗里望过去,一条同银线似的长蛇小道,在对岸时而上山,时而落谷,时而过一条小桥,时而入一个亭子,隐而复见,断而再连;还有成群的驴马,肩驮着农产商品,在代替着沙漠里的骆驼,尽在这一条线路上走;路离得远了,铃声自然是听不见,就是捏着鞭子,在驴前驴后,跟着行走的商人,看过去也象是画上的行人,要令人想起小时候见过的钟馗送妹图或长江行旅图来。"这段描述再现了徽杭古道的昔日绝景,读来让人唏嘘不已。

在《屯溪夜泊记》中读到,90年前被称之"小上海"的屯溪,也就二三万人。他去时是寒冷如残冬的三月,又逢雨天,街上显得冷清萧条。客栈又小且房间少,早已客满无房了,只得借船暂宿。用餐时又碰上"坐地起价"等。感觉他对屯溪的印象并不佳。我在近30年中先后去了屯溪4次。感觉每次变化都挺大。屯溪的人口也已达20万人。老街就是个徽文化的集聚展示地,徽派建筑、徽派文房四宝、徽菜、徽药、徽茶、徽剧和新安画派的作品等等应有尽有。就徽茶而言,黄山毛尖、黄山云雾、太平猴魁、祁门红茶、休宁松萝、六安瓜片等琳琅满目。屯溪还是个山货的大市场,感觉是很有"味道"的。

郁达夫所描写的风景地,有的我是既曾相识,有的却颇感陌生。虽也曾去过,如烂柯山、雁荡山、东西天目山、西溪等,或是时间已久早已忘记了。这缘于我的旅游是"走马观花",并没有用心去记住它。"远方"到了,"诗"却没有,所以就"无感不言"了。

90年的时光如梭,风景地的环境、游人都已发生了很大的变化,这怎不令人感叹!

2024年6月

后 记

　　旅游或旅行，是一件开心放松、愉悦惬意的事，在旅途中可亲临名山大川、江河湖海，这里的风光旖旎，景色秀美，令人陶醉。旅途中的所见所闻，会让人难以忘怀，如将他们记录下来，写成游记，那就成了可以时刻回味一道道"美食"了。

　　对于写游记，我有切身体会。每当旅游归来后，因忙于其他事务，一耽搁，回过头来，再提起笔，就感觉此事好像有点遥远，对一些情景的记忆也已淡化，也就不想再写下去了。读《徐霞客游记》《郁达夫游记集》等游记类书籍可看出，他们的游记都是即刻就写下的，不会拖个十天半月。

　　我从小居住在上海，和许多上海人一样，喜欢外出走走，这就有了从上海出发的旅行或旅游的经历。回顾我成年后的40多年来，走过的地方也不算少。就国内而言，除了西藏、宁夏没去过，其他的地方都到过了，哪怕就一个地方一个景区。起先并没有想到要写游记，写游记也是在近20多年来的事。2017年9月，我的《追旅思》由文汇出版社出版，其中有一小部分是游记。这以后，我又陆续写了四五十篇游记。这次，我将它们集结在一起，共有游记80余篇，故取名《行旅记》。本游记是按所游的地区编辑的，不讲究时间上的先后顺序。共分为六辑，第一辑为游浙江；第二辑为游苏、沪（松江）；第三辑为游皖、赣、鲁、闽；第四辑为游京、津、吉、黑、蒙、青、甘、新、晋、豫、湘；第五辑为游渝、川、桂、粤、琼、贵、滇、台；第六辑为游域外；并附录了我读一些名人《游记》的读后感4篇。游记既是对往日旅游或旅行的文字回忆，也是为读者提供一些旅游或旅行经历的分享。

在游沪、浙、苏、皖、赣时，我大多是以自驾游为主，其他地方则是采用组团游或自主游的方式，也有的是为工作考察学习。我有个习惯，每到一地，就要去了解该地方的古今、文化、历史、特色等，有感觉了就写一点心得笔记。当然，这游记也不是每到一个地方就能写一篇或几篇，完全要看自己有没有这方面的灵感或所选的题材角度，故并不齐全。特别是国外的考察或旅游，走过的地方本来就不多，又是旅游，赶时间。不像旅行，更自由些。大多是"走马看花"，外文不识，当地的历史文化不了解，印象也不深，故也无从下笔。

旅途中的所到之处，并非都是阳光灿烂的，也有不尽如人意的地方，故在编辑此书时，我尽量避免出现此类的地方，仅留下了一篇是属"一声叹息"的，所反映的是景区通病或管理不善的问题。总希望看到的是一片纯洁的旅行净土，这样，心情会更好些。

旅游不仅是放松心情、饱眼福、尝美食、购特产的过程，更是一个受教育、长知识、体验各地风土民俗的过程。"行万里路，读万卷书""旅行其实就是一次阅读"。把这些所见所闻所读的感受写下来，与大家分享，是一种乐趣，也是旅游文化的一片绿叶，这是我写游记的初衷。至于能不能引起读者的共鸣，是否有同感者或知音人？这很难说，毕竟每个人对待景色、事物的欣赏角度不尽相同，感受也是不一样的，所以，就权当参考吧。

我们常说"诗和远方"，这"诗"可能是历代名家的传世杰作，也许是"远方"主人的优秀作品，将为去"远方"的旅游者提供审美情趣、欣赏角度和文学艺术，也是在为旅游者提升文化素养。我以为，这"远方"的"诗"或许也就是自己写下的游记。

这 20 多年来，我写了这 80 余篇游记，也算是个小小的收获。将其集结成书付梓出版，呈献给各位读者朋友。游记中肯定存有不妥之处，还敬请各位旅游方家、旅游达人批评指正。在此，一并表示感谢！

2025 年 3 月